일본 민속문화의 전통과 현장

김용의 저

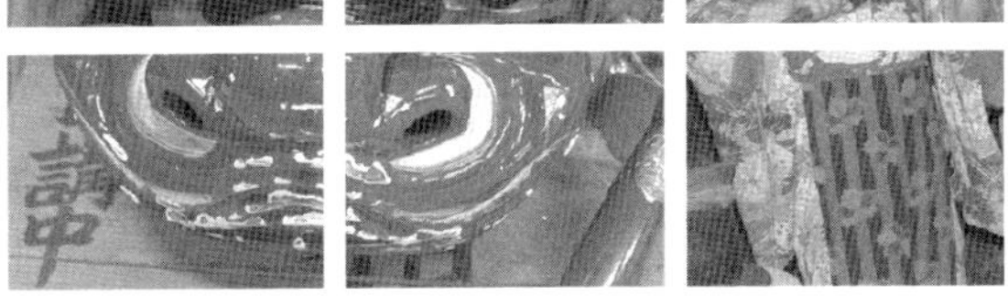

전남대학교출판문화원

| 서문 |

이 책은 일본의 민속문화를 다룬 내용으로 모두 3부로 나누어 구성하였습니다. 제1부는 일본 설화의 민속과 신앙, 제2부는 오키나와 설화의 인간과 동물, 그리고 제3부는 일본 마쓰리의 현장입니다.

제1부는 일본 설화에 나타난 가족관계와 관음신앙에 관한 3편의 논문을 수록하였습니다. 「일본 〈바보 사위愚か聟〉 민담 형성의 사회문화적 맥락 고찰」은 일본에서 〈바보 사위〉라는 이름으로 알려진 민담의 사회문화적 맥락에 관한 분석입니다. 민담의 발생론적 관점에서 볼 때에, 〈바보 사위〉는 무코이리콘聟入婚이라고 부르던 일본의 혼인제도의 '신랑 다루기' 관습과 밀접한 관련이 있다는 사실을 중점적으로 분석하였습니다.

「일본의 〈먹지 않는 아내食わず女房〉 이야기의 한국으로의 수용 양상」은 한국의 설화자료집에 수록된 〈밥을 안 먹는 아내〉 이야기를 일본에 전해지는 〈먹지 않는 아내食わず女房〉와 비교하였습니다. 그 결과 한국의 〈밥을 안 먹는 아내〉는 일본의 〈먹지 않는 아내食わず女房〉의 영향을 받은 일종의 변이담이라는 사실을 밝히고자 하였습니다. 예를 들면 일본의 이야기가 한국의 설화적 풍토에 정착하는 과정에서

소화로써의 특징이 강조되는 특징을 보인다는 점을 지적하였습니다.

「『우지슈이 모노가타리宇治拾遺物語』 권7 제5화의 관음신앙 수용 양상」에서는 일본 설화집 『우지슈이 모노가타리』 권7 제5화와 일본의 민담자료집에 수록된 〈지푸라기 장자〉 민담을 중점적으로 비교하였습니다. 그 결과 『우지슈이 모노가타리』 권7 제5화는 〈지푸라기 장자〉의 〈삼 년 묵은 된장형〉과 〈관음기원형〉 유형 중에서 〈관음기원형〉 계열에 속하는 유형임을 확인하였습니다. 그리고 그 배경에는 일본에서 관음영장으로 유명한 교토의 하세데라長谷寺라는 절의 존재가 크게 작용하였다는 점을 주목하였습니다.

제2부는 주로 오키나와 지역의 설화에 보이는 인간과 동물의 관계에 관해서 다룬 논문 4편으로 엮었습니다. 오키나와는 필자가 20년 가까이 드나들며 현지조사를 행한 익숙한 곳입니다. 「오키나와 설화에 전하는 인간과 돼지의 성적 교섭의 양상」은 오키나와 문화에서 돼지가 차지하는 민속적 의미를 고찰하는 데서 출발하였습니다. 이른바 이류혼임담異類婚姻譚이라는 관점에서, 인간과 동물의 이류혼인담의 특징에 대한 기존의 연구 성과를 참고로 하여, 인간과 돼지 사이의 성적 교섭에도 불구하고 왜 양자 사이에는 혼인관계가 성립하지 않는지, 그 이유를 주목할 필요가 있다는 문제제기를 하였습니다.

「사키마 고에이의 『남도설화南島說話』에 나타난 인간과 동물의 교섭 양상」은 오키나와 출신의 법률가이자 민속연구자 사키마 고에이佐喜眞興英가 편찬한 『남도설화』를 자료로 하였습니다. 이 설화집에는 오키나와인들의 세계관, 종교관, 동물관 등이 잘 반영되어 있습니다. 특히 설화집에 반영된 동물관을 주목하고자 하였습니다. 구체적으로 밝히자면, 이에 수록된 설화에 반영된 인간과 동물의 성적 교섭, 동물의 인간으로의 변신, 허브의 민속적 상징성, 보은담 등을 중심으로 오키나와 민중들의 설화적 상상력을 고찰하고자 하였습니다.

「오키나와 우의羽衣 설화의 왕권설화로서의 성격- 야래자 설화와의 비교를 통해서-」에서는 먼저 오키나와에 전하는 〈야래자 설화〉와 〈우의 설화〉에 류큐琉球 왕부 시대 왕권의 정통성 및 신성성과 연결되는 중요한 설화적 원리가 작동하고 있다는 점을 지적하였습니다. 이 점에 관해서 한국의 『삼국유사』에 전하는 견훤 설화, 일본의 『고사기古事記』에 전하는 미와야마三輪山 설화와 비교하였습니다. 양쪽 설화가 전승되는 과정에서 〈야래자 설화〉는 왕권설화로서의 기능이 약화되었으며, 반대로 〈우의 설화〉 쪽은 왕권설화로서의 기능이 강화되었다는 결론을 도출하였습니다.

「『유로설전遺老說傳』에 나타난 오키나와인의 용궁세계」는 주로 류큐 왕부시대에 편찬된 설화집 『유로설전』에 수록된 용궁에 관한 설화 7편을 자료로 하여 분석하였습니다. 그 결과 오키나와의 용궁설화에 나타난 용궁의 이미지는 니라이카나이ニライカナイ라고 부르는 오키나와의 전통적인 이향세계와 중첩되어 있음을 확인할 수 있었습니다. 이는 일본 본토의 용궁설화와 구별되는 오키나와 용궁설화의 가장 큰 특징이라고 할 수 있습니다.

제3부는 일본의 마쓰리祭り 탐방에 관한 글 5편입니다. 필자는 일본에서 민속학을 공부하면서 마을 단위의 소박한 마쓰리에서 지명도가 높은 대도시의 마쓰리에 이르기까지, 제법 많은 마쓰리를 견학할 수가 있었습니다. 귀국하여 대학에 자리를 잡은 후에도, 기회가 되면

혼자서 혹은 국내외 연구자들과 함께 일본의 마쓰리 현장을 방문하여 현지 주민들과 대화를 나누며 관찰하곤 하였습니다. 이른바 참여관찰participant observation이라는 현지조사 방법입니다. 필자가 그 동안 현지조사를 다닌 마쓰리를 대충 헤아려보니, 지역적으로 대략 30곳은 되는 것 같습니다. 지역적으로 오키나와沖縄, 규슈九州, 산인山陰, 시코쿠四國, 간사이關西, 간토關東, 도호쿠東北, 홋카이도北海道에 이르기까지, 거의 일본 전역에 걸쳐 있습니다. 그 중에서 5곳을 골라서 탐방기 형식으로 소개하였습니다. 오키나와 현 구다카지마久高島의 샤쿠투이 마쓰리, 후쿠오카 현 에노우라江浦의 기온마쓰리, 돗토리 현 다케노우치竹內의 돈도마쓰리, 아이치 현 도에이東榮의 하나마쓰리, 이시카와 현 미나즈키皆月의 산노마쓰리 등입니다. 하나같이 필자에게 현지에서 주민들과 어울리며 공부하는 재미와 감동을 느끼게 했던 마쓰리로 지금도 기억에 생생합니다.

제1부와 제2부는 관련 학술지에 발표한 논문들입니다. 이번에 선별하여 책을 엮다보니 미흡한 부분이 눈에 많이 들어옵니다. 전면적으로 내용을 보완하고 첨삭해야겠다는 생각이 들었지만, 최소한의 문장을 추가하고 오탈자를 수정하는데 그쳤습니다. 스스로 부족함을 되돌아보며, 후속연구를 이어가야겠다고 다짐해봅니다. 이 책에 수록된 논문의 출처를 밝히면 다음과 같습니다.

• 일본 〈바보 사위愚か聟〉 민담 형성의 사회문화적 맥락 고찰

『일본연구』 제38집 2015년 2월 중앙대학교 일본연구소

• 일본의 〈먹지 않는 아내食わず女房〉 이야기의 한국으로의 수용 양상

『비교일본학』 제62집 2016년 6월 한양대학교 일본학국제비교연구소

• 『우지슈이 모노가타리宇治拾遺物語』 권7 제5화의 관음신앙 수용 양상

『일본어문학』 제59집 2013년 12월 한국일본어문학회

• 오키나와 설화에 전하는 인간과 돼지의 성적 교섭의 양상

『비교일본학』 제32집 2014년 12월 한양대학교 일본학국제비교연구소

• 사키마 고에이의 『남도설화南島說話』에 나타난 인간과 동물의 교섭 양상

『일본어문학』 제69집 2016년 6월 한국일본어문학회

• 오키나와 우의羽衣 설화의 왕권설화로서의 성격−야래자 설화와의 비교를 통해서−

『일어일문학연구』 제100집 2017년 2월 한국일어일문학회

• 『유로설전遺老說傳』에 나타난 오키나와인의 용궁세계

『일본어문학』 제43집 2009년 12월 한국일본어문학회

변변치 않은 책인데도, 이 책이 나오기까지 많은 분들의 가르침과 도움을 받았습니다. 국제일본문화연구센터의 고마쓰 가즈히코小松和彦 선생님, 아라키 히로시荒木浩 선생님, 야스이 마나미安井眞奈美 선생님은 학문적인 자극과 함께, 필자가 일본에 체류할 때마다 좋은 연구 환경을 제공해주셨습니다. 오랜 세월 동안 이어진 학연에 감사드릴 뿐입니다. 게이오慶應 대학 노무라 신이치野村伸一 선생님, 오키나와국제대학의 이나후쿠 미키코稲福みき子 선생님, 가리마타 게이이치狩俣惠一 선생님, 도쿄학예대학 이시이 마사미石井正己 선생님, 리쓰메이칸立命館 대학 하라지리 히데키原尻英樹 선생님, 아시아설화학회의 야마모토 미치에山本みちえ 선생님, 국립역사민속박물관 가와무라 기요시川村清

선생님께도 감사드립니다. 특히 이분들은 필자를 일본 마쓰리의 현장으로 직접 안내하고 이끌어주셨습니다. 이외에도 일본의 많은 분들께 민속 현장에서 신세를 지고 도움을 받았습니다. 소중한 인연에 머리 숙여 감사드립니다. 늘 편집을 위해 애써주신 전남대학교출판문화원의 편집부 여러분께 고마운 마음을 전하고자 합니다.

2021년 2월

저자 김용의

| 목차 |

제1부 일본 설화의 민속과 신앙

일본 〈바보 사위愚か聟〉 민담 형성의 사회문화적 맥락 고찰 12

일본의 〈먹지 않는 아내食わず女房〉 이야기의 한국으로의 수용 양상 33

『우지슈이 모노가타리宇治拾遺物語』 권7 제5화의 관음신앙 수용 양상 56

제2부 오키나와 설화의 인간과 동물

오키나와 설화에 전하는 인간과 돼지의 성적 교섭의 양상 80

사키마 고에이의 『남도설화南島說話』에 나타난 인간과 동물의 교섭 양상 103

오키나와 우의羽衣 설화의 왕권설화로서의 성격 123

– 야래자 설화와의 비교를 통해서–

『유로설전遺老說傳』에 나타난 오키나와인의 용궁세계 143

제3부 일본 마쓰리의 현장

오키나와 현 구다카지마久高島의 샤쿠투이 마쓰리 166

후쿠오카 현 에노우라江浦의 기온마쓰리 184

돗토리 현 다케노우치竹內의 돈도마쓰리 200

아이치 현 도에이東榮의 하나마쓰리 215

이시카와 현 미나즈키皆月의 산노마쓰리 229

■ 찾아보기 244

제1부
일본 설화의 민속과 신앙

일본 〈바보 사위愚か聟〉 민담 형성의 사회문화적 맥락 고찰

1. 일본 민담 속의 〈바보 사위愚か聟〉

일본의 민담昔話 중에는 연구자들이 '소화笑話'라는 장르로 분류하는 이야기가 다양하게 전해진다. 이들 소화는 동물민담動物昔話, 본격민담本格昔話과 더불어 일본 민담에서 큰 비중을 차지하는 유형의 민담이다.

그런데 일본에서 소화는 동물민담이나 본격민담에 비해서 그 연구가 그다지 활발하게 이루어지지 않았다. 이 점에 관해서 민담연구가 세키 게이고關敬吾는 야나기타 구니오柳田國男의 민담연구 경향을 거론하며, 연구자들이 민담 장르 중에서도 소화 연구를 경원시한다고 지적하였다.[1] 이는 야나기타가 민담을 오로지 일본의 고유한 신앙이라는 측면과 관련하여 주목한 결과로 볼 수 있다.

---

1) 柳田國男는 민담 중에서도 소화에 속하는 민담은 신앙 모티브가 결여되어 있기 때문에 고유한 신앙을 연구한다는 민담의 본질적인 측면에서 볼 때에 제2차적인 자료에 불과하다고 언급하였다. 關敬吾는 이와 같은 柳田國男의 영향으로 인해서 일본의 민속학자들이 소화 연구를 경원시하게 되었다고 지적하였다. 關敬吾(1979), 『日本昔話大成』 8, 角川書店, p.1.

소화는 동물민담이나 본격민담 못지않게 중요한 의미를 지니고 있다. 우리가 흔히 생각하듯이, 소화가 단순히 흥미를 유발하는 우스운 이야기만을 의미하지는 않는다. 소화의 발생 및 전파과정을 유의해서 살펴보면, 동물민담이나 본격민담 못지않게 당시의 사회문화적 측면을 반영하고 있다는 점을 알 수 있다.

본고에서는 일본의 민담 중에서 〈바보 사위愚か聟〉[2]라는 이름으로 알려진 소화의 사회문화적 맥락에 관해서 주목하고자 한다. 〈바보 사위〉는 〈바보 마을愚か村〉, 〈바보 며느리愚か嫁〉 등과 함께 널리 알려진 대표적인 소화 중의 하나이다.[3]

민담의 발생론적 관점에서 볼 때에 〈바보 사위〉는 무코이리콘聟入婚[4]이라고 부르던 일본의 혼인제도와 밀접한 관련이 있다. 특히 무코이리콘에 수반되었던 무코이지메聟いじめ라는 민속적 관행과 관련이 있다는 점을 검토하고자 한다. 무코이지메란 무코이리콘 방식으로 처가살이를 시작한 새신랑에게 처가 및 마을사람들이 집단적으로 제재를 가하던 '신랑 괴롭히기' 및 '신랑 다루기' 관행을 말한다. 혼인과 함께 처가살이를 시작한 신랑의 처지란 매우 궁색했으며, 처가 쪽

---

2) 일본어의 '무코聟'는 한국어로는 '신랑'으로도 혹은 '사위'로도 번역이 가능하겠다. 본고의 논지와 관련해서 막 결혼한 남자를 가리킨다는 의미에서는 〈바보 신랑〉이라는 표현이, 결혼한 남자가 처가에서 처가살이를 했다는 측면을 고려한다면 〈바보 사위〉라는 표현이 적합할 것 같다. 본고에서는 결혼한 신랑이 처가에서 처가살이를 하는 사위의 입장에 중점을 두었으므로 〈바보 사위〉라는 용어로 통일하여 사용하기로 한다.

3) 사회문화적 측면에서 접근할 때에 〈바보 사위〉 민담의 형성은 〈바보 마을〉이나 〈바보 며느리〉의 형성과도 밀접한 관련이 있다고 볼 수 있다. 이 점에 대해서는 다른 기회에 논하고자 한다. 〈바보 사위〉의 사회문화적 측면에 관해서는 飯倉義之의 다음 다음 연구를 참조. 飯倉義之(2005), 「愚か村の『伝説』-笑話というものいい、愚か村という現場」『国文学解釈と鑑賞』 2005年 10月, 至文堂, pp.152-158.

4) 무코이리콘이란 혼인의례를 처가 쪽에서 올리고 그 후 일정 기간 동안 살림집을 처가 쪽에 마련하는 혼인방식이다. 본고의 각주 13)을 함께 참조.

에서 볼 때에 사위는 마치 '타인' 과도 같은 외부인에 불과하였다. 일본의 각 지역마다 무코이지메라는 이름으로, 외부에서 새로 편입한 '타인' 을 시험하고자 하는 일종의 통과의례와 같은 관습이 존재하였다. 이 무코이지메 관습이 〈바보 사위〉 민담의 형성과정에 크게 작용하였다는 점을 주목할 필요가 있다.

〈바보 사위〉 민담에서 한 가지 더 주목할 점이 있다. 신랑의 바보스러운 언행은 '타인' 으로서의 신랑이 처가라고 하는 '이문화' 에 적응해가는 과정에서 발생한다는 점이다. 특히 타지에서 장가를 든 신랑의 경우에는 처가 및 처가가 있는 마을은 낯선 이문화 영역에 다름 아니다. 결론적으로 애초부터 신랑이 바보였던 것이 아니라, 처가 및 처가가 속한 마을공동체에서 자신에게 가해진 제재를 극복하고 이문화에 적응해가는 과정에서 실수가 빚어지고, 그 실수로 인해 '바보 사위' 가 탄생하였던 것이다.

2. 〈바보 사위愚か聟〉 민담의 유형과 양상

일본의 〈바보 사위〉 민담은 다양한 유형이 전승되고 있다. 〈바보 사위〉는 야나기타의 『일본민담명휘日本昔話名彙』를 계기로 민담자료집에서 그 유형이 체계적으로 분류되었다. 야나기타는 모든 종류의 민담을 크게 완형민담完形昔話과 파생민담派生昔話으로 이분하였다. 야나기타에 의하면, 민담의 본래적 의의란 영웅의 일생에 관해서 이야기하는 것이었으며, 그는 이 민담을 가리켜 완형민담이라고 불렀다. 그리고 이 완형민담에서 일부가 독립하여 떨어져 나간 이야기를 가리켜 파생민담이라고 따로 불러서 구별하였다.[5] 파생민담을 다시 〈인연 이

5) 이 점에 관해서는 다음을 참고. 小澤俊夫(1994), 『昔話のコスモロジ-』, 講談社,

야기因緣話〉, 〈요괴 이야기化物話〉, 〈소화笑話〉, 〈조수초목담鳥獸草木譚〉, 〈기타その他〉 등으로 나누어 분류하였다. 〈소화〉는 〈대화大話〉, 〈흉내를 내다가 손해 보기真似そこない〉, 〈바보 마을 이야기愚か村話〉 등으로 하위 유형을 설정하였다. 〈바보 사위〉는 이 중에서 〈바보 마을 이야기〉 유형에 속한다. 〈바보 사위〉 민담에는 사위가 주로 처가에서 저지르는 다양한 실수가 망라되어 있다.[6)]

세키 게이고關敬吾는 야나기타의 『일본민담명휘』를 계승하면서도 이와는 체제를 달리하는 민담자료집을 『일본민담대성日本昔話大成』(전 12권)이라는 이름으로 편찬하였다. 이 자료집은 특히 세계적인 시야에서 민담을 비교할 수 있도록, 스티스 톰슨이 설정한 민담의 유형분류에 기본적인 틀을 맞추었다.[7)]

세키 게이고의 『일본민담대성』에서 〈바보 사위〉가 어디에 위치하는지를 확인하기로 한다. 세키는 민담을 크게 동물민담動物昔話, 본격민담本格昔話, 소화笑話로 삼분하여 분류하였다.

---

pp.13-14.

6) 대부분 신랑의 우둔한 언행에 관한 모티브를 중심으로 민담 제목이 부여되었다. 따라서 이들 민담 제목이 해당 민담의 유형이 되기도 한다. 참고로 내용 파악을 위해서 〈바보 마을 이야기〉의 하위유형으로 분류된 민담을 열거하면 다음과 같다. 〈점차적인 교훈段々の教訓〉, 〈바보사위愚か聟〉, 〈말을전하는신랑口傳聟〉, 〈실 당기기 신랑糸引聟〉, 〈경단 신랑団子聟〉, 〈떡은 요괴餅は化物〉, 〈병과 작은 돌瓶と小石〉, 〈묶어둔 베개結付け枕〉, 〈삼인의 신랑三人聟〉, 〈바보 신부愚か嫁〉, 〈시집가고 싶은 이야기嫁に行きたい話〉, 〈바보 마을 이야기愚か村話〉, 〈목욕탕의 떡風呂場の餅〉, 〈긴 머리를 돌려라長頭をまわせ〉, 〈병풍을 당기고 경단을 던지기引張屏風投団子〉, 〈귀에 걸친 소면耳掛け素麺〉, 〈쌀 뿌리기振り米〉, 〈설을 모르다正月知らず〉, 〈꿩 까마귀雉子烏〉, 〈자토의 알座頭の卵〉, 〈말린 청어알かずの子〉, 〈마쓰야마 거울松山鏡〉. 柳田國男(1948), 『日本昔話名彙』, 日本放送協會, pp.243-253.

7) 이 유형 분류는 핀란드의 민담학자 안티 아르네의 유형 분류를 스티스 톰슨이 보완하여 작성한 유형 목록이다. Anti Aarne=Stith(1964), *Thompson The Types of the Folktale*, FFC 184, Helsinki

이 중에서 소화를 〈우인담愚人譚〉, 〈과장담誇張譚〉, 〈교지담巧智譚〉, 〈교활자담狡猾者譚〉, 〈형식담形式譚〉, 〈신화형新話型〉 등으로 나누었다. 〈바보 사위〉는 〈바보 마을愚か村〉, 〈바보 신부愚か嫁〉, 〈바보 남자愚かな男〉 등과 함께 〈우인담〉의 하위 유형으로 분류되었다. 〈바보 사위〉의 하위유형에는 총 43 종류에 이르는 화형話型이 존재한다. 야나기타의 『일본민담명휘』에 분류된 〈바보 사위〉보다도 더욱 세분되었음을 알 수 있다. 본고에서는 주로 이 『일본민담대성』에 수록된 사례를 중심으로 분석하였다.[8)]

『일본민담대성』에 이어서 성립한 『일본민담통관日本昔話通觀』(전 31권)에도 다양한 유형의 〈바보 사위〉가 수록되었다. 이나다 고지稲田浩二와 오자와 도시오小澤俊夫가 편집책임을 맡은 이 자료집에서 〈바보 사위〉의 위치를 확인하기로 한다.

---

8) 다음과 같은 화형이 존재한다. 〈한 가지 기억하기 · 물건팔기형一つ覚え · 物売型〉, 〈한 가지 기억하기 · 물건받기형一つ覚え · 物貰型〉, 〈차,밤,감茶栗柿〉, 〈술지게미酒の粕〉, 〈제사 심부름A法事の使〉, 〈제사 심부름B法事の使〉, 〈병 바닥瓶の尻〉, 〈쌀겨 도표糠の道標〉, 〈사위의 인사 · 어롱형聟の挨拶 · 魚籠型〉, 〈사위의 인사 · 조뿌리기형聟の挨拶 · 粟蒔型〉, 〈사위의 인사 · 산불형聟の挨拶 · 山は火事型〉, 〈마른나무 위문枯木見舞〉, 〈병풍 위문屏風見舞〉, 〈말 엉덩이에 인사馬の尻に札〉, 〈화분 인사植木見舞〉, 〈사위의 세상이야기聟の世間話〉, 〈병자에게 승려病人に坊主〉, 〈두건과 창고頭巾と土蔵〉, 〈노래 신호謡の合図〉, 〈실 신호糸合図〉, 〈쓰레기통에서 노래塵溜で高砂〉, 〈비하하다卑下する〉, 〈달라붙은 베개A結付け枕〉, 〈달라붙은 베개B結付け枕〉, 〈단무지로 목욕A沢庵垢磨〉, 〈단무지로 목욕B沢庵風呂〉, 〈내던진 찐빵投上げ饅頭〉, 〈목에 걸친 소면首掛け素麺〉, 〈목을 찌른 경단咽突き団子〉, 〈잘 익은 감똥熟柿の糞〉, 〈잘 익은 감으로 상처熟柿で怪我〉, 〈갈쿠리에 훈도시鉤に褌〉, 〈사위의 땀聟の糞汗〉, 〈젓갈과 주전자塩辛と薬罐〉, 〈엉덩이에 경단尻に団子〉, 〈학과 거북이 노래鶴亀の歌〉, 〈돌에 표시標の石〉, 〈떡 요괴餅は化物〉, 〈경단 사위団子聟〉, 〈사야할 물건 이름買物の名〉, 〈초된장酢あえ〉, 〈소면과 귀면素麺と鬼面〉, 〈구운 병풍あふりの屏風〉. 關敬吾(1979), 『日本昔話大成』 8, 角川書店, pp.92-205.

『일본민담통관』은 전체적으로 모든 민담을 옛이야기むかし語り, 동물민담動物昔話, 소화笑い話로 나누어 분류하였다. 세 영역에 각각 하위 유형을 설정하여 분류하였는데, 소화의 하위유형으로 〈현자와 우자賢者と愚者〉, 〈익살맞음 · 교활おどけ · 狡猾〉, 〈비교 이야기くらべ話〉, 〈어리석은 사람愚か者〉, 〈바보 사위愚か婿〉, 〈바보 며느리愚か嫁〉, 〈바보 마을愚か村〉, 〈과장誇張〉, 〈언어유희言葉遊び〉, 〈형식담形式話〉이라는 유형을 설정하였다. 〈바보 사위〉에는 모두 50 화형에 이르는 하위 유형의 이야기가 분류하여 수록하였다.[9)]

이들 민담자료집에 수록된 〈바보 사위〉 민담을 검토하면 대체적으로 다음과 같은 몇 가지 두드러진 공통점을 발견할 수 있다. 첫째 이야기가 전개되는 공간, 다시 말하자면 '바보 사위' 가 바보스런 언행을 일삼는 공간이 주로 처가살이를 하는 처가로 한정되어 있다. 둘째 처가살이를 하는 '바보 사위' 의 우둔한 언행은 처가 및 처가가 위치한 마을의 문화적 향토성과 관련이 있다. 문화적 향토성 중에서도, 바보 사위는 특히 현지 식문화에 적응하느라 애를 먹는다. 셋째 처가라고 하는 이문화에 익숙하지 않은 사위를 지켜보는 사람들의 시선, 정확하게 표현하자면 〈바보 사위〉라는 민담을 전승하는 사람들의 사위에 대한 시선이 결코 우호적이지 않았다는 점이다. 이는 본고 서론에서 언급한 대로, 무코이리콘이라고 하는 일본의 혼인제도에서 비롯한 무코이지메 관습과 무관하지 않다.[10)]

9) 구체적인 화형에 관해서는 關敬吾의 『일본민담대성』과도 많이 중복되므로 생략하기로 한다. 다음을 참조. 稲田浩二 · 小沢俊夫責任編集(1988), 『日本昔話通觀』 第28巻, 同朋舎出版, pp.484-657.

10) 이 점은 한국의 경우에도 해당한다고 볼 수 있다. 예를 들면 김용의는 한국의 〈바보 사위〉 민담의 형성 과정에 동상례東床禮라는 전통적인 혼인 풍습이 관련되었을 가능성에 관해서 제시하였다. 김용의(2011), 「'바보 신랑' 이야기의 생성과 한국의 혼인 풍속」 『호남문화연구』 제49집, 전남대학교 호남학연구원, pp.31-58.

3. 〈바보 사위愚か聟〉와 무코이지메聟いじめ 관습

일반적으로 소화는 민담 중에서도 동물민담이나 본격민담에 비해서 역사적 혹은 사회문화적 관점에서의 연구가 쉽지 않은 것은 분명하다. 그렇지만 특정한 소화를 주의해서 읽어나가면, 그 소화의 배경에는 일본사회의 역사적 혹은 사회문화적 맥락이 연결되어 있다는 사실을 깨닫게 된다.[11] 본고에서 다루는 〈바보 사위〉도 그 대표적인 경우에 해당한다. 일찍부터 〈바보 사위〉 민담이 일본의 사회제도와 밀접하게 관련되어 있음을 주목한 연구자로 세키 게이고를 꼽을 수 있겠다. 세키는 일본의 〈바보 사위〉 민담의 발생에 일본의 전통적인 혼인제도가 반영되었을 가능성에 대해서 다음과 같이 지적하였다.

> 일본의 혼인제도는 앞에서도 말한 대로 시댁에서 혼인생활을 영위하지만, 전에는 오히려 그 반대로 남자가 결혼하면 처가 쪽으로 옮겨가서 그곳에서 혼인생활을 했다는 점은 거의 분명한 듯하다. 현재 그 중간 형태도 존재한다. 〈바보 사위〉 소화는 오히려 그 같은 혼인제도 하에서 발생했거나 혹은 발달한 것이 아닌가 하고 생각된다. 남자가 혼인에 의해서 생가에서 처가로 옮겨가, 그곳에서 외부인으로서 생활에 적응해가야만 했던 시대의 산물로 여겨진다.[12]

---

11) 小松和彦는 민담을 어떤 관점에서 접근하여 연구할 것인지를 1.역사적 관점, 2.민속사회 관점, 3.민담에 담긴 의미를 해독, 4.민담의 형태 및 구조를 분석, 5.민담 이외의 설화 장르와 비교, 라는 다섯 가지 관점을 제시한 적이 있다. 〈바보 사위〉의 경우에 주로 1에서 3까지의 관점에서 접근할 필요가 있겠다. 小松和彦(1985), 「昔話研究の課題」『昔話研究の課題』日本昔話研究集成1, 名著出版, p.5. 이와 관련하여 『今昔物語集』에 반영된 웃음의 사회적 기능에 대해서 분석한 다음 연구도 주목할 필요가 있다. 李市俊(2008), 「笑いの社会的機能と説話集の論理」『일본문화학보』 제9집, 일본문화학회, pp.263-275.

12) 關敬吾(1966), 『昔話と笑話』, 岩崎美術社, p.172.

인용문에서 가리키는 처가에서의 혼인생활이란 이른바 무코이리콘聟入婚을 의미한다. 일찍이 일본의 전통적인 혼인에는 무코이리콘과 요메이리콘嫁入婚이라는 두 가지 대표적인 방식이 존재하였다. 무코이리콘이란 처가 쪽에서 혼인의례를 올리고 그 후 일정 기간 동안 살림집을 처가 쪽에 마련하는 혼인방식이다. 보통 이 경우에 사위는 처가에서 동거를 하였다. 이에 비해서 요메이리콘은 혼인의례를 시댁 쪽에서 올리고 애초부터 살림집을 시댁에 마련하는 혼인방식이다.[13] 연구자들 사이에서는 역사적으로는 무코이리콘이 먼저 성립하고 후에 요메이리콘으로 변화했다고 보기도 한다.[14]

무코이리콘에는 대개의 경우에 무코이지메聟いじめ라고 하는 '신랑 괴롭히기' 풍습이 수반되었다. 이와 유사한 풍습을 한국에서 찾는다면 동상례東床禮에 해당하는 혼인 풍습이다.[15] 이 풍습은 신랑 특히 그 중에서도 신부가 거주하는 지역 밖에서 장가를 든 신랑에게 집단적으

13) 이들 혼인제도에 관한 개론적인 설명은 다음 논저를 참조. 福田アジオ 他編(2009), 『圖說日本民俗學』, 吉川弘文館, pp.82-90. 본격적인 연구로는 다음 연구를 참조. 江守五夫(1993), 「日本の嫁入婚の 歷史的位置-日本婚姻史學の通說への疑問-」『家 · 親族の生活文化』, 吉川弘文館. 中山太郎(1928), 『日本婚姻史』, 春陽堂. 高群逸枝(1963), 『日本婚姻史』, 至文堂. 국내 연구로는 한국 혼인제도와 비교하며 일본 혼인제도를 유형별로 고찰한 다음 논문을 참조. 박계홍(1976), 「한 · 일 민속의 비교고찰(3)-일본 혼인의 역사적 유형을 중심으로-」『백제연구』 제7집, 충남대학교 백제연구소, pp.205-228.

14) 대표적인 연구자로 柳田國男를 들 수 있다. 그는 일찍이 「聟入考」(1929)라는 제목의 논문에서 무코이리콘 방식이 먼저 성립했다가, 무사계급에서 유행하던 요메이리콘 방식이 민간에 침투하여 요메이리콘 방식으로 변화하였다고 보았다. 이 논문은 처음에 『三宅博士古稀祝賀記念論文集』에 수록되었다가 후에 「혼인 이야기婚姻の話」에 포함되었다. 柳田國男(1963), 「聟入考」『定本柳田國男集』 15, 築摩書房, pp.152-198.

15) 동상례에 관해서는 다음 논문을 참조. 박돈(1994), 「전라도 동계문서에 나타난 동상례 연구」『고문서연구』 6, 한국고문서학회, pp.57-58.

로 가하는 관습적인 제재를 가리킨다. 마을의 신입자에 대한 일종의 통과의례와도 같은 의미를 지니고 있었다. 신랑을 괴롭히는 방법은 지역에 따라서 차이가 있지만, 물 끼얹기, 진흙 던지기, 많은 밥을 억지로 먹이기, 무거운 석상 들어올리기, 마을 조직에서 제외하기 등의 여러 가지 방법이 동원되었다.[16] 몇 가지 전형적인 사례를 참고하기로 한다.

[사례1]

히타치노쿠니常陸國 마카베 군眞壁郡 다이호 촌大寶村의 우부스나신産土神 제례에 처음 참가하는 사람 중에는 이 마을로 장가든 새신랑이 많다. 그리고 이 새신랑들에게는 큰 그릇에 가득 퍼담은 밥을 내놓는다. 제례에 사용하는 밥그릇은 대개 아이들 머리 정도로 크다. 이 그릇에 그냥 밥을 담아 놓아도 먹기가 힘들 것으로 보이는데, 주걱에 물을 묻혀서 누르고 눌러 떡처럼 단단하게 만들어 한 자 높이로 잔뜩 담아 놓는다. 만일 새신랑이 마을사람들 마음에 들지 않으면, 한 자 정도로 쌓아올린 밥그릇을 엎어버리고, 밥상 한쪽에 비스듬히 밥을 쌓아올려서 먹도록 한다. 쌀 한 대 분량의 밥을 먹어치우는 남자도 다 먹어치우지 못하고 눈물을 떨어뜨리며 우는 자가 있다. 겨우 다 먹고 나면 중년남자가 입회하여 벌주라고 해서 큰 그릇으로 열다섯 잔을 마시게 한다.[17]

[사례1]은 일본 각지에서 일반적으로 널리 행해지던 전형적인 무코이지메 사례 중의 하나이다. 지역을 수호하는 토지신인 우부스나신産土神에게 제사를 지내는 마을제례를 계기로, 마을 출신의 처녀와 혼인하여 새로 전입한 외부 신입자를 시험하며 호되게 다룬 사례이다. 말하자면 여기서는 새신랑이 정식으로 마을의 일원이 되기 위한 일종의

16) 일본의 각 지역에서 행해지던 무코이지메의 관행에 관해서는 中山太郎의 논저에 여러 유형의 사례가 소개되어 있다. 中山太郎(1928), 『日本婚姻史』, 春陽堂, pp.96-114.

17) 中山太郎(1928), 『日本婚姻史』, 春陽堂, p.100.

통과의례로 무코이지메가 행해졌던 셈이다. 새신랑에게 많은 양의 밥을 먹도록 강요하는 데에 그치지 않고, 벌주까지 동원하여 마시도록 하였다. 〈바보 사위〉 민담을 개관하면, 사위가 처가에서 식사예법을 몰라서 바보로 취급당하는 사례가 많은데,[18] 이는 [사례1]과 같은 무코이지메 관행과 무관하지 않을 듯하다. 이 점에 대해서는 4장에서 다시 언급하기로 한다.

[사례2]

시모쓰케노쿠니下野國 하가 군芳賀郡 야마무로 촌山室村 오아자大字 쓰루다鶴田에 기우제 지장雨乞地藏이라고 부르는 1척 정도의 석상이 있었다. 크게 가물었을 때에는 마을 젊은이들이 모여서 기우제를 지냈는데, 그 지장 석상을 굵은 밧줄로 묶어서 모두가 논밭으로 끌고 다녔다. 마지막에 그 석상을 지역의 수호신을 모신 신사鎮守神社의 변소 옆 연못까지 끌고 가서, 수심이 깊은 물속에 내던지고 다시 끌어올리는 행사가 있다. 이 행사도 모든 마을 젊은이들이 협력해서 해야 할 터인데, 그 마을 출신 젊은이들은 바라만보고 있고, 새신랑들만이 이 일을 하도록 하였다. 새신랑이 연못으로 뛰어들어, 물속으로 들어가 석상을 껴안고 수면 위로 떠오르면, 이를 기다리고 있던 마을 젊은이들이 사방에서 물을 끼얹어서 숨을 못 쉬도록 만든다. 새신랑이 숨이 차서 괴로운 나머지 석상에서 손을 놓고 물속으로 빠지면, 이번에는 다른 새신랑이 교대하여 같은 일을 반복한다. 해질 무렵이 되어서야 겨우 끝이 난다. 마을사람들의 미움을 산 새신랑에게는 물을 뿌릴 때에 진흙, 모래, 돌 등을 섞기도 했다고 한다.[19]

[사례2]는 [사례1]에 비해서, 무코이리콘에 의해서 외부에서 마을로 장가를 든 새신랑에게 가하는 제재가 더욱 가혹하다. 기우제를 지내는 동안에 차별적으로 새신랑들로 하여금 힘든 일을 도맡도록 하였다. 그 과정에서 새신랑이 숨을 쉬기가 힘들 정도로 물을 끼얹어 괴롭

18) 예를 들면 본고에서 소개한 [사례5]는 그 전형적인 경우이다.

19) 中山太郎(1928), 『日本婚姻史』, 春陽堂, pp.100-101.

혔는데, 이는 일본 민속에서 미즈이와이水祝い라고 부르는 무코이지메의 한 방법이다.[20] 미즈이와이는 일본 각지에서 무코이지메의 일환으로 보편적으로 행해지던 민속적 관행이다. [사례2]에서는 물뿐만이 아니라, 물에 진흙, 모래, 돌 등을 섞어서 새신랑을 괴롭히기도 하였다.

[사례3]

우젠노쿠니羽前國 히가시무라야마 군東村山郡 마스 촌增村 오아자大字 야노메矢野目는 옛날에 모미이 촌籾井村이라고 불렀다. 이는 오래된 우물에서 벼籾 가 나왔기 때문이다. 옛날 이 촌에서는 음력 정월 7일에, 작년에 마을로 새로 장가를 든 신랑을 그 우물에 집어넣고 미즈이와이水祝い를 하였다. 만약 신랑 손발에 상처가 생기면 반드시 헤어지게 된다고 전해진다.[21]

[사례3]에는 앞서 [사례2]에 등장하는 미즈이와이 풍습이 더욱 구체적으로 서술되었다. 음력 정월에 행하는 연중행사의 일환으로 무코이지메를 진행하였다. 특히 [사례3]의 무코이지메에는 앞서 소개한 [사례1]이나 [사례2]와 달리, 일종의 점복 기능도 있었던 듯하다. 미즈이와이 과정에서 신랑의 손발에 상처가 생기면 헤어진다는 속신이 함께 전해진다.

[사례4]

가이노쿠니甲斐國 히가시야마나시 군東山梨郡 이와테 촌岩手村에서는 해마다 모내기가 시작되면 작년의 모내기 이후에 마을로 장가를 든 새신랑이 논에 들어가 있을 때를 노려서, 마을 사람들이 다가가 새신랑에게 논흙을 내던진다. 이를 가리켜 도로카케이와이泥かけ祝라고 한다. 약 30분 정도로 끝나는데, 양쪽 모두 하천에서 몸을 씻고서 끝을 낸다. 그 사이에 신

20) 미즈이와이는 새신랑이 속해 있던 젊은이 집단若者集團에서 신랑에게 집단적으로 물을 끼얹으며 제재를 가하던 습속을 말한다.

21) 中山太郎(1928),『日本婚姻史』, 春陽堂, pp.109-110.

부는 간단한 술과 안주를 준비해서 가지고와, 모두가 논두렁에서 함께 마시고 집으로 돌아간다. 만약 신부가 술과 안주를 대접하지 않으면, 마을 사람들이 새신랑을 따돌렸다.[22)]

[사례4]는 모내기철을 맞이하여 새신랑을 괴롭히는 무코이지메의 사례이다. [사례4]에서는 마을 사람들이 새신랑에게 물 대신에 진흙을 내던졌다. 이를 가리켜 도로카케이와이泥かけ祝라고 불렀다. 마을 사람들이 논에 들어간 새신랑을 괴롭힌 후에, 신부가 준비한 술과 안주를 함께 들면서 화해를 하였다. 이로써 새신랑도 마을 공동체의 구성원이 되는 것을 승인하였던 것이다. 따라서 이 과정을 거치지 않은 새신랑은 두고두고 따돌림을 받았다. 말하자면 [사례4]의 경우도 새신랑이 마을공동체에 가입하기 위한 일종의 통과의례적인 성격을 지닌 무코이지메였던 셈이다.

그런데 지금까지 고찰한 무코이지메 사례에서 한 가지 특이한 점을 발견할 수 있다. 이상하게도 사례에 등장하는 사위들은 공통적으로 마을사람들의 가혹한 제재와 불합리한 차별을 순순히 수용하였다는 점이다. 본고에서 인용한 네 가지 전형적인 사례는 물론이고, 무코이지메에 대한 대부분의 사례에서 사위가 마을사람들에게 정면으로 맞서 대항하고자 했던 흔적을 찾아볼 수가 없다. 물론 이는 처가살이를 하는 사위의 사회적 위상과 무관하지 않다. "겉보리 서 말만 있으면 처가살이를 하지 않는다."라는 한국 속담과 마찬가지로, 일본에서도 "쌀겨 세 홉만 있으면 처가살이를 하지 말라小糠三合あるならば入り婿すな"는 속담이 존재한다.[23)]

22) 中山太郎(1928),『日本婚姻史』, 春陽堂, p.110.

23) 혹은 "쌀겨 세 대만 있으면 처가살이를 하지 말라小糠三升持ったら婿に行くな"라고 말하기도 한다. 尙學圖書 編集(1982),『ことわざ大辭典』, 小學館, p.459.

이 속담에서 알 수 있듯이, 무코이리콘에 의해서 처가에서 혼인생활을 영위하는 즉, 처가살이를 하는 사위의 처지란 보기에도 초라한 매우 궁색한 입장이었다. 처가 사람들은 물론이고, 처가가 위치한 마을 사람들이 그 사위를 제대로 대접하였을 리가 만무하다. 말하자면 처가살이 하는 사위를 '바보' 처럼 취급하였다고 볼 수 있다. 사위를 향한 그 같은 차별적인 시선이 민담에 반영된 결과, 〈바보 사위〉 민담이 탄생하였다고 보아야 할 것이다.

결론적으로 〈바보 사위〉 민담은 무코이리콘이라는 일본의 전통적인 혼인방식에 수반되는 무코이지메라는 민속적 관습이 반영되어 형성되었다. 이 점에 대해서 구체적으로 〈바보 사위〉 사례를 검토하며 확인하기로 한다.

4. '타자'로서의 바보 사위愚か聟의 '이문화' 적응과정

〈바보 사위〉 민담에 등장하는 사위의 처가에서의 생활, 특히 무코이리콘 방식에 의한 처가생활이란 매우 궁색하였다. 다른 한편으로 그 생활은 타자에 가까운 사위가 처가라고 하는 '이문화' 에 적응해가는 과정이기도 하였다. 이 과정에서 사위는 처가의 문화적 풍토에 익숙하지 않기 때문에 필연적으로 온갖 실수를 범하기 마련이다. 이로 인해서 주위 사람들의 웃음을 사고 바보 취급을 당하게 된다. 사위가 범하는 다양한 실수는 〈바보 사위〉 민담을 재미있게 만드는 모티브이기도 하다. 말하자면 처가살이를 하는 사위의 여러 가지 실수가 〈바보 사위〉라고 하는 민담에 모티브로 반영되었다고 볼 수 있다. 구체적인 사례를 통해서 확인하기로 한다.

[사례5]

바보 사위가 살았다. 새신랑新聟으로, 어느 날 장인 집에서 신부와 함께 오도록 불렀다. 신부는 신랑이 바보라는 사실을 알고 있었으므로 함께 걷기가 싫어서 먼저 가서 기다리기로 하였다. 그래서 신랑에게 “가는 길마다 쌀겨를 흘려놓고 갈 테니까 그 것을 보고 따라오면 처가에 찾아올 수 있어요.”라고 일러두었다. 신랑은 나중에 혼자서 쌀겨를 따라서 걸어갔다. 그러자 도중에 신부가 흘려놓은 쌀겨가 바람에 날려서 물이 마른 하천으로 떨어졌다. 신랑은 신부가 당부한 대로 쌀겨가 흩어진 하천으로 들어갔다. 가문이 새겨진 예복을 입은 채로 진흙 속을 헤쳐 나갔다. 그리하여 겨우 장인 집에 도착하였다. 신부는 “그 행색이 도대체 뭐예요.”라고 진흙투성이가 된 신랑을 나무랐다. 아무튼 옷을 새로 빨아 입고서 장인 집에 머물게 되었다. 신부는 그 신랑이 식사를 하면서 무엇을 먼저 먹어야할지 모를 수도 있다는 생각이 들어, 신랑 등에 끈을 달아서 그 끝을 본인이 붙잡았다. 그리고 사람들이 눈치 채지 않도록, ‘쑥’ 하고 잡아당기면 오쓰케おつけ를 먹고, ‘쑥쑥’ 하고 잡아당기면 밥을 먹고, ‘쑥쑥쑥’ 하고 세 번 잡아당기면 생선을 먹도록 정해놓고서 신랑에게 다짐을 받았다. 이윽고 식사가 시작되고 부부는 처음에 정해놓은 대로 실행했기 때문에, 신랑은 신호대로 먹어서 그 먹는 순서를 틀리지 않을 수가 있었다. 그 자리에 모인 손님들은 신랑이 바보라는 소문을 들었는데, 제대로 식사를 하는 것을 보니 꼭 그렇지도 않다고 생각하며 지켜보았다. 도중에 신부가 변소를 가고 싶었다. 잠깐 비우는 것은 괜찮겠지 하고서, 끈을 기둥에 묶어두고서 변소를 갔다. 그 잠깐 사이에 고양이가 나타나서 끈에 걸려 허우적거리면서 끈을 계속해서 잡아당겼다. 신랑은 그것을 신부의 신호로 잘못알고, 때는 이 때라는 생각으로 국이고 밥이고 생선이고 빠른 속도로 한꺼번에 입에 집어넣었다. 이를 지켜보던 손님들은 비로소 역시 이 녀석은 바보였구나 하고 알게 되었다.[24)]

[사례5]는 전형적인 〈바보 사위〉 민담 중의 하나이다. 사위가 장인의 부름을 받고 처가를 찾아가게 되었는데, 그는 처가를 찾아가는 길

24) 関敬吾(1979), 『日本昔話大成』 8, 角川書店, p.128.

도 알지 못할 정도로 바보였다. 뿐만이 아니라, 처가에서의 식사예절에도 익숙하지 않았다. 결국 처가에서 식사 대접을 받으면서 실수를 연발하여 주위사람들로부터 바보 취급을 당하게 된다. [사례5]와 같이 식사예절을 비롯한 처가의 식문화에 익숙하지 않은 사위가 실수를 범하는 모티브는 다양한 〈바보 사위〉 유형에 보이는 커다란 특징이기도 하다.

[사례6]

산촌에 사는 사위가 처가에 가게 되었다. 처가에서는 사위가 왔다고 여러 가지 맛있는 것을 만들어 주었다. 사위가 보니, 저편에서 집안사람들이 무언가 만들고 있는데 아이가 그곳으로 가서 먹고 싶다고 조른다. 그러자 이건 무서운 것이라서 먹을 수 없다고 아이를 위협한다. 사위는 그 모습을 보고, 그처럼 무서운 것을 만들어서 어디에 쓸까라고 생각하였다. 그러던 차에 사위 앞으로 그것을 가져와서, 차린 것은 없지만 많이 드시라고 말한다. 사위는 무서운 생각이 들어서, 배가 불러 먹을 수 없다고 말한다. 그러자 모처럼 만들었는데 먹을 수 없다니 어쩔 수 없다며, 그럼 집에 가지고 가서 아내에게 주라며 찬합에 넣어서 보자기에 싸 주었다. 사위는 이거 곤란하게 되었다고 생각하며 그 보자기를 받아왔지만, 지금이라도 요괴가 나올 것 같아서 무서워 견딜 수가 없었다. 저편을 보니 마침 물건 말리는 데에 쓰는 장대가 하나 있었다. 사위는 곧장 그 장대를 빼와서 그 끝에 보자기를 걸고, 그것을 짊어지고는 안심하고 집으로 돌아왔다. 그 사이에 장대 끝에 걸어둔 찬합이 미끄러져 내려와 사위의 목 부근에 부딪쳤다. 사위는 깜짝 놀라서 요괴가 달라붙었다고 그 장대를 내던지고서는 질린 얼굴로 집으로 도망쳐왔다. 사위의 모습이 이상하자 집안사람들이 내막을 물어보았다. 이런 일이 있어서 요괴가 달라붙었다고 들려주었다. 집안사람들은 그럴 리가 없다고 생각하고서는 사위가 장대를 내버려둔 곳으로 가보았다. 밭 가운데에 예쁜 보자기로 싼 찬합이 있었다. 그 속에는 맛있는 음식이 들어 있었다.[25)]

25) 関敬吾(1979),『日本昔話大成』8, 角川書店, pp.189-190.

[사례6]에 등장하는 사위는 산촌 출신의 '시골사람'이다. [사례5]의 사위와 마찬가지로 처가에서 성대한 음식 대접을 받게 된다. [사례6]에 직접적으로 언급되어 있지는 않지만, 아마도 사위에게 음식을 대접하는 처가 쪽은 산촌과는 식문화가 다른 평지의 농촌이었을 것이다. 문제는 음식을 대접받게 된 사위 입장에서 볼 때에 처가의 식문화가 결코 익숙하지 않았다는 점이다. [사례5]의 사위가 처가의 식사예절에 익숙하지 않아서 실수를 하였다면, [사례6]의 사위는 처가에서 내놓은 음식 자체에 익숙하지 않은 결과, 상식에서 벗어난 처신을 하고야 만다.

결론적으로 [사례6]의 사위는 처가의 식문화 즉, 현대적인 용어로 말하자면 이문화 적응에 실패한 결과로 바보 취급을 당하게 된다. 이와는 반대로 처가의 식문화에 너무 적응을 잘한 나머지 실수를 하고야마는 경우도 있다.

[사례7]

바보 사위가 처갓집 잔치에 갔다. 떡을 대접 받았다. 밤중에 깨어나 팥떡이 먹고 싶어서 잠을 이룰 수가 없었다. 옆에 있는 아내를 흔들어 깨워서 "저녁에 먹은 팥떡이 먹고 싶어서 잠을 들 수가 없어."라고 말하였다. 아내는 잠결에 "떡은 선반 위에 있으니 가서 드세요."라고 말하였다. 사위는 벌거벗은 채로 가서, 어둠 속에서 손을 더듬거려가며 팥떡을 잔뜩 먹었다. 너무 맛있어서 아내에게도 갖다 주려는 생각으로, 젓가락에 꽂아서 잠자리로 가져왔다. 아내 얼굴로 생각하고 엉덩이 쪽에 떡을 내밀며 "떡이 너무 맛있어서 가져왔으니, 어서 먹어"하면서 엉덩이에 내붙였다. 그러자 아내가 잠결에 방귀를 뀌었다. 사위는 먹지 않을 모양이라고 생각하고, 그렇다면 내가 먹지 하면서 그것도 먹어치웠다.[26]

26) 関敬吾(1979), 『日本昔話大成』 8, 角川書店, pp.179-180.

[사례7]은 바보 사위가 지나치게 처가의 식문화에 적응을 잘한 사례에 해당한다. 역시 처가에서 음식 대접을 받은 사위가 대접받은 음식 중에서 팥떡 맛을 잊을 수가 없었다. [사례7]에 구체적으로 언급되어 있지는 않지만, 아마도 바보 사위가 이제까지 먹어본 적이 없는 맛있는 음식이었음에 분명하다. 사위는 그 팥떡 맛을 잊을 수가 없어서 더 먹으려다가 결국은 당치도 않은 실수를 하게 된다.

물론 〈바보 사위〉 민담에 등장하는 사위가 처가 쪽의 문화적 풍토에 익숙하지 않아서 처가에서 실수를 하는 것은 식문화에만 한정되지는 않는다. 의식주 전반에 걸쳐 확인할 수 있는 현상이기도 하다. 예를 들면 다음과 같이 목욕문화의 차이에서도 드러난다.

[사례8]

바보 사위가 장인에게 인사를 갈 때에, 아내가 "집에 가면 분명 목욕물을 데워줄 터이니, 그 때는 겨를 달라고 해서 몸을 문지르세요. 겨를 잊어버리지 않도록."이라고 가르쳐주었다. 바보 사위는 길을 가면서 "겨! 겨!"하고서 반복해서 중얼거렸지만 돌에 걸려 넘어지면서 겨라는 말을 잊어버리고, "단무지! 단무지!"하고 바꾸어 말하였다. 사위가 처가에서 가장 먼저 목욕을 시작하였다. 바보 사위는 욕조 안에서 큰 목소리로 "단무지!"라고 소리쳤다. 하녀가 "드시려면 잘라서 드릴까요?"라고 묻자, "아니! 아니! 긴 것 하나"라고 대답하였다. 바보 사위는 단무지를 받아서 그걸로 열심히 몸을 문질렀다.[27)]

[사례8]도 민담의 서사구조에 있어서 앞서 검토한 다른 사례들과 크게 다르지 않다. 사위가 처가를 방문하게 되었으며, 아내가 남편이 처가에서 실수를 범하지 않도록 사전에 여러모로 당부를 한다.

27) 関敬吾(1979), 『日本昔話大成』 8, 角川書店, p.161-162.

그렇지만 그 당부가 오히려 화근이 되어 바보스러운 언행을 저지르고야만다. [사례8]의 사위는 처가에서 목욕을 할 때에 겨로 몸을 문지른다는 사실을 알지 못하였다. 다시 말하자면 처가라고 하는 '이문화'가 낯설었던 셈이다. 결국 아내가 일러준 당부를 잊어버리고 겨 대신에 단무지를 주문하여 바보 취급을 당하게 된다. 다음 사례도 [사례8]과 유사한 경우이다.

[사례9]

바보 사위가 처가에 불려가 자면서 처음으로 베개를 사용하여 자게 되었다. 도저히 익숙하지 않아서 잠을 들 수가 없었다. 옆에 자고 있는 아내에게 "이것은 어디 쓰는 물건이야"하고 물었다. 아내는 자신의 이름을 묻는 것으로 생각하고, "내 이름은 오코마お駒예요."라고 대답하였다. 아침에 일어나 집안 식구들이 모두 함께 아침밥을 먹는 자리에서, 바보 사위는 "이야! 어제는 한숨도 못 잤다. 아내와 부부관계お駒를 하려다가 익숙하지 않아서 아내를 벽 쪽에 밀어붙이고서야 겨우 잤어."라고 말하였다. 그것은 베개를 말한다.[28)]

[사례9]의 사위는 처가에서 처음 베개를 사용하게 되었다. 그는 심지어 베개가 어떤 물건인지조차도 알지 못했다. 그래서 아내에게 도움을 요청하였으나, 다른 사례의 경우와 마찬가지로 아내의 말을 잘 못 알아듣게 된다. 다음날 처가 식구들이 모두 모인 자리에서 본인의 실수를 늘어놓는다. [사례9]에서 구체적으로 언급하고 있지는 않지만, 그 결과 사위는 당연히 바보 취급을 당한다.

지금까지 몇 가지 대표적인 유형의 〈바보 사위〉 사례를 살펴보았다. 서문에서 언급한 바와 같이, 이들 사례에서 두드러진 공통점을 발견할 수 있었다.

28) 関敬吾(1979), 『日本昔話大成』 8, 角川書店, p.161.

먼저 이야기가 전개되는 공간이 대부분 처가로 한정되어 있다는 점이다. 그 이유는 무엇보다 분명하다. 사위는 무코이리콘이라는 혼인제도에 의해서 반드시 처가살이를 할 수밖에 없었다. 따라서 바보 사위의 모든 실수는 처가로 제한되며, 〈바보 사위〉 민담의 공간이 처가로 제한될 수밖에 없었던 것이다. 그리고 사위의 우둔한 언행이 공통적으로 식문화에 집중되어 있다는 점을 발견할 수 있다. 전통적으로 식문화는 여러 문화 요소 중에서도 지역적 특성이 매우 강하다. 이 때문에 외부인이 적응하기에는 많은 시간이 필요하다. 〈바보 사위〉 민담에 등장하는 사위들도 특히 처가의 식문화에 쉽게 적응하지 못해서 연달아 실수를 하게 되고, 그 결과 사람들의 웃음거리가 되었던 것이다.[29] 무엇보다도 그 바보 사위를 지켜보는 처가 쪽 사람들의 시선이 결코 우호적이지 않았다. 마을공동체 구성원의 입장에서 볼 때에 '타자'에 불과한 사위를 향한 시선은 엄격할 수밖에 없었다.

5. 〈바보 사위〉의 탄생

본고에서는 일본의 소화 중에서 〈바보 사위〉라는 이름으로 알려진 민담을 사회문화적 맥락에서 접근하여 분석하였다. 그 결과 다음과 같이 두 가지 두드러진 특징을 확인할 수 있었다.

첫째 민담의 발생론적 관점에서 볼 때에 〈바보 사위〉는 무코이리콘이라고 부르던 일본의 혼인제도와 밀접한 관련이 있다는 사실이다. 특히 무코이리콘이라는 혼인제도에 수반되던 무코이지메라는 민속적 관습이 밀접하게 관련되어 있었다.

29) 김용의(2011), 「'바보 신랑' 이야기의 생성과 한국의 혼인 풍속」『호남문화연구』 제49집, 전남대학교 호남학연구원, p.53.

둘째 〈바보 사위〉에 등장하는 신랑이 바보스러운 언행을 일삼는 이유를 그 사위가 처가살이를 하던 지역의 문화적 풍토성이라는 맥락에서 접근하여 설명하였다. 〈바보 사위〉 민담의 형성과정에는 무코이리콘 방식의 혼인을 계기로 처가살이를 시작한 사위가 극복해야할 문화의 지역성과 밀접하게 관련이 있었던 것이다.

결론적으로, 〈바보 사위〉 민담에 자주 등장하는 바보 사위는 애초부터 바보는 아니었다. 무코이리콘이라는 혼인제도 하에서, 익숙하지 않은 처가살이를 하는 과정에서, 특히 처가 쪽 사람들이 '타자' 에 해당하는 사위를 시험적 시선으로 비우호적으로 대한 결과로 〈바보 사위〉가 탄생하였던 것이다.

■ 참고문헌

稲田浩二・小沢俊夫責任編集(1988),『日本昔話通観』第28巻, 同朋舎出版

飯倉義之(2005),「愚か村の『伝説』-笑話というものいい、愚か村という現場」『国文学解釈と鑑賞』2005年 10月, 至文堂

江守五夫(1993),「日本の嫁入婚の 歴史的位置-日本婚姻史學の通說への疑問-」『家・親族の生活文化』, 吉川弘文館

小澤俊夫(1994),『昔話のコスモロジ-』, 講談社

小松和彦(1985),「昔話研究の課題」『昔話研究の課題』, 名著出版

關敬吾(1979),『日本昔話大成』8, 角川書店

尙學圖書 編集(1982),『ことわざ大辭典』, 小學館

高群逸枝(1963),『日本婚姻史』, 至文堂

中山太郎(1928),『日本婚姻史』, 春陽堂

福田アジオ 他編(2009),『圖說日本民俗學』, 吉川弘文館

柳田國男(1948)『日本昔話名彙』日本放送協會

柳田國男(1963)「聟入考」『定本柳田國男集』15 築摩書房

김용의(2011)「'바보 신랑' 이야기의 생성과 한국의 혼인 풍속」『호남문화연구』 제49집 전남대학교 호남학연구원

박돈(1994)「전라도 동계문서에 나타난 동상례 연구」『고문서연구』6 한국고문서학회

박계홍(1976)「한・일 민속의 비교고찰(3)-일본 혼인의 역사적 유형을 중심으로-」『백제연구』 제7집, 충남대학교 백제연구소

李市俊(2008)「笑いの社会的機能と説話集の論理」『일본문화학보』 제9집 일본문화학회

Anti Aarne=Stith Thompson(1964) The Types of the Folktale, FFC 184, Helsinki

일본 〈먹지 않는 아내食わず女房〉 이야기의 한국으로의 수용 양상

1. 근대 한일 민담의 전파와 수용

한국에는 전국 각지의 민간에서 전해지던 설화를 전승지역 및 설화유형에 따라서 체계적으로 집대성한 설화자료집이 구비되어 있다. 설화 연구자들은 이들 설화자료집을 활용하여 다양한 주제와 방법으로 설화를 연구한다.

그런데 이들 설화자료집에 수록된 개개의 설화를 읽다보면, 그 내용 및 형식면에서 어딘가 한국의 설화 유형과는 동떨어진 설화를 발견하게 된다. 다시 말하자면 한국의 설화자료집에 수록된 설화 중의 일부는 근대 이전부터 한국인들 사이에서 전해오던 설화로 볼 수 없는 설화가 포함되어 있기도 하다. 이는 본디 한국이 아닌 다른 나라나 민족 사이에서 전승되던 설화가 한국으로 유입된 결과로 해석할 수 있다. 이 같은 현상은 특히 제국 일본의 통치를 받았던 일제강점기에 집중된다.

예를 들면 손동인은 한국에서 설화를 구술하는 현장에서 일본의 〈모모타로〉 이야기가 튀어나오는 현상을 지적하였다.[1] 김용의는 일제강점기 학교 교과서를 통해서 유입된 일본의 〈혹부리 영감〉 이야기가

1) 손동인(1973), 「대부도의 전래동화」『기전문화연구』 제2집, 기전문화연구소, p.92.

한국에 전승되던 〈혹부리 영감〉 이야기의 변형에 어떤 영향을 끼쳤는지를 논증하였다.[2] 그리고 일본에서 오대민담 중의 하나로 유명한 〈원숭이와 게의 싸움猿蟹合戰〉이 한국의 설화자료집에 어떻게 수록되어 있는지, 그 양상을 밝히기도 하였다.[3]

그런데 한국의 설화자료집에 흔히 〈밥을 안 먹는 아내〉라는 이름으로 수록된 이야기도 그와 유사한 사례 중의 하나인 듯하다. 이 이야기는 임석재의 『한국구전설화』(전 12권), 『한국구비문학대계』(전 82권), 그리고 『호남구전자료집6』에서 확인할 수 있다.[4] 이들 이야기의 서사구조 및 화소를 주의 깊게 살펴보면, 일본에서 근대 이전부터 전해지던 이야기와 매우 유사하다는 사실을 알 수 있다. 이 이야기는 흔히 일본에서는 〈먹지 않는 아내食わず女房〉라는 이름으로 알려졌다.[5] 일본의 설화 연구자들이 많은 관심을 보인 이야기 중의 하나이다.[6]

---

2) 김용의(2000) 「일제시대 한국민담의 개작과 수용양상」 『남도민속연구』 제6집, 남도민속학회, pp.11-27.

3) 김용의(2009), 「「원숭이와 게의 싸움猿蟹合戰」의 한일비교」 『일본어문학』 제42권, 한국일본어문학회, pp.233-252.

4) 이들 설화집에는 〈밥 안 먹는 마누라〉, 〈밥 안 먹는 각시〉, 〈밥 많이 먹어 소박맞은 부인〉, 〈입 없는 아내〉 등의 이름으로 수록되어 있다. 본고에서는 한일비교연구를 위한 편의상 〈밥을 안 먹는 아내〉로 통일하여 표기하기로 한다.

5) 일본에서는 설화자료집에 따라서 〈입 없는 아내口無し女房〉, 〈거미 아내蜘蛛女房〉 등의 이름으로 부르기도 한다. 본고에서는 한국의 사례와 구별하기 위해서 〈먹지 않는 아내食わず女房〉로 일본어 제목과 함께 표기하기로 한다.

6) 선구적인 연구로는 大森郁之助의 연구가 있다. 吉行郁美는 페미니즘의 관점에서 접근하였다. 大森郁之助(1959), 「食わず女房の種姓」 『國學院雜誌』 60, 國學院大學, pp.49-68. 최근 赤坂憲雄가 「역사와 민속 사이歴史と民俗のあいだ」라는 제목으로 웹상에 연재하는 다음 에세이도 참고가 된다. 「鳥食い婆と食わず女房」(上), 「鳥食い婆と食わず女房」(下). 이들 에세이는 다음의 사이트에서 열람이 가능하다. http://www.iwanami.co.jp/web_serials/akasaka/(열람일 : 2016.6.20)

결론을 먼저 밝힌다면, 현재 한국의 설화자료집에 수록되어 있는 〈밥을 안 먹는 아내〉는 일본의 〈먹지 않는 아내食わず女房〉 이야기가 일제 강점기에 한국으로 유입되어 확산된 결과로 보인다. 물론 역으로 한국의 〈밥을 안 먹는 아내〉가 일본의 〈먹지 않는 아내食わず女房〉로 변이되었을 가능성도 배제할 수는 없을 것이다. 그렇지만 이 설화의 지역적 분포 양상, 유형, 설화적 완결성 등을 고려할 때에 그 가능성은 매우 희박하다. 본고에서는 일본의 〈먹지 않는 아내食わず女房〉가 어떻게 한국의 〈밥을 안 먹는 아내〉로 수용되었는지, 현재 한국과 일본에 전하는 이야기의 내용을 비교 분석하여 그 구체적인 양상을 밝히고자 한다.

2. 일본 민담자료집의 〈먹지 않는 아내食わず女房〉의 유형 및 구성

일본의 민속학자 야나기타 구니오柳田國男는 일찍부터 일본 각지에 전해지는 이야기를 폭넓게 수집하여, 수집한 민담을 그 유형type에 따라서 체계적으로 분류할 필요성을 강조하였다. 야나기타가 감수를 맡아서 1948년에 간행한 『일본민담명휘日本昔話名彙』는 이를 반영한 성과이다. 본고에서 다루는 〈먹지 않는 아내食わず女房〉는 완형민담完形昔話 중에서 액난극복厄難克服에 속하는 이야기로 분류하여 수록하였다.[7] 『일본민담명휘』에 다음과 같은 사례가 수록되어 있다. 조금 길

7) 야나기타는 우선 민담을 크게 완형민담完形昔話, 파생민담派生昔話으로 나누어 구별하였다. 그는 완형민담을 탄생과 기서誕生と奇瑞, 이상한 성장不思議な成長, 행복한 혼인幸福な婚姻, 의붓자식 이야기ままこ話, 형제의 우열兄弟の優劣, 재보발견財寶發見, 액난극복厄難克服, 동물의 원조動物の援助, 언어의 힘言葉の力, 지혜의 작용知恵のはたらき 등으로 나누어 분류하였다. 柳田國男 監修(1948), 『日本昔話名彙』, 日本放送出版協会, pp.1-191.

지만 내용 파악을 위해서 전문을 그대로 인용하기로 한다.

[사례1]

옛날에, 독신 사내가 산에 나무를 하러 가서 동료들과 먹지 않는 아내가 있었으면 하고 이야기를 주고받았다. 그러자 사오일 뒤에 어느 여자가 나는 먹지 않는 여자니까 아내로 삼아달라고 찾아왔다. 아내로 삼았더니 말한 대로 조금도 먹지 않았다. 그런데 여자가 온 후로 쌀이나 된장이 없어졌다. 사내는 이상하게 생각하였다. 어느 날 읍내에 나가는 척하고 집을 나섰다. 여자가 변소에 가는 틈을 타서 마구간 기둥 위에 올라가 숨었다. 그러자 아내는 쌀을 꺼내서 한 말 크기의 냄비에 넣고 밥을 지었다. 다음에는 된장국을 끓였다. 그리고 주먹밥을 만들어서 돗자리 위에다 늘어놓고서 된장국은 그릇에 넣어서 식혔다. 아내가 머리를 풀어헤치자 정수리에 커다란 입이 있었다. 그 입에다 주먹밥을 집어넣고 된장국을 부은 후에 원래대로 머리를 묶어 정리하였다. 그 사이에 사내는 슬쩍 기둥에서 내려와 막 돌아온 것처럼 집으로 들어갔다. 다음날 아침 사내가 아내에게 이혼하자고 했더니 아내는 무언가를 달라고 하였다. 사내는 거기 놓인 통을 가져가라고 말하였다. 아내는 통 속에 벌레가 들었으니 없애달라고 속여서 사내를 통속으로 밀어 넣었다. 여자는 그 통을 짊어지고 점점 산속으로 달려갔다. 여자가 좋은 술안주를 가져왔으니 모두 모이라고 하자, 여기저기 나무 사이에서 대답을 하였다. 사내는 살아있다는 생각조차 들지 않았다. 그러던 중에 통 옆으로 나뭇가지가 걸리자 그 나뭇가지를 붙들고 통속을 빠져나와 힘껏 달려서 도망쳤다. 여자는 모두 모인 곳에 가서 통을 내려놓았다. 보았더니 사내가 없으므로 도망친 사실을 알고 점점 쫓아왔다. 사내는 붙잡힐 듯하자 옆에 있는 쑥과 창포가 우거진 곳으로 숨었다. 야마우바山婆는 사내를 쫓아와서 쑥과 창포가 우거진 곳을 들여다보았다. 그 안에 손을 집어넣으면 손이 썩어 문드러지기 때문에 어쩔 도리가 없다고 하면서 산으로 돌아갔다. 사내는 위험에서 벗어나 그 쑥과 창포를 머리에 뒤집어쓰거나 허리에 걸치고서는 집으로 돌아왔다. 쑥과 창포를 지붕이나 문에 걸어두었더니 마침내 야마우바가 오지 않았다.[8] (밑줄, 필자)

---

8) 柳田國男　監修(1948),『日本昔話名彙』, 日本放送出版協会, pp.113-114. 이하

[사례1]에 등장하는 '먹지 않는 아내'는 알고 보니 그 정체가 야마우바山婆였다. 말하자면 [사례1]은 일종의 야마우바에 관한 이야기인 셈이다. 야마우바는 '山姥'로 표기하기도 하며 오니바바鬼婆 또는 귀녀鬼女라고 부르기도 한다. 일반적으로 깊은 산속에 산다고 전해지는 요괴로 보통 노녀의 모습을 하고 있다.[9] 문헌설화나 구전설화를 막론하고 일본설화에 자주 등장하곤 한다.[10] 내용 분석을 위해서 [사례1]의 줄거리를 화소에 따라 구분하여 요약하면 다음과 같다.

①독신 사내가 먹지 없는 아내가 있었으면 하고 말한다. 사오일 후에 바라던 여자가 찾아왔으므로 아내로 삼는다.
②이후 쌀이나 된장이 갈수록 없어지므로 사내가 숨어서 지켜본다. 아내가 머리에 붙은 입 속에다 주먹밥과 된장국을 집어넣는다.
③사내가 아내에게 이혼을 통보한다. 아내는 통에다 사내를 넣고 이를 짊어지고 산으로 향한다. 아내의 정체는 야마우바이다.
④사내가 틈을 보아 도망쳐 창포와 쑥이 우거진 곳으로 숨는다. 그러자 야마우바가 포기하고 사라진다.

[사례1]은 일본에 널리 알려진 가장 일반적인 유형의 〈먹지 않는 아내食わず女房〉이다. 이 유형의 특징은 이야기의 말미에 드러나 있다. 이야기 말미에 쑥과 창포로 요괴의 위협을 물리친다는 주술적 효용에 관해서 언급하고 있다. [사례1]에서 구체적으로 언급하고 있지는 않

본고에서 인용한 일본어 텍스트의 한국어 번역은 출처를 밝힌 경우를 제외하고 모두 필자의 졸역이다.

9) 일본의 설화 및 예능에 등장하는 야마우바의 속성 및 이미지에 관해서는 다음을 참조. 小松和彦(2012), 『妖怪文化入門』, 角川文庫, pp.169-178.

10) 예를 들면 柳田國男가 편찬한 『日本の昔話』에 〈소몰이와 야마우바牛方と山姥〉라는 제목의 이야기가 수록되어 있다. 국내에서는 김용의가 번역하여 소개하였다. 김용의 외 역(2002), 『일본의 민담』, 전남대학교출판부, pp.91-93.

지만, 이는 일본의 5월 5일 단오 풍습의 유래와 밀접한 관련이 있다. [사례1]이 수록된 『일본민담명휘』 이외에, 야나기타가 편찬한 다른 설화자료집에서 유사한 사례를 찾아서 확인하기로 한다.

[사례2]

옛날 옛날에, 어느 마을에 통장수 한 사람이 살고 있었습니다. 어느 날 밤에 밖으로 나가 오줌을 누면서, "아! 밥을 먹지 않는 마누라가 한 사람 있었으면 좋겠다."하고 혼잣말을 하였습니다. 그러자 그 날 밤 본 적도 없는 여자가 찾아와서, "밥을 안 먹는 아내를 원했던 통장수가 당신입니까" 나는 밥을 먹지 않는 여자입니다. 열심히 일할 테니까 아내로 삼아 주십시오."라고 말하고는, 아무리 거절해도 돌아가지 않았습니다. …(중략)… 통장수가 "이 틈에 도망가지 않으면 안 된다."생각하고 열심히 뛰어가자, 야마하하가 그것을 알아차렸는지, 뒤돌아서 점점 쫓아왔습니다. 마을까지 가는 동안에 잡힐 것 같아서, "어디 숨을 곳이 없을까?" 하고 둘러보았더니, 마침 계곡의 강 주변에 창포가 무성하고 또 그 다음에는 쑥이 무성하게 있었습니다. 그래서 그 두 가지 풀 사이에 숨어있자, 야마하하도 뒤쫓아 와 그 속으로 뛰어들었습니다. 하지만 정말 다행스럽게도 창포 잎이 야마하하의 오른쪽 눈을 찌르고 쑥 줄기가 왼쪽 눈을 찔러서, 야마하하는 갑자기 장님이 되었습니다. 그리고 계곡에 빠져 죽은 뒤 떠내려가 볼 수 없게 되었습니다. 그 날은 오월 오일이었다고 합니다. 그래서 그 뒤로 이 날을 절구節句라 해서, 반드시 쑥과 창포 두 가지 풀을 지붕에 이고, 또 그 잎을 탕 속에 넣고 목욕을 하게 되었다고 합니다. 이는 두 번 다시 이 통장수처럼 곤경에 처하지 않기 위해 조심한다는 의미입니다.[11] (밑줄, 필자)

[사례2]는 야나기타가 편찬한 『일본의 민담日本の昔話』에 수록되어 있다. 일본의 리쿠추陸中지방 이사와 군胆沢郡에 전하는 이야기이다. 이야기의 전개과정이 [사례1]과 거의 유사하다. 특히 [사례2]는 5월 5

11) 김용의 외 역(2002), 『일본의 민담』, 전남대학교출판부, pp.87-90.

일 단오민속의 유래와 결부하여 설명하고 있다. 일본에서 5월 5일은 고가쓰젯쿠五月絶供 또는 단고젯쿠端午絶供라고도 부른다. 이 날은 쇼부젯쿠菖蒲絶供라고 부를 정도로 창포와 관련한 민속행사가 다양하게 거행된다. 이날이 되면 창포나 쑥을 지붕에 장식하고 창포로 만든 술을 마시며 창포를 넣어서 목욕을 하기도 한다.[12] 말하자면 [사례1]과 [사례2]는 〈먹지 않는 아내食わず女房〉 이야기가 일본의 단오민속과 결합한 형태로 전해지고 있는 셈이다.

[사례3]

옛날 어떤 상인이 살았다. 어떤 과부와 부부가 되어 몇 년을 지냈다. 그때까지는 잘 몰랐는데, 그는 아내가 오니鬼라는 소문을 듣고 염려하였다. 그러던 참에 아내가 고기라고 하며 가지고 온 요리 속에 사람 손가락 끝이 들어있었다. 비로소 아내가 오니인 것을 알고 놀라서 아내가 없는 틈을 엿보다 뒤도 돌아보지 않고 도망쳐 나왔다. 다행히 창포가 울창하게 자라고 있는 곳에 숨어서 화를 면할 수가 있었다. 류큐에서 5월 5일에 창포를 사용해 액을 떨치는 것은 이러한 인연 때문이다.[13] (밑줄, 필자)

[사례3]은 사키마 고에이가 수집하여 편찬한 설화집 『남도설화南島說話』에 〈오니鬼에게 쫓겨서 창포에 숨은 이야기〉라는 제목으로 수록한 이야기이다. 밥을 먹지 않는 아내에 관한 화소가 결락되어 있어서 이 사례를 〈먹지 않는 아내食わず女房〉에 포함시킬 수 있을 지에 관해서는 이론이 있을 수 있겠다. 여기서는 오키나와의 설화집에서 유사한 사례를 확인할 수 있을 정도로, 일본설화에서 요괴와 오월 단오를 결부시킨 사례가 일반적이라는 점을 확인하였다.

---

12) 일본의 전통적인 단오 풍습에 관해서는 다음을 참조. 藤澤衛彦(1961), 『圖說日本民俗學全集』 7, あかね書房, pp.282-287. 小川直之(2013), 『日本の歲時傳承』, アーツアンドクラフツ, pp.133-140.

13) 김용의 역(2015), 『오키나와 구전설화』, 전남대학교출판부, p.142.

일본의 설화자료집에서 [사례1], [사례2], 그리고 [사례3]과는 다른 유형을 찾아보기로 한다.

야나기타 이후에 민담 연구에 힘을 기울인 연구자는 세키 게이고關敬吾이다. 그는 『일본민담집성日本昔話集成』과 이를 보완한 『일본민담대성日本昔話大成』에서 민담을 동물민담動物昔話, 본격민담本格昔話, 소화笑話로 대별하여 분류하였다. 〈먹지 않는 아내食わず女房〉는 본격민담本格昔話 중에 도찬담逃竄譚으로 분류하여 이에 포함시켰다.[14] 『일본민담대성』에는 오키나와 현에서 아오모리 현青森縣에 이르기까지, 일본 각지에 전해지는 〈먹지 않는 아내食わず女房〉의 다양한 변이담이 소개되어 있다. 다음은 그 사례 중의 하나이다.

[사례4]

진베에甚兵衛 집으로 아무 것도 먹지 않는다는 여자가 아내로 온다. 20일 동안 아무 것도 먹지 않으므로 마구간에서 엿보았더니 네 말 크기의 솥으로 밥을 짓는다. 남자는 아내에게 오늘부터 헤어지자고 말한다. 아내는 이별이라고 하면서 통에 목욕물을 데우고 남자를 그 안에 넣고서 짊어지고 간다. 남자는 도중에 나무를 붙들고 도망쳐 나온다. 열 명 정도의 여자들이 모여들어서 어떻게 되었느냐고 묻는다. 목욕통 안을 들여다보니 남자 모습이 보이지 않는다. 아내는 화를 내며 오늘밤에 거미로 변해서 진베에를 잡아 죽이겠노라고 말한다. 그는 이 말을 듣고 화로에 불을 피워놓았다. 거미가 천정에서 내려와 달려들므로 불속으로 넣었다. 밤거미는 부모를 닮았어도 죽이라는 말은 이때부터 시작되었다.[15] (밑줄, 필자)

[사례4]는 앞서 고찰한 [사례1], [사례2], 그리고 [사례3]과는 이야기의 전개과정에 상당한 차이가 있다. 특히 이야기 후반부의 전개과

14) 關敬吾(1978), 『日本昔話大成6』, 角川書店, pp.131-293.

15) 關敬吾(1978), 『日本昔話大成6』, 角川書店, p.187.

정에 두드러진 차이가 인정된다. 비교를 위해서 줄거리를 요약하면 다음과 같다.

①먹지 않는 여자가 찾아와 아내가 된다.
②사내가 마구간에 숨어서 지켜보니 네 말 크기의 솥에다 밥을 지어 먹는다.
③사내가 아내에게 이혼을 통보하자 아내는 목욕통에다 사내를 넣고 이를 짊어지고 산으로 향한다.
④사내가 틈을 보아 도망쳐 나오자 여자는 오늘밤에 거미로 변해서 사내를 죽이겠다고 말한다.
⑤사내는 화로에 불을 피우고 기다린다. 거미가 천정에서 내려오자 화로 속에 넣어서 죽인다.
⑥밤 거미는 부모를 닮았어도 죽이라는 이유는 이 때문이다.

[사례4]에 등장하는 '먹지 않는 아내'의 정체는 다름 아닌 거미였다. 물론 여기서 말하는 거미는 단순한 거미가 아니라, [사례1]과 [사례2] 그리고 [사례3]에 등장하는 야마우바나 오니에 버금가는 요괴성을 지닌 거미이다. 그 거미가 자신의 정체가 남자에게 탄로가 나자 분개하여 복수를 하러 다시 남자를 찾아온다. 남자는 사전에 이를 알아차리고 기다리고 있다가 거미를 불에 태워서 죽인다는 내용이다. [사례4]에서 가장 두드러진 특징은 여자가 거미로 변해서 복수하러 찾아온다는 점이다. 이야기 말미에는 반드시 '밤 거미는 부모를 닮았어도 죽여라'는 속담이 뒤따른다. 다시 말하자면 [사례4]와 같은 유형의 이야기는 속담과 결부되어 전한다.

끝으로 『일본민담통관日本昔話通觀』(전 31권)에서 〈먹지 않는 아내食わず女房〉의 사례를 찾아보기로 한다. 『일본민담통관』은 이나다 고지稲田浩二와 오자와 도시오小澤俊夫가 책임편집을 맡았다.

이 민담자료집은 일본의 민담을 오키나와에서 홋카이도에 이르기까지 각각의 지역에 따라서 권별로 나누어 수록하였다. 『일본민담통관』은 우선 모든 민담을 옛이야기むかし語り, 소화笑い話, 동물민담動物昔話으로 크게 나누고 각각의 유형에 하위 유형을 설정하여 체계적으로 분류하였다. 〈먹지 않는 아내食わず女房〉는 옛이야기むかし語り에 〈먹지 않는 아내-뱀아내형食わず女房-蛇女房型〉과 〈먹지 않는 아내-거미아내형食わず女房-くも女房型〉이라는 두 유형으로 나누어 분류하였다. 물론 이는 아내의 정체에 초점을 맞추고 이를 기준으로 하여 분류한 결과이다. 일반적으로 지역적인 분포를 볼 때에 전자 쪽은 동일본에 많이 전해지며 후자 쪽은 서일본에 많이 전해진다는 지역적 특징이 있다.

그런데 양자를 〈먹지 않는 아내-뱀아내형食わず女房-蛇女房型〉과 〈먹지 않는 아내-거미아내형食わず女房-くも女房型〉으로 나누어 분류하기보다는 전자 쪽을 〈먹지 않는 아내-오월단오형食わず女房-五月端午型〉이라고 부르는 편이 더욱 타당할 것 같다. 왜냐하면 이제까지 몇 사례를 검토한 바와 같이, 전자의 유형에 반드시 뱀만이 아내로 등장하지는 않기 때문이다. 뱀 대신에 야마우바가 등장하는 이야기가 오히려 일반적인 유형에 가깝다고 볼 수 있다. 그리고 이 유형에서는 여자의 정체가 뱀이 되었건 야마우바가 되었건 그다지 중요하지 않다. 이 이야기가 오월 단오의 유래담 형식으로 전승된다는 점이 중요한 의미를 지닌다. 본고에서는 이 점을 고려하여 일본의 〈먹지 않는 아내食わず女房〉 이야기 유형을 〈먹지 않는 아내-오월단오형食わず女房-五月絶句型〉과 〈먹지 않는 아내-거미아내형食わず女房-くも女房型〉이라는 이름으로 나누어 부르기로 한다. 먼저 전자 쪽의 사례를 보기로 한다.

[사례5]

①욕심 많은 사내가 입이 없는 아내가 있었으면 하고 말하였다. 어느 날 밤에 바라던 여자가 찾아왔으므로 아내로 삼았다. ②쌀이 갈수록 줄어들므로 사내가 숨어서 보고 있었다. 아내가 머리에 붙은 입 속에다 솥에 가득한 주먹밥을 집어넣고 있다. ③사내가 아내에게 이혼을 통보하자 아내는 뱀으로 변하였다. 아내는 사내에게 만들도록 한 통에다 사내를 넣고 이를 짊어지고 산으로 향하였다. ④사내가 틈을 보아 도망쳐 창포와 쑥이 우거진 곳으로 숨었다. 그러자 뱀이 포기하고 사라졌다. ⑤ 이것이 오월 절구絶句에 창포와 쑥을 지붕에 뿌려두는 기원이 되었다.[16] (밑줄, 필자)

[사례5]는 두 유형 중에서 〈먹지 않는 아내-오월단오형食わず女房-五月絶句型〉에 속한다. 앞서 고찰한 [사례1]과 [사례2] 그리고 [사례3]의 내용과 매우 유사하다. 단지 '먹지 않는 아내'의 정체가 야마우바가 아닌 뱀으로 설정되어 있을 뿐이다. [사례1], [사례2], 그리고 [사례3]과 마찬가지로, 이야기 말미에 오월 단오에 벽사를 위해서 쑥과 창포를 이용하는 풍습에 관해서 언급하고 있는 점도 일치한다. 다음은 이와는 다른 유형이다.

[사례6]

①욕심 많은 사내가 입이 없는 아내가 있었으면 하고 말하였다. 어느 날 밤에 바라던 여자가 찾아왔으므로 아내로 삼는다. ②쌀이 갈수록 줄어들므로 사내가 숨어서 본다. 아내가 머리에 붙은 입 속에다 솥에 가득한 주먹밥을 집어넣는다. ③사내가 아내에게 이혼을 통보하자 아내는 거미로 변한다. 아내는 사내에게 만들도록 한 통에다 사내를 넣고 이를 짊어지고 산으로 향한다. ④사내가 틈을 보아 도망쳐 나와 거미 뒤를 추적한다. 거미는 새끼들에게 오늘밤 다시 사내를 잡아오겠다고 말한다.

16) 稲田浩二・小沢俊夫 責任編集(1988),『日本昔話通觀』第28巻, 同朋舍, pp.398-399.

⑤사내는 동료들과 거미를 기다린다. 거미가 화로 위 공중에 달린 갈고리를 타고 내려오자 이를 화로에 내동댕이쳐서 태워 죽인다. ⑥밤에 나타난 거미는 부모를 닮았어도 죽여라.[17] (밑줄, 필자)

[사례6]은 〈먹지 않는 아내-거미아내형食わず女房－くも女房型〉이다. 어느 쪽인가 하면, 본고에서 사례로 든 [사례4]와 이야기의 전개과정이 유사하다. 이야기의 말미에 '밤에 나타난 거미는 부모를 닮았어도 죽여라' 라는 경구도 빠짐없이 언급되었다.

지금까지 일본의 대표적인 민담자료집에 수록된 〈먹지 않는 아내食わず女房〉 이야기의 유형 및 이야기를 구성하는 주요 화소를 살펴보았다. 그 결과 일본에는 크게 나누어 오월의 단오 풍습과 결부된 유형, 밤 거미를 죽이라는 속담과 결부된 유형이라는 두 유형의 이야기가 전하고 있다는 사실을 확인하였다.

본고에서는 한일비교를 위한 구별의 편의상, 이들 두 가지 유형 중에서 전자를 〈일본형A〉라고 표시하기로 한다. 그리고 후자를 〈일본형B〉라고 표시하기로 한다.

3. 한국 설화자료집에 수록된 〈밥을 안 먹는 아내〉의 유형 및 구성

비록 양적으로 풍부하지는 않지만 한국의 설화자료집에 〈밥을 안 먹는 아내〉가 몇 편 수록되어 있는 것을 확인할 수 있다. 본고에서는 편의상 이들 이야기를 가리켜 〈한국형〉이라고 부르기로 한다.

---

17) 稲田浩二・小沢俊夫 責任編集(1988),『日本昔話通觀』第28巻, 同朋舍, pp.399-340.

예를 들면 임석재의 『한국구전설화』에 4편, 한국정신문화연구원에서 편찬한 『한국구비문학대계』에 2편, 조희웅 · 노영근 · 임주영의 『호남구전자료집』에 1편이 수록되어 있다. 아래의 〈표〉는 필자가 이들 총 7편의 설화를 정리한 결과이다.

〈표〉를 보면 한국의 〈밥을 안 먹는 아내〉의 채집 지역은 전라남도, 전라북도, 그리고 경상남도에 한정되어 있다. 이들 설화를 채집한 연도를 보면 1920년대가 1편, 1970년대가 3편, 1980년대가 2편, 그리고 2000년대가 1편이다. 내용 분석을 위해서 구체적인 사례를 살펴보기로 한다.

〈표〉 한국의 설화자료집에 수록된 〈밥을 안 먹는 아내〉

번호	설화 제목	채집지역	채집연도	등장인물	출전
1	밥 안 먹는 마누라	전북 정읍군 소성면 두암리	1923	전처, 남편, 아내	『한국구전설화』 임석재전집8
2	밥 안 먹는 마누라	전북 익산군 삼기면 오룡리	1988	전처, 남편, 아내	『한국구전설화』 임석재전집8
3	밥 안 먹는 각시	경남 거제군 거제면 서정리	1970	전처, 남편, 아내	『한국구전설화』 임석재전집10
4	밥 안 먹는 마누라	경남 창녕군 영산면 교리	1971	전처, 남편, 아내	『한국구전설화』 임석재전집11
5	밥 많이 먹어 소박맞은 부인	전북 정주시	1985	남편, 아내	『한국구비문학대계』 5-5
6	밥 안 먹는 각시	경남 거제군 하청면 어은리	1979	남편, 아내	『한국구비문학대계』 8-1
7	입 없는 각시	전남 장흥군 용산면 상금리	2006	남편, 아내	『호남구전자료집6』

[사례7]

옛적으 어떤 사람이 각시럴 하나 얻었넌디 이 각시가 하도 밥얼 많이 먹어서 이거 야단났다 하고 이녀를 예펜네가 밥얼 열매나 많이 먹넌가 보고 싶어서, 하루넌 오널언 놉얼 열 명 얻어서 일얼 헝께 점심밥얼 열 사람 분 하각고 들로 가져오라고 허고 들로 나갔다. 각시넌 서방 말대로 밥얼 열

사람 밥얼 히각고 들로 나갔더니 놉언 어디 있냐고 헝께, 서방언 "글세 오라고 힜더니 하나도 안왔네. 그런디 밥얼 이왕 히왔잉게 다 먹고 가세" 험서 밥얼 먹기 시작힜다. 이 마누래란 것이 밥얼 먹넌디 그 열 사람 먹을 밥얼 혼자 다 먹었다. 그리고 집이로 갔다. 마누래가 간 담에 이 사람이 저그 집 있넌 디럴 봉께 연기가 뭉게뭉게 올라오고 있었다. 밥얼 그만치 먹었이면 그만이지 집이 가서 멀히먹는가 싶어서 쫓아가서 봉개 마누래넌 솥에다 콩얼 볶음서 볶아진 콩얼 줏어먹고 있었다. 이 사람언 기가 맥혀서 에이 이런 년 두었다가넌 집안 망허겄다 허고 때려죽이고 배를 째 봉개 콩 볶은 것이 들어간 디 밥언 삭어 없어지고 콩이 덜 들어간 디 밥언 그대로 있었다. 밥얼 많이 먹고 콩얼 볶아 먹으면 밥이 잘 삭넌다고 헌다. 그리서 이 여자넌 밥얼 많이 먹고 콩얼 볶아서 먹어서 밥얼 삭후고 있었다. 그 뒤에 밥얼 안 먹넌 女子가 있다고 히서 이 여자럴 마누래로 데레왔다. 이 마누래넌 밥얼 통 먹지 않넌디 쌀언 펑펑 굴키만 힜다. 이상한 노릇이다 허고 하루넌 일 나간 치하고 나갔다가 다시 돌아와서 숨어서 봉개 이 여자넌 밥얼 한 널벅지 히서 퍼넣고 뚤뚤 주먹밥으로 뭉쳐서 장배기 뚜껑얼 열고 거그다 너서 먹고 있었다.[18] (밑줄, 필자)

[사례7]은 일제강점기인 1923년에 채집되었다. 채집 지역은 전라북도 정읍군 소성면 두암리로 되어 있다. [사례1]은 무엇보다도 한국의 설화자료집에 처음 보이는 〈밥을 안 먹는 아내〉 이야기라는 점에서 주목할 필요가 있다. 예를 들면 일제강점기를 포함하여 1960년대에 이르기까지, 이 시기에 발행된 한국의 설화자료집에는 이 이야기가 수록되어 있지 않다. 이 시기에 일본어로 발행된 '조선설화집' 만 해도 총 61종에 이르는데, 〈밥을 안 먹는 아내〉 이야기는 수록되어 있지 않다.[19] 뿐만 아니라 이 시기에 한국어로 발행된 설화자료집에서

18) 임석재(1991), 『한국구전설화』 임석재전집 8, 평민사, pp.262-263.

19) 이 시기에 발행된 일본어 조선설화집의 목록에 관해서는 다음을 참조. 김광식(2015), 『식민지조선과 근대설화』, 민속원, pp.26-32.

도 확인할 수가 없었다.[20] 임석재의 『한국구전설화』에만 집중적으로 수록되어 있다. 말하자면 [사례7]은 매우 이례적인 경우에 속하는 셈이다. 후술하겠지만, 이 점은 [사례7]이 근대 이전부터 한국의 민간에서 전승되던 이야기가 아닐 가능성을 시사한다. 여기서는 우선 [사례7]이 매우 이례적인 이야기라는 점만을 확인해두기로 한다. [사례7]을 이야기를 구성하는 화소에 따라서 요약하면 다음과 같다.

①아내(전처)가 너무 많이 먹으므로 남편이 때려죽인다.
②밥을 안 먹는 여자를 새로 아내로 맞이한다.
③쌀이 많이 줄어들자 남편이 숨어서 지켜본다.
④아내가 주먹밥을 많이 만들어서 머리에 달린 입에 넣는다.

[사례7]을 본고 제2장에서 고찰한 일본의 〈먹지 않는 아내食わず女房〉와 비교하면 이야기의 구성면에서 적지 않은 차이가 있다는 사실을 확인할 수 있다. 우선 [사례7]에는 이야기의 서두에 밥을 너무 많이 먹어서 곤란한 전처에 관해서 언급한다. 남편이 전처가 밥을 너무 많이 먹는다는 이유로 때려죽이고 새로 밥을 안 먹는 아내를 맞이한다. 그런데 일본의 경우에는 일반적으로 〈일본형A〉 혹은 〈일본형B〉에 전처의 존재에 관해서 언급하고 있지 않다.

〈한국형〉과 〈일본형〉 이야기가 결정적으로 다른 점은 이야기의 서두뿐만이 아니다. 여기서 다시 확인하자면 〈일본형A〉는 이야기가 오월 단오의 유래와 결부되었다. 그리고 〈일본형B〉에서는 밤 거미는 부모와 닮았어도 죽이라는 속담과 연결된다. 그런데 〈한국형〉에서는 그 어디에서도 오월 단오의 유래에 관한 대목, 혹은 거미와 관련된 속담

20) 예를 들면 다음 설화자료집 등에서 확인하였다. 沈宜麟(1926), 『朝鮮童話大集』, 漢城圖書, pp.1-250.

을 찾아볼 수가 없다. 이 점을 중심으로 다른 사례를 확인하기로 한다.

[사례8]

옛적으 어떤 사람이 마누래를 얻었넌디 이 마누래가 밥을 어찌나 많이 먹던지 양석을 댈 수가 없드래요. 이런 예펜네를 데룻고 살다가는 펭생 가난을 못 멘허겄다 생각허고 그 마누래를 내 쫓았어요. 그리고 밥 적게 먹는 마누래를 얻겄다고 사방으로 구허로 댕기는디 한 군대 강개 입이 쬐깬히서 밥을 많이 안 먹넌다는 여자가 있다고 히서 가서 봉개 이 여자으 입은 변지내비 구녁만 히서 밥 한 숟갈커녕 밥알 두 개도 못 들어가게 생겨서 옳다 저 여자를 얻으면 밥도 적게 먹고 살림도 늘 것 같어서 그 여자를 각시로 얻었단 말이지. 그 여자를 마누래로 삼어각고 사는디 이 여자는 지 밥은 쬐깐헌 접시다가 밥티기 몇 알만 담어각고 밥알 하나씩 그 벤지내비 구녁만헌 입이다 집어넣고 먹고 서방한티는 큰 밥그럭에다 한 그럭 수북히 담어 주어. 마누래가 밥을 그렇게 쬐깨씩 먹으니개 양석이 많이 남을 것 같은디 양석이 전에 밥 많이 먹넌다고 쫓아낸 마누래 적보다 양석이 더 많이 구네요. 이상하다 하고 있는디 하루는 뒷산에 나무허로 가서 나무를 허다가 저그 집을 내려다봉개 점심때가 아직 멀었는디 연기가 퐁퐁 올라오고 있단 말이여. 이상허다 멋을 히 먹을라 무신 불을 때는고 하고 궁금히서 집이로 내려와 봉개 이 밥 안 먹는 예펜네가 밥을 한 말이나 힜넌지 큰 널벅지에다 밥을 퍼담어 놓고 두 손으로 밥을 조그마한 메주덩이만큼 둥글둥글 뭉쳐각고서 뒤통수 낭자 밑이를 떠들고 거그 있는 입이다 집어너서 먹드래요. 앞에 있는 입은 벤지내비 구멍만허지만 뒤통수에 있는 입은 크다마트래요. 이것을 보고 이 사람은 이런 예펜네 데릿고 살다가 판나겄다 하고 내쫓고 전에 내쫓인 예펜네를 도로 데레다 살더래요.[21)] (밑줄, 필자)

[사례8]은 임석재의 『한국구전설화』에 [사례7] 바로 다음에 이어서 수록되어 있다. 채집한 지역은 전라북도 익산군 삼기면 오룡리 검지부락이다. 흥미롭게도 [사례8]은 1988년에 채집되었는데도 [사례7]

21) 임석재(1991), 『한국구전설화』 임석재전집 8, 평민사, pp.263-264.

과 거의 유사한 내용이다. [사례8]의 말미에 새로 맞이한 밥을 안 먹는 아내를 내쫓고 전처를 다시 맞이하는 화소가 추가된 정도이다. [사례8]에도 [사례7]과 마찬가지로, 〈일본형A〉 혹은 〈일본형B〉에서 확인할 수 있는 특징이 발견되지 않는다. 〈일본형〉의 〈먹지 않는 아내食わず女房〉를 기준으로 고찰한다면, [사례7] 혹은 [사례8] 그 어느 쪽을 막론하고, 〈한국형〉은 마치 〈일본형〉의 후반부가 결락하고 전반부만이 독립하여 전해지고 있다고 볼 수가 있다. 그것도 아내가 머리에 달린 입으로 밥을 많이 먹는다는 특정한 화소만이 강조되어 전해지고 있다. 『한국구전설화』에 수록되어 있는 다른 사례를 확인하기로 한다.

[사례9]

이전에 한 사램이 각시로 얻어서 사는디 이 각시가 밥을 어찌나 마이 묵는지 양석대기가 심이 들어서 각시로 쫓아냈임이더. 그 후 밥 않묵는다는 여자가 있다 캐서 이 여자로 각시로 얻었입이더. 이 각시는 입이 뱅애 입맹이로 쬐매해서 숟가락도 안들어갔입이더. 그리서 이 각시가 밥 묵는 거로 볼 수가 엄섰임이더. 그런디 애타지게 양석은 굴는기래요. 이거 참 히한한 일도 다 있다 카고 우째서 양석이 그전 밥 마이 묵는 각시 있일 때보다 원청 더 마이 굴능고 카고 궁금히 새알리보아도 알 수가 엄섰임이더. 하리는 아칙을 묵고 나무하로 산이 올라가서 나무하다가 저그 집있는 디로 내리다 보이께네 저그 집 굴떡이서 내가 무럭무럭 올라오고 있었입이더. 이거 밥때도 아인데 내가 올라오고 있어서 이상타 카고 산이서 내리와서 울타리 뱪이서 집 안을 드리다 보이께네 각시가 큰 솥이다가 살을 하나 가득 넣서 밥을 해 각고 큰 대야다가 퍼덤더이 물 한 바가지 떠 놓고 그 물로 손을 적시각고 밥을 주먹뎅이만하게 뚤뚤 뭉치각고 머리 뒤꼭지로 띠고 거그다가 밥뭉치로 쿡 집어넣고 집어넣고 해서 그 마는 밥을 다 묵어삐라고 있드래요.[22] (밑줄, 필자)

22) 임석재(1993), 『한국구전설화』 임석재전집 10, 평민사, pp.262-263.

[사례9]의 채집지역은 경상남도 신제군 신제면 서정리이다. 1970년에 채집되었다. [사례7] 및 [사례8]과 비교하면 지리적으로 상당히 떨어진 지역에서 채집되었지만 이야기의 구성에 있어서는 크게 다르지 않다. [사례7] 및 [사례8]과 마찬가지로, 이야기의 서두에 남편이 밥을 많이 먹는 전처를 쫓아내는 화소도 공통적이다.

결론적으로 이들 〈한국형〉 3편의 사례는 〈일본형〉을 기준으로 하여 비교할 때에, 이야기 후반부가 결락하고 전반부만이 독립하여 전해지고 있다는 공통점이 있다. 또한 공통적으로 아내가 머리에 달린 입으로 밥을 먹는 화소만이 우스꽝스럽게 강조되어 청자들로 하여금 웃음을 자아낸다. 말하자면 〈일본형〉이 무서운 요괴담에 가깝다면 〈한국형〉의 경우는 소화笑話에 훨씬 근접한 셈이다.

이들 3편의 사례에서 확인할 수 있는 공통점은 이들 이야기가 모두 『한국구전설화』라는 동일한 설화자료집에 수록되어 있다는 이유 때문만은 아닌 것 같다. 다음 사례에는 이 점이 더욱 구체적으로 드러나 있다.

[사례10]

옛날에 늙은 총각이 장개를 한 번 가논께, 각시를 하나 데려다 논께, 이 넘우(놈의) 참, 양식이 아, 저, 참, 밥을, 안 묵는다 캐. 이 넘우 밥은 안 묵는데 양식은 애타지기, 그, 양식이 들어 가는 기라. 참 이놈의 밥은 보몬 안 묵는데, 서방 혼자만 주고 안 먹는데 우째 이리 양식은 구는고. 이 놈의 참 우짠 일고, 싫어서, 한 번은 인자 살피본다고 살피 가아 한 분은 인자 지게를 짊지고 나무하러 간다 쿰서 가서, 저 산 등으 같은데 거 우리 집 같고 저렇던 기라. [자기집을 가리키며] 마주 보는데 앉아서 턱 지게로 가아 받히 놓고 앉았은께나, 내(연기)가 무럭무럭 나 쌓거든. 인자 그래서 가만히 인자 내가 나고 나서 얼쭉(거의)되서 인자 온께네, 가만히 보니 밥을 해가, 인자 퍼 가이고 이만한 대야에 퍼 가아 드가거든. 물로 한 그릇 뜨고. 이래가 가만히 인자 울타리 밑에서 본께네 그래 드간다. 살그시(살며시) 본께네 뒤꼭뒤(뒷통수) 였다가(여기다가) 가르매를 타 놓고 손에 물로 덤벙 적시가 한 오쿰(웅큼) 집어 가 뒤서 쿡 집어 옇고, 또 손으로 물로 적시가 또한 딩이(덩이) 쿡 집어 옇고, 에이마 이만한 대에 밥을 한 대에 저지(모조리) 다 주어 옇어 삐릿어. [청중 : 입이 없던가?] 아 그래 입이 뱅애(병어) 입이 돼 갖고 뱅애 만해 놓은께 그래 못 먹는다쿰서 자꾸 안 묵고 내나 안 묵고 내나 곡석은 못묵어서 그래 인자 그래 서방 보는 데는 안 묵는데 서방 없는 데서만 자꾸 양석(양식)은 구는 기라. 굶는다고 쌓디 아, 밥, 안 묵는데 양석은 구는데 이게 우찌 그렇노 싶어서, 그래 가얐고 서방 보는데 그래 묵지이, [청중 : 그래 미친놈이 하도 양식이 군다고 밥 묵는 각시를 안 얻더란다. 밥 묵는 각시를 안 얻고, 밥 안 묵는 각시를 얻어 논께네 양식만 더 밥 묵는 각시보다 더 많이 드더란다. 그래 본께네 꼭뒤(뒤통수)를 따고 옇더란다. 그 이약(이야기) 아이가?] [웃음][23] (밑줄, 필자)

[사례10]은 『한국구비문학대계』(8-1권)에 수록된 이야기이다. 채집 지역은 경상남도 거제군 하청면 어은리이다. 앞의 사례들과 비교하기 위해서 이야기의 구성요소를 요약하면 다음과 같다.

①밥을 안 먹는 여자를 아내로 맞이한다.
②쌀이 갈수록 많이 줄어들자 남편이 숨어서 지켜본다.
③아내가 밥을 많이 해서 뒤통수에 달린 입에 넣는다.

[사례10]의 경우도 이야기의 전개과정 및 구성요소가 앞서 고찰한 [사례7], [사례8], 그리고 [사례9]와 대동소이하다. 전처에 관한 언급이 생략되었을 뿐이다. 밥을 먹지 않는 아내를 맞이하였는데, 어쩐 영문인지 양식이 갈수록 줄어들었다. 남편이 몰래 지켜보았더니 그

23) 한국정신문화연구원(1980), 『한국구비문학대계』 8-1, 한국정신문화연구원어문연구실, pp.364-365.

아내가 머리에 감추어진 입으로 밥을 엄청나게 많이 먹더라는 것이다. [사례10]이 어느 정도로 소화로서의 기능을 다하고 있는지는, [사례10]에 서술된 이야기가 구술되는 현장의 분위기를 통해서 충분히 읽어낼 수가 있다. 다시 말하자면 〈일본형〉이 무서운 요괴담에 가까운 반면에 〈한국형〉의 경우는 설화의 현장에서 소화笑話로서 기능하고 있다.

『한국구비문학대계』(5-5권)에도 사례가 수록되어 있는데, 이 경우도 이야기의 전개과정이 크게 다르지 않다. 여기 수록된 사례의 경우는 〈밥 많이 먹어 소박맞은 부인〉이라는 이야기 제목에서 알 수 있듯이, 아내가 밥을 너무 많이 먹다가 쫓겨났다는 화소가 강조되었다. 그 때문인지 아내가 머리에 감추어진 입에다 밥을 집어넣는 화소는 결락되었다.[24] 말하자면 이야기의 구성으로 볼 때에 [사례10]보다도 훨씬 불완전하고 소박한 내용인 셈이다.

4. 〈먹지 않는 아내食わず女房〉에서 〈밥을 안 먹는 아내〉로의 변이

한국의 설화자료집에 수록된 〈밥을 안 먹는 아내〉는 일본에 전해지는 〈먹지 않는 아내食わず女房〉와 비교할 때에 몇 가지 두드러진 특징이 있다. 그런데 이들 특징은 〈한국형〉 이야기에 내재된 고유한 설화적 특징이라기보다는 〈일본형〉이 한국에 유입되어 확산되는 과정에서 발생한 특징으로 보아야할 것 같다. 다시 말하자면 현재 한국의 설화자료집에 수록된 〈밥을 안 먹는 아내〉는 일본의 〈먹지 않는 아내食わず女房〉 이야기의 변이담이다.

24) 한국정신문화연구원(1987), 『한국구비문학대계』 5-5, 한국정신문화연구원어문연구실, pp.36-37.

본고에서는 이 점을 뒷받침할 수 있는 논거를 텍스트와 콘텍스트로 나누어 확인하였다. 먼저 한국과 일본의 텍스트 내용을 비교하여 분석한 결과 다음과 같은 결론에 도달할 수 있었다.

첫째 〈일본형〉은 〈일본형A〉 혹은 〈일본형B〉를 막론하고 공통적으로 이야기가 전반부와 후반부로 구성된다. 전반부는 밥을 많이 먹는 여자의 정체가 드러나는 대목까지이다. 그 여자의 정체는 야마우바, 뱀, 거미 등으로 다양하다. 후반부는 여자의 정체가 무엇이었는가에 따라서 이야기가 다르게 전개된다. 그런데 〈한국형〉에서는 이야기가 후반부로 이어지지 않고 대부분 전반부에서 종결된다는 특징이 있다.

둘째 내용적으로 볼 때에, 〈일본형〉은 오월 단오라는 세시풍속의 유래를 설명하는 혹은 밤 거미를 죽이라는 경구와 연결되는 일종의 요괴담 형태로 전승된다. 이에 비해서 〈한국형〉은 밥을 많이 먹는 아내가 얼마나 비정상적인가를 강조하여 청자들의 웃음을 유발하는 소화에 근접해 있다. 물론 〈일본형〉에도 소화적 요소가 포함되어 있다. 그렇지만 그 소화적 요소는 〈일본형〉 이야기에서 확인할 수 있는 일부에 불과하다.

결론적으로 한국에는 〈일본형〉의 일부만이 수용되었다고 말할 수 있다. 혹은 애초에는 완결된 이야기가 유입되었다가 한국의 설화적 풍토에 정착하는 과정에서 소화적 요소만이 유난히 강조된 결과로 볼 수도 있겠다.

설화의 콘텍스트적인 측면에서는 다음과 같은 점을 논거로 들 수 있다. 첫째 현재까지 채록된 〈한국형〉 이야기의 편수가 너무 적고 지역적인 분포도 지극히 제한되어 있다는 점이다. 이 때문인지 〈한국형〉은 이야기 유형이 다양하지 않고 한 유형으로만 정형화되어 있다.

둘째 임석재의 설화자료집을 제외한다면, 일제강점기를 포함한 전후의 시기에 발행된 한국의 설화자료집에는 이 이야기가 수록되어 있지 않다. 말하자면 임석재의 설화자료집은 한국사회에서 〈일본형〉이 확산될 수 있는 이야기 공간을 제공한 셈이다.

향후 일본의 〈먹지 않는 아내食わず女房〉가 한국사회에 수용되는 과정에서 발생한 변이 양상에 대해서 근대 이전에 한국에서 편찬된 문헌설화집까지 그 대상을 확대하여 확인하고자 한다.

■ **참고문헌**

김광식(2015), 『식민지조선과 근대설화』, 민속원

김용의 외 역(2002), 『일본의 민담』, 전남대학교출판부

김용의(2000), 「일제시대 한국민담의 개작과 수용양상」 『남도민속연구』 제6집, 남도민속학회

김용의(2009), 「「원숭이와 게의 싸움猿蟹合戰」의 한일비교」 『일본어문학』 제42권, 한국일본어문학회

김용의 역(2015), 『오키나와 구전설화』, 전남대학교출판부

손동인(1973), 「대부도의 전래동화」 『기전문화연구』 제2집, 기전문화연구소

沈宜麟(1926), 『朝鮮童話大集』, 漢城圖書

임석재(1991), 『한국구전설화』 임석재전집8, 평민사

임석재(1993), 『한국구전설화』 임석재전집10, 평민사

임석재(1993), 『한국구전설화』 임석재전집11, 평민사

조희웅 · 노영근 · 임주영(2010), 『호남구전자료집6』, 박이정

한국정신문화연구원(1987), 『한국구비문학대계』 5-5, 한국정신문화연구원 어문연구실

한국정신문화연구원(1980), 『한국구비문학대계』 8-1, 한국정신문화연구원 어문연구실

稲田浩二 · 小沢俊夫 責任編集(1988), 『日本昔話通觀』 第28巻, 同朋舍

稲田浩二 · 小沢俊夫 責任編集(1988), 『日本昔話通觀』 第28巻, 同朋舍

小川直之(2013), 『日本の歲時傳承』, アーツアンドクラフツ

大森郁之助(1959), 「食わず女房の種姓」 『國學院雜誌』 60, 國學院大學

小松和彦(2012), 『妖怪文化入門』, 角川文庫

關敬吾(1978), 『日本昔話大成6』, 角川書店

藤澤衛彦(1961), 『圖說日本民俗學全集』 7, あかね書房

柳田國男 監修(1948), 『日本昔話名彙』, 日本放送出版協会

http://www.iwanami.co.jp/web_serials/akasaka/(열람일 : 2016.6.20)

『우지슈이 모노가타리宇治拾遺物語』 권7 제5화의 관음신앙 수용 양상

1. 『우지슈이 모노가타리宇治拾遺物語』의 구성

일본의 가마쿠라鎌倉시대 초기에 성립한 설화집 『우지슈이 모노가타리宇治拾遺物語』에는 모두 197편에 이르는 설화가 수록되어 있다. 『우지슈이 모노가타리』의 서문에 의하면, '우지슈이 모노가타리' 라는 설화집 제목은 『우지다이나곤 모노가타리宇治大納言物語』에 누락된 이야기 및 그 후에 모은 이야기를 수록하였다는 의미이다.[1] 『우지슈이 모노가타리』에는 불교설화를 비롯하여 세속설화, 민간전승(민담) 등이 수록되어 있다. 이들 설화 중에는 『곤자쿠 모노가타리슈今昔物語集』나 『고혼세쓰와슈古本説話集』와 같은, 일본의 다른 설화집에 수록된 설화와 유사한 이야기가 다수 포함되어 있다.[2]

1) 이 점에 관해서 서문에 다음과 같이 적혀 있다. 「さるほどに、今の世にまた物語書き入れたる出で来たれり。大納言の物語にもれたるを拾ひ集め、またその後の事など書き集めたるなるべし。名を宇治拾遺物語といふ。」 小林保治 · 增古和子 校注譯(1996), 『宇治拾遺物語』 新編日本古典文學全集50, 小學館, p.24.

2) 西尾光一가 조사한 바에 의하면 중첩되는 주된 설화집 및 설화 편수는 다음과 같다. 『今昔物語集』 82화, 『古本説話集』 22화, 『古事談』 20화, 『打聞集』 7화, 『十訓抄』 7화이다. 渡辺綱也 · 西尾光一(1960), 『宇治拾遺物語』 日本古典文學大系27, 岩波書店.

본고에서는 『우지슈이 모노가타리』 권7 第5화 〈하세데라에 참배한 남자가 관음의 가호로 이익을 본 이야기長谷寺参籠の男、利生にあづかる事〉를 주목하여, 민간에서 민담 형태로 전하는 이야기와 그 서사구조를 비교하는 방법으로 그 수용과정을 고찰하고자 한다. 이 설화는 일본에서 〈지푸라기 장자わらしべ長者〉라는 이름으로 알려진 민담과 그 서사구조가 매우 유사하다.

『우지슈이 모노가타리』 권7 第5화는 이른바 관음설화에 속하는 유형의 설화이다. 이외에도, 『우지슈이 모노가타리』에는 모두 8편에 이르는 관음설화가 수록되어 있다.[3] 이들 8편의 관음설화는 다른 설화집에 수록된 설화와 유사한 경우가 많다. 그 중에서 7편의 관음설화는 『곤자쿠 모노가타리슈』에 수록된 설화와 전면적 혹은 부분적으로 유사하다. 관음설화뿐만이 아니라, 『우지슈이 모노가타리』에 수록된 197편의 설화 중에서 모두 82편에 이르는 설화가 『곤자쿠 모노가타리슈』와 중첩된다.[4]

관음설화란 관음보살의 영험함을 전하는 설화이다. 관음보살은 원래 대세지보살大勢至菩薩과 함께 아미타여래阿彌陀如來의 협시불로 숭배되었으나, 후대에 '관음신앙' 이라는 형태로 독립하여 대중적으로 널리 숭배되었다. 이 관음신앙은 묘법연화경(妙法蓮華経, 줄여서 법화경이라 부른다)을 근간으로 한다. 즉 묘법연화경의 관세음보살觀世音菩薩보문품普門品 제25를 가리켜 따로 관음경觀音経이라 부른다.

본고에서는 먼저 『우지슈이 모노가타리』에 수록된 8편의 관음설화가 다른 설화집의 관음설화와 어떤 관계에 있는지 그 대략적인 양상을 고찰하여, 권7 제5화가 이들 8편의 관음설화 중에서 어떤 위치에

3) 본고에서는 설화 속에 관음보살이 직접 혹은 간접적으로 등장하여 그 영험함을 전하는 설화에 한해서 '관음설화' 로 분류하였다.

4) 다른 설화집과의 중첩 여부에 대해서는 다음을 참조. 小林保治・增古和子 校注譯(1996), 『宇治拾遺物語』 新編日本古典文學全集50, 小學館, pp.538-545.

있는 지를 확인하기로 한다. 이어서 일본의 민담자료집에 수록된 유사한 서사구조의 이야기, 그리고 부처의 본생담인 『자타카』에 수록된 이야기와 그 유형을 비교하는 방법으로 고찰하기로 한다.

2. 『우지슈이 모노가타리』의 관음설화

다음의 [표]는 필자가 『우지슈이 모노가타리』에 수록된 8편의 관음설화를 출전, 제목, 내용, 비고(다른 설화집과의 관계) 등으로 나누어 정리한 결과이다. [표]의 설화집 출전에 관해서는 『宇治拾遺物語』 新編日本古典文學全集50에 제시된 설화집을 참고로 하여 정리하였다.[5] [표]에서 정리한 8편의 관음설화를 통해서 다음 세 가지 점을 주목할 수 있다.

첫째 이들 설화가 모두 관음보살의 영험함을 전하는 이른바 관음영험담에 속하는 이야기라는 점이다. 특히 그 중에서 권6 제5화, 권6 제9화, 권9 제2화, 권9 제3화는 관음보살의 삼십삼응현신三十三應現身과 연결되는 설화이다. 관음경에 따르면 관음보살은 33신身으로 현신하여 일체 중생을 현세의 고난에서 구제한다고 한다.[6] 이를 가리켜 일반적으로 삼십삼응현신 혹은 삼십삼현신三十三現身이라고 부른다. 관음보살의 삼십삼응현신은 현세에서 괴로움을 겪는 중생을 대자대비

---

5) 小林保治 · 增古和子 校注譯(1996), 『宇治拾遺物語』 新編日本古典文學全集50, 小學館, pp.538-545. 여기서는 관련설화를 유사 정도가 높은 설화를 '同文話', 설화의 일부 및 제재상의 관련설화에 대해서는 '類話 · 關連話' 라는 표현으로 정리하였다. 〈표〉에서 밑줄로 표시한 문헌이 '同文話' 에 해당한다.

6) 이 점에 관해서는 다음을 참조. 이운허(1990), 『法華經』, 동국대학교 역경원, pp.380-381.무비 스님(2008), 『법화경 강의』, 불광출판사, pp.540-544.을 참고. 능엄경에는 삼십이응신으로 등장하기도 한다.

한 관음보살이 구제한다는 관음신앙에서 핵심적인 의미를 지닌다.[7] 즉 관음보살은 33신身으로 현신하여 대중들에게 그 영험함을 보여준다. [표]에서 『우지슈이 모노가타리』 권6 제5화에 등장하는 뱀, 권6 제9화의 백마, 권9 제2화의 호시 화상寶志和尙, 그리고 권9 제3화에 등장하는 집에서 부리던 하녀는 모두 관음보살의 현신이다.

둘째 [표]에 정리한 관음설화의 출전을 보면, 일본에서 성립한 설화집뿐만이 아니라 시대적으로 인도의 불교경전 및 중국의 불교 관련 문헌에 수록된 설화에 이르고 있다. 예를 들어, [표]를 보면 권6 제9화 〈소캬타가 나찰국으로 간 이야기僧伽多、羅刹國に行く事〉의 경우는 『대당서역기大唐西域記』11권, 『법원주림法苑珠林』31, 『경률이상經律異相』43, 『증일아함경增壹阿含經』41 등에 유사한 이야기가 전하고 있다. [표]에는 제시되어 있지 않지만, 필자가 확인한 바에 의하면 이 설화는 인도 출신의 승려 천식재天息災가 중국에서 번역한 『불설대승장엄보왕경佛說大乘莊嚴寶王經』에도 유사한 이야기가 수록되어 있다.[8] 그 뿐만 아니라, 가마쿠라 시대에 제작된 것으로 알려진 「관음경회觀音經繪」의 왼쪽 상단 부분에는 이 설화를 소재로 한 그림이 그려져 있다.[9] 이로 미루어 볼 때에, 이 설화가 역사적으로 오랫동안 그리고 지역적

---

7) 문명재는 『今昔物語集』 本朝部에 수록된 관음영험담에 관해서 분석한 바 있다. 김용의는 『日本靈異記』에 수록된 20편의 관음설화를 '현신'과 '비현신' 유형으로 나누어 고찰한 바 있다.문명재(2001), 「『今昔物語集』 本朝部의 관음영험담 고찰」 『일본학보』제46집, 한국일본학회. 김용의(2012), 「『日本靈異記』 관음신앙설화의 유형 및 서사구조」 『일본어문학』 제55집, 한국일본어문학회, pp.198-204.

8) 여기 수록된 불교설화와 일본의 설화집에 수록된 설화에 관해서는 다른 기회에 비교하고자 한다. 『大乘莊嚴寶王經』의 구성 및 관음신앙에 대해서는 다음을 참조. 김경창(2009), 「大乘莊嚴寶王經의 觀音信仰 研究」, 동국대학교 석사학위 논문.

9) 「관음경회」는 관음경에 전하는 관음보살의 다양한 공덕을 묘사한 2폭의 그림이다. 이 그림은 速水侑가 편찬한 『觀音信仰事典』의 화보 부분에 간략한 해설과 함께 수록되어 있다. 速水侑編(2000), 『觀音信仰事典』, 戎光祥出版株式會社.

으로 널리, 다양한 장르로 전승된 이야기임을 알 수 있다.

[표] 『우지슈이 모노가타리宇治拾遺物語』의 관음설화

번호	출전	제목	내용 요약	비고
1	권6 제5화	관음경이 뱀으로 변한 이야기 観音、蛇に化す事	매를 사육하여 상납하는 일을 하는 남자가 있었다. 절벽의 높은 나무에 있는 매 둥지에서 새끼를 잡으려다가 절벽으로 떨어져 나무에 매달리게 되었다. 이 남자는 어릴 적부터 관음경을 즐겨 읽었다. 남자는 나무에 매달린 채로 관음경을 읽으며 관음보살에게 구원을 청했다. 이 때 커다란 뱀이 나타나자, 남자는 그 뱀의 몸에 칼을 꽂고서 절벽 위에까지 올라갔다. 집에 돌아와서 관음경을 읽으려고 보니, 남자가 절벽에서 낭송하던 관음경 부분에 칼이 꽂혀 있었다.	『古本說話集』下64/『本朝法華驗記』下/『今昔物語集』권16 제6화/『觀音利益集』35
2	권6 제7화	시나노지방 쓰쿠마 온천에서 관음이 목욕을 한 이야기 信濃国筑摩の湯に観音沐浴の事	시나노 지방信濃国 쓰쿠마 온천筑摩の湯 부근 사람이 내일 정오에 관음보살이 목욕을 하러 올 것이라는 꿈을 꾸었다. 마을 사람들이 관음보살을 맞이할 준비를 하고 기다렸다. 정오가 되자 꿈에 본 남자가 나타났다. 그 남자는 사냥을 하다가 말에서 떨어져 탕치湯治를 하러 왔다고 말한다. 꿈 이야기를 들은 남자는 승려가 되었다. 사람들은 그 남자를 마두관음으로 불렀다.	『古本說話集』下69/『今昔物語集』권19 제11화
3	권6 제9화	소캬타가 나찰국으로 간 이야기 僧伽多、羅刹國に行く事	인도에 소캬타僧伽多라는 사람이 살았다. 5백 명의 상인을 배에 태우고 가다가 폭풍을 만나서 나찰국으로 표착하였다. 나찰국은 여자 나찰들이 살고 있었다. 소캬타 일행은 탈출을 시도하였다. 이들은 백마로 변신하여 나타난 관음보살의 덕택으로 죽을 뻔한 고비를 넘기고 무사히 탈출하였다. 후에 나찰 중에서 소캬타의 아내 노릇을 하였던 여자가 집으로 찾아왔다 소캬탸가 여자를 멀리하자, 여자는 국왕에게 호소하였다. 국왕은 여자의 유혹에 넘어가서 죽고 말았다. 소캬타는 후대 국왕의 허락을 받아서 병력을 이끌고 나찰국으로 쳐들어가서 정벌하였다. 국왕은 그 공으로 소캬타에게 그 땅을 다스리도록 하였다.	『大唐西域記』11권/『法苑珠林』31/『經律異相』43/『增壱阿含經』41/『今昔物語集』권5 제1화

번호	출전	제목	내용 요약	비고
4	권7 제5화	하세데라에 참배한 남자가 관음의 가호로 이익을 본 이야기 長谷寺参籠の男、利生にあづかる事	아무 의지할 곳도 없는 젊은 남자가 하세데라長谷寺에 가서 관음보살에게 불평을 하며 도와달라고 기원하였다. 꿈에 어떤 사람이 나타나서, 절에서 나갈 때에 손에 잡히는 것은 무엇이 되었든 버리지 말고 간직하라고 일러준다. 남자는 절을 나서다가 넘어져서 지푸라기 하나를 손에 쥐게 된다. 지푸라기 하나를 쥐고 길을 가는데 등에가 나타나서 귀찮게 한다. 지푸라기로 등에 허리를 꿰어서 나뭇가지에 매달아 들고 있었다. 이것을 우차牛車에 타고 있던 귀족 아이에게 주고 대신에 귤 3개를 받았다. 다음에는 목이 마른 귀족 부인에게 귤 3개를 주고 대신에 포목 3필을 받았다. 다음에는 포목 1필을 길에서 쓰러진 말과 교환하였는데 그 말이 다시 살아났다. 이번에는 그 말을 어딘가로 멀리 떠나는 사람의 논과 벼 그리고 쌀과 바꾸었다. 게다가 그 사람의 집까지 얻게 되었다. 그 후 젊은 남자는 재산이 불어나서 큰 부자가 되었다.	『古本說話集』下58/『今昔物語集』권16 제28화/『雜談集』5/〈지푸라기 장자わらしべ長者〉 민담
5	권9 제2화	호시 화상의 초상화 이야기 寶志和尚影の事	옛날 당나라에 호시 화상寶志和尙이라는 고승이 살고 있었다. 황제가 화공 3명을 보내어 화상의 초상화를 그리도록 했다. 화상은 본인의 진짜 모습을 그리라며 엄지손가락의 손톱으로 얼굴을 벗겼다. 그러자 그 안에서 보살이 얼굴을 드러냈다. 화공 1명은 십일면관음으로 보았다. 또 1명은 성관음으로 보았다. 황제가 다른 사람을 보내어 찾았으나 그 모습을 볼 수 없었다.	『打聞集』10/『梁高僧傳』10/『景德傳燈錄』27
6	권9 제3화	에치젠 지방 쓰루가의 여자를 관음이 구제한 이야기 越前敦賀の女、観音助け給ふ事	에치젠 지방 쓰루가의 여자가 부모를 여위고 생활에 곤란을 겪자 관음보살에게 구원을 기원하였다. 꿈에 늙은 승려가 나타나서 내일 찾아오는 남자 말을 따르라고 일러주었다. 그 여자는 다음 날 찾아오는 남자와 혼인을 맺었다. 그 남자는 미노美濃 지방에 사는 용맹한 무장의 외아들이었다. 그 과정에서 관음보살이 이전 집에서 부리던 하녀 모습으로 현신하여 도움을 주었다.	『今昔物語集』권16 제7화/『寶物集』/『古本說話集』下54

번호	출전	제목	내용 요약	비고
7	권11 제7화	기요미즈데라에서 관음에게서 장막을 받은 여자 이야기 清水寺御帳賜る女の事	어느 의지할 곳 없는 가난한 여자가 기요미즈데라清水寺에 가서 관음보살에게 도움을 청하였다. 그러자 꿈에 누가 나타나서 장막으로 사용하는 포목을 가지고 가라고 일러주었다. 그 여자는 3번에 걸쳐 사양한 끝에 그 포목을 가지고 나왔다. 그 포목으로 옷을 만들어 입은 후부터는 모든 일이 잘 풀리고 남편에게도 사랑받게 되었다.	『古本說話集』下59/『今昔物語集』권16 제30화
8	권14 제5화	신라 왕후와 금으로 만든 발판 이야기 新羅国の后、金の榻の事	신라국 왕비가 다른 남자와 정을 통하다가 국왕에게 발각되어 머리를 밧줄에 묶인 채로 높은 곳에 매달리게 된다. 왕비가 일본의 하세데라長谷寺 관음에게 구원해 줄 것을 기원하였다. 그러자 금으로 만든 발판이 내려와서 이를 밟고 고통에서 벗어났다. 며칠 후에 왕비는 용서를 받았다. 후에 그 왕비는 사자를 하세데라에 보내어 가지고 있던 많은 보물을 헌상하였다.	『今昔物語集』권16 제19화/『長谷寺靈驗記』上12

* 비고란의 밑줄 부분은 유사한 정도가 높은 설화를 의미한다.

셋째 일본문학사에서 널리 알려진 설화집 및 불교 관련 문헌과는 달리, 일본의 민간에서 전해지던 민담과 그 서사구조 및 모티브가 유사한 관음설화가 수록되어 있어서 주목을 끈다. 권7 제5화 〈하세데라에 참배한 남자가 관음의 가호로 이익을 본 이야기〉가 그 경우이다. 본고에서는 이 설화를 중심으로 문헌설화와 구전설화의 영향관계를 고찰하기로 한다.

3. 『우지슈이 모노가타리』 권7 제5화와 〈지푸라기 장자〉 민담의 비교

『우지슈이 모노가타리』 권7 제5화는 『곤자쿠 모노가타리슈』 16권 28화 및 『고혼세쓰와슈』 하권 58화와 매우 유사한 설화이다. 『우지슈이 모노가타리』와 『고혼세쓰와슈』의 경우는 성립 시기가 크게 차이가 나지 않기 때문에,[10] 어느 쪽에 수록된 설화가 선행하는지 단정적으로 말할 수는 없다. 그렇지만 당시에 일본에서 『우지슈이 모노가타리』 권7 제5화와 같은 유형의 설화가 상당히 널리 유포되어 있었다는 점은 분명한 듯하다. 그리고 『조단슈雜談集』(1305) 5권에도 부분적으로 이와 유사한 설화가 수록되어 있다.[11] 『우지슈이 모노가타리』에 수록된 설화의 줄거리를 요약하면 다음과 같다.

[사례1]

옛날에 부모도 가족도 없는 젊은 남자가 살았다. 젊은 남자는 하세데라長谷寺에 가서, 굶어죽을 작정으로 관음보살에게 도움을 청하며 기원하였다. 그 모습을 보고 절의 승려들이 먹을 것을 주며 부양하였다. 21일째 되는 밤의 꿈속에 어떤 사람이 나타나서, 곧장 절에서 나가도록 하며, 나갈 때에 손에 잡히는 것은 무엇이 되었든 버리지 말고 간직하라고 일러준다. 남자는 절을 나서다가 넘어져서 지푸라기 하나를 손에 쥐게 된다. 지푸라기 하나를 쥐고 길을 가는데 등에虻가 나타나서 귀찮게 한다. 지푸라기로 등에 허리를 꿰어서 나뭇가지에 매달아 들고 있었다. 이것을 우차牛車에 타고 있던 귀족 아이가 갖고 싶어 한다. 이를 아이에게 주고 대신에 귤 3개를 받았다. 다음에는 길을 가다가 하세데라에 참배를 가는 귀족의 행렬과 마주친다. 목이 말라서 기절한 귀족 부인에게 귤 3개를 건네준다. 귀족 부인은 주고 그 보답으로 포목 3필을 받았다. 다음에는 길에서 쓰러진 말을 목격하게 된다. 포목 1필을 주고 그 말과 교환하였는데, 하세데라 쪽을 향해 기원하자 그 말이 다시 살아났다. 이번에는 그 말을 어딘가로 멀리 떠나는 사람의 논과 벼 그리고 쌀과 바꾸었다. 게다가 그 사람의 집까지 얻게 되었다. 그 후 젊은 남자는 재산이 불어나서 큰 부자가 되었다.[12]

---

10) 『古本説話集』는 가마쿠라 시대 초기에 성립한 편자 미상의 설화집이다. 전반부에 와카和歌 형식의 설화가 46편, 후반부에 불교설화가 24편 수록되어 있다.

11) 5권에 「信智之德事」라는 제목으로 수록되어 있다. 『雜談集』는 가마쿠라 시대의 불교설화집이다. 임제종 계열의 승려 무주無住가 편찬하였다.

12) 小林保治 · 增古和子 校注譯(1996), 『宇治拾遺物語』 新編日本古典文學全集50,

[사례1]에 등장하는 젊은 남자는 하세데라에 가서 관음보살에게 기원한 덕분에 부자가 된다. 설화의 주인공이 지푸라기 → 등에 → 귤 → 포목 → 말 → 집의 순서로 일종의 물물교환을 거듭한 끝에 부자가 되었다는 서사구조이다.

하세데라는 나라 현奈良県 사쿠라이 시桜井市에 소재한 절로, 시가 현滋賀県의 이시야마데라石山寺, 교토의 기요미즈데라清水寺와 함께 관음보살의 영험함이 뛰어나다는, 이른바 일본의 관음영장觀音靈場으로 유명한 곳이다. [사례1]은 하세데라의 관음보살이 얼마만큼 영험한가를 전하는 관음보살 영험담의 한 유형으로 전승되었다. 이 때문에 설화 곳곳에 관음보살이 등장하여 영험함을 보여준다. 이야기의 서두는 물론이고, 주인공 남자가 포목 1필을 주고 교환한 죽은 말이, 남자가 하세데라 쪽을 향해 기원하자 다시 살아나기도 한다.

[사례1]에서 우선 주목할 것은 하세데라 관음보살의 영험함이 설화의 주인공에게만 한정되지 않는다는 점이다. [사례1]의 주인공인 젊은 사무라이가 관음보살에게 기원한 덕분에 소원이 이루어져 부자가 되었다는 이야기는 매우 평범한 단선적인 이야기일 수 있다. 그런데 [사례1]의 설화적 서술 시점을 바꾸어 생각하면 더욱 복합적인 해석이 가능해진다. 즉 [사례1]은 주인공인 젊은 남자 위주로 이야기가 단선적으로 전개되지만, 물물교환의 대상이 되는 상대방 쪽에 시점을 맞추어 생각하면 달리 해석할 수 있다. 본문에 직접적으로 언급되어 있지는 않지만, 젊은 남자와 귀족 부인 사이에 이루어진 물물교환의 결과는 젊은 남자가 부자가 되는 일련의 과정 중에서 한 과정으로 작용했을 뿐만 아니라, 귀족 부인이 목숨을 건지는 결과로 이어졌다. 다시 말하자면 관음보살의 영험함은 젊은 남자뿐만이 아니라 귀족 부

小學館, pp.234-244. 이하 본고에서 인용한 일본어 원문은 필자가 한국어 번역 및 요약을 하였다.

인에게도 그 영험함을 드러냈다고 볼 수 있다. 그 영험함으로 인해 귀족부인이 목숨을 건지게 된 셈이다. 귀족 부인이 하세데라의 관음보살에게 참배를 가는 길이었다는 점을 상기한다면 이 점이 더욱 분명해진다.

[사례1]에서 가장 주목되는 것은 이 설화의 서사구조이다. 특히 설화의 주인공이 거듭된 물물교환을 통해서 부자가 된다는 서사구조가 흥미롭다. 이 같은 서사구조는 일본에서 〈지푸라기 장자〉라는 이름으로 알려진 민담의 서사구조와 흡사하기 때문이다. 이 점은 특히 일본의 고전문학(문헌설화)과 민담의 상호관계를 고찰하는데 있어서 중요한 의미를 지닌다.[13)]

〈지푸라기 장자〉는 일본에서 널리 알려진 민담으로 전국 각지에 전승되고 있다.[14)] 크게 나누어 〈삼 년 묵은 된장형三年味噌型〉과 〈관음기원형觀音祈願型〉이라는 2가지 유형의 이야기가 전해진다. 먼저 〈관음기원형〉의 사례를 살펴보기로 한다.

[사례2]

옛날 어느 남자가 관음보살에게 출세하게 해달라고 기원했다. 그러자 "절을 나서서 넘어지면 가장 먼저 손에 닿은 것을 내려주겠다."라는 가르침이 있었다. 남자가 절을 나서다가 돌에 걸려 넘어져서 지푸라기 한 개가 손에 닿았다. 도중에 등에를 잡아서 그 지푸라기로 묶고서 여행을 계속했다. 그러자 저편에서 귀인의 행렬이 오고, 그 중에서 품에 안긴 어린 아

---

13) 稲田浩二가 책임 편집한 『日本昔話通觀』 硏究編2의 「日本昔話と古典」에 일본 각지에 구전되던 개별 민담과 유사한 문헌설화가 수록되어 있는, 일본의 설화집에 대한 서지 목록이 정리되어 있다. 특히 일본 국내뿐만이 아니라 외국의 설화집이 소개되어 있어서 문헌설화와 구전설화의 상호작용을 고찰하는 데에 큰 도움이 된다. 稲田浩二 責任編集(1998), 『日本昔話通觀』 硏究編2, 同朋社.

14) 〈지푸라기 장자〉의 유형 및 일본 국내 및 외국의 분포 상황에 대해서는 다음을 참조. 稲田浩二 他編(1977), 『日本昔話事典』, 弘文堂, pp.1040-1041.

이가 갑자기 울기 시작했다. 귀인은 지푸라기로 묶은 등에를 달라고 했다. 지푸라기를 드리자 답례로 귤 세 개를 주었다. 남자가 귤을 가지고 가는데 포목상이 목이 말라서 힘들어하므로 귤을 건네주었다. 그러자 포목상은 답례로 포목 세 필을 주었다. 계속해서 길을 가자니, 길가에 말의 시체가 보이고 누군가 그 옆에 서서 생각에 잠겨있었다. 그 말의 시체와 포목을 교환하였다. 남자가 말에게 물을 먹이자 말이 금방 살아나서 건강해졌다. 크게 기뻐하며 여행을 계속하다가 어느 날 밤에 커다란 저택에 머물게 되었다. 그 집 주인은 남자를 불러서 말을 빌려달라고 했다. 그 대신에 자신은 서쪽으로 여행을 떠나므로, 자신이 돌아올 때까지 살면서 집을 지켜달라고 했다. 만약 돌아오지 않으면 이 집을 드리겠다고 한다. 결국 집주인은 여행을 딴 채로 돌아오지 않고, 그 남자는 집주인이 되어 평생 편안하게 살았다.[15)]

[사례2]는 야나기타 구니오柳田國男의 『일본민담명휘日本昔話名彙』에 수록된 이야기의 전문이다. 히로시마 현廣島縣 구레 시吳市에 전하는 이야기이다. 일찍이 야나기타 구니오는 〈지푸라기 장자〉 이야기에 많은 관심을 보였다. 『일본민담명휘』에 [사례3]을 수록하였을 뿐만 아니라 자신이 편찬한 『일본의 민담日本の昔話』[16)]에 『우지슈이 모노가타리』 권7 제5화의 사례를 읽기 쉬운 구어체로 번역하여 〈지푸라기 장자藁しべ長者〉라는 이름으로 수록하기도 하였다.[17)]

[사례2]는 〈관음기원형〉의 전형적인 사례이다. 지푸라기 → 등에

---

15) 柳田国男 監修(1948), 『日本昔話名彙』, 日本放送協會, pp.77-78.

16) 처음에 『日本昔話集(上)』 日本兒童文庫11(1930)로 간행되었다가 후에 여러 판본으로 발행되었다. 국내에서 『日本の昔話』(1983, 新潮社)를 원본으로 하여 김용의가 번역하였다. 김용의 역(2018), 『일본의 민담』(개정판), 전남대학교출판문화원.

17) 이 점에 관해서 柳田國男는 「藁しべ長者と蜂」에서 밝히고 있다. 『日本の昔話』에 수록된 이야기의 내용은 김용의 외역(2002 : 123-128)을 참고하기 바란다. 柳田國男(1963), 「藁しべ長者と蜂」 『定本柳田国男集26』, 筑摩書房, p.250. 김용의 역(2018), 『일본의 민담』, 전남대학교출판문화원, pp.123-128.

→ 귤 → 포목 → 말 → 집의 순서로 물물교환이 이루어진다. 그 물물 교환 과정을 통해서 주인공 남자는 부자가 되었다. 이 [사례2]는 『우지슈이 모노가타리』 권7 제5화의 이야기와 서사구조가 거의 유사하다. 주인공이 여행 중에 만나는 사람 중에서 세 번째로 만난 목마른 사람이 귀족 부인([사례1])과 포목상([사례2])이라는 점을 제외하면, 이야기의 화소는 물론 교환하는 물건까지도 일치한다. 이 점을 고려한다면 [사례1]은 〈지푸라기 장자〉 민담의 분류 유형으로 보자면, [사례2]와 같은 〈관음기원형〉 계열에 속하는 설화이다. 이번에는 다른 유형의 사례를 찾아보기로 한다.

[사례 3]

어느 곳에 딸을 가진 부자가 지푸라기 3개로 천 냥兩을 벌어오면 사위로 삼겠다고 했다. 그러자 어떤 젊은 남자가 찾아와서 지푸라기 3개를 받아서 여행을 떠났다. 남자는 여행 중에 그 지푸라기를 주고서 연잎 3장을 받았다. 다음에는 연잎 2장을 삼 년 묵은 된장과 바꾸었다. 그 된장은 대장장이가 칼을 만드는 데에 필요한 된장이었다. 이번에는 그 된장을 칼을 만들기 위해서 필요로 하는 대장장이에게 건네주고서 명도名刀를 받았다. 마지막으로 명도를 욕심내는 나리에게 천 냥을 주고 팔았다. 결국 젊은 남자는 부자의 사위가 되었다.[18)]

[사례3]은 세키 게고關敬吾의 『일본민담대성日本昔話大成3』에 수록된 민담을 필자가 요약하였다. 〈삼 년 묵은 된장형〉에 속하는 전형적인 이야기이다. 지푸라기 → 연잎 → 된장 → 명도 → 천 냥으로, 여기서도 일종의 물물교환이 거듭됨에 따라서 주인공의 출세가 보장된다.

[사례1] 및 [사례2]와 [사례3] 사이에 보이는 결정적인 차이점은 설화의 서두에 남자가 출세 혹은 성공을 위해서 관음보살에게 기원하는

18) 關敬吾의 『日本昔話大成3』에 일본 각지에 전하는 두 가지 유형의 〈지푸라기 장자〉의 사례가 소개되어 있다. 關敬吾(1978), 『日本昔話大成3』, 角川書店, pp.211-215.

화소가 포함되어 있느냐 그렇지 않느냐 하는 점이다. 즉 양쪽 모두 이야기가 단선적으로 전개되는 서사구조라는 점에서는 크게 차이가 없지만, 관음보살에게 기원하는 화소의 유무에 따라서 〈삼 년 묵은 된장형〉과 〈관음기원형〉으로 구별된다. 그리고 [사례1]과 [사례2]는 주인공이 부자가 되었다는 데서 이야기가 끝나지만, [사례3]은 주인공이 부자가 될 뿐만이 아니라 부자의 사위가 되었다는 차이가 있다.

여기서 주목할 것은 역사적으로 『우지슈이 모노가타리』 권7 제5화와 〈와라시베 장자〉 민담 중에서 어느 쪽이 먼저 성립하였을까 하는 점이다. 다시 말하자면 『우지슈이 모노가타리』라고 하는 문헌설화집에 수록된 설화와 민간에 전승된 민담 중에서 어느 쪽이 먼저 성립하였는가 하는 문제이다. 이를 〈와라시베 장자〉라고 하는 단일 민담에만 초점을 맞춘다면 〈관음기원형〉이 먼저인가 〈삼 년 묵은 된장형〉이 먼저인가 하는 문제이기도 하다. 주지하다시피 설화의 역사적 기원을 밝히는 문제는 쉬운 문제는 아니다. 이 설화의 경우에는 〈관음기원형〉이 먼저 성립하였다가 이야기 서두의 관음보살에게 기원하는 화소가 결락하여 〈삼 년 묵은 된장형〉이 성립하였을 가능성을 생각할 수 있다. 반대로 〈삼 년 묵은 된장형〉이 먼저 성립하였다가 관음보살에게 기원하는 화소가 추가되어 〈관음기원형〉이 성립하였을 가능성도 생각할 수 있다.

일찍이 이 문제에 관심을 보인 것은 야나기타 구니오이다. 야나기타 구니오는 먼저 『곤자쿠 모노가타리』 권16 제28화를 읽은 사람이 『우지슈이 모노가타리』에도 수록하였을 가능성, 즉 『곤자쿠 모노가타리』에서 『우지슈이 모노가타리』로의 수용 가능성을 부정하였다. 이는 당시에 이 설화가 유명한 이야기였다는 증거일 뿐이라고 보았다.[19] 이어서 하세데라 관음보살의 영험함을 전하는 『우지슈이 모노

19) 柳田國男(1963), 「藁しべ長者と蜂」『定本柳田国男集26』, 筑摩書房, p.250.

가타리』 권7 제5화와는 전혀 다른 계열의 민담, 다시 말하자면 〈삼 년 묵은 된장형〉 유형의 이야기가 일본 각지에 널리 분포하고 있다는 점을 주목하였다. 그는 『이키시마민담집壱岐島昔話集』, 『남도설화南島說話』, 『노온야담老媼夜譚』 등의 민담집에 실린 〈삼 년 묵은 된장형〉의 사례를 들며, 이 유형의 이야기가 일본의 전국 각지에 널리 전해지고 있다는 점은 이 이야기가 『우지슈이 모노가타리』 권7 제5화와는 계열을 달리 한다는 증거라고 보았다.[20)]

또한 야나기타 구니오는 『곤자쿠 모노가타리』, 『고혼세쓰와슈』, 『우지슈이 모노가타리』 등에 수록된 〈관음기원형〉 유형에 속하는 설화, 즉 [사례1]에 등장하는 등에虻의 존재를 주목하였다. 야나기타 구니오에 의하면 설화 속에 등에가 등장하는 것은 하세데라 관음영험담에서 확인할 수 있는 독특한 특징이다. 일본의 설화(민담) 속에는 절대적이라고 해도 좋을 정도로 등에가 등장하지 않는다는 것이다.[21)] 결론적으로 야나기타 구니오는 『우지슈이 모노가타리』와 같은 설화집에 수록된 〈관음기원형〉 설화의 영향으로 〈삼 년 묵은 된장형〉이 성립하였다고는 보지 않았다.

필자는 앞의 야나기타 구니오의 관점에 대체적으로 동의하는 바이다. 필자도 〈관음기원형〉이 먼저 성립하고 나중에 그 영향으로 〈삼 년 묵은 된장형〉이 성립하였다고는 보지 않기 때문이다. 그렇지만 야나기타 구니오의 해석이 충분하다고는 볼 수 없다. 왜냐하면 그의 해석은 〈관음기원형〉의 영향으로 〈삼 년 묵은 된장형〉이 성립하지 않았다는 설명은 될지언정, 역으로 〈삼 년 묵은 된장형〉의 영향으로 〈관음

20) 柳田國男(1963), 「藁しべ長者と蜂」 『定本柳田国男集26』, 筑摩書房, pp.253-256.

21) 柳田國男는 일본의 민담에 벌이 자주 등장한다는 점을 주목하였다. 그리고 그 근저에는 벌의 영력靈力에 대한 신앙이 작용하는 것으로 보았다. 柳田國男(1963), 「藁しべ長者と蜂」 『定本柳田国男集26』, 筑摩書房, p.256.

기원형〉이 성립하였을 가능성에 대한 설명은 되지 않기 때문이다. 그는 신중한 태도를 견지하여, 〈삼 년 묵은 된장형〉의 영향으로 〈관음기원형〉이 성립하였을 가능성의 유무에 대해서는 언급하지 않았다. 즉 양자의 수용관계에 대한 그의 해석은 반쪽의 해석에 불과한 셈이다.

필자는 일본 이외의 지역에도 이와 유사한 이야기가 전해지고 있었다는 점을 주목하고자 한다. 특히 불교설화에 유사한 이야기가 전해진다. 예를 들면 『일본민담통관日本昔話通觀』(연구편2)에 의하면, 이 이야기는 부처의 본생담인 『자타카』, 중국의 강승회康僧會가 『자타카』를 한문으로 번역한 『육도집경六度集經』, 당나라 시대 의정義淨이 번역한 『근본설일체유부비나야根本說一切有部毘奈耶』 등에 유사한 이야기가 들어 있음이 제시되어 있다.[22] 여기서는 『자타카』에 수록된 관련 설화를 확인하기로 한다.

[사례4]

옛날 카시왕국의 바라나시에서 부라후마다타(왕)가 나라를 다스리고 있었다. 이 때에 보디삿타는 호상豪商의 집에 태어나, 성장하자 호상의 지위를 얻고 작은 호상이라 불리었다. 그는 현명하고 유능했으며 모든 전조를 알아차릴 수가 있었다. 어느 날의 일이다. 그가 왕을 수행하는 도중에 죽은 쥐를 발견하였다. 그 순간 별점을 치고 이와 같이 말하였다. "안목이 있는 양가의 아들이 이 쥐를 가지면 아내를 먹여 살리고 사업을 할 수 있을 것이다." 어느 몰락한 양가의 아들이 그 호상의 말을 듣고서 "이 사람이 알지도 못하면서 말하지는 않았을 것이다."라고 생각했다. 쥐를 가지고 어느 가게에다 고양이 먹이로 팔고 적은 돈을 벌었다. 그 돈으로 설탕을 입수하여 물병 한 개에 물을 넣어 지참했다. 그는 숲에서 나오는 화환 만드는 사람들과 만나 설탕 조금씩과 물 한 국자씩을 주었다. 그 사람들은 양가의 아들을 위해서 각자 꽃을 한 다발씩 주었다. 그는 꽃을 팔아서 다음날도 사탕과 물병을 입수하여 화원으로 갔

22) 稲田浩二 責任編集(1998), 『日本昔話通觀』 研究編2, 同朋社, p.101.

다. 그 날 화환 만드는 사람들은 반만 꺾은 꽃다발을 주고 갔다. 그는 이 같은 방법으로 곧 8 가하파나를 벌었다. 게다가 어느 비바람이 부는 날, 왕가 정원에 크고 작은 마른 나뭇가지나 낙엽이 떨어진 일이 있었다. 정원사는 이를 버릴 방법이 없었다. 그는 그곳으로 가서 정원사에게 “만약 나에게 이 마른 나뭇가지나 낙엽을 준다면 내가 당신을 위해서 이것들을 치워드리지요.”라고 말했다. 정원사는 “당신이 가져가시오.”라고 허락했다. 그는 아이들이 노는 곳에 가서 설탕을 주고, 순식간에 모든 마른나무나 낙엽을 치우도록 하고 이를 정원 문 근처에 쌓아놓도록 했다. 그 때 왕가의 도공들이 왕가 사람들이 사용하는 도기를 굽기 위해서 나무를 찾고 있었다. 정원 문 근처에서 그것들을 보고 이를 사들였다. 그 날 그는 나무를 팔아서 16 가하파나를 벌고, 항아리 등 5 개의 도기를 얻었다. 그는 돈이 24 가하파나가 되었을 때에, ‘나에게는 이런 방법이 있다.’라고 생각하고, 도읍의 문에서 그리 멀지않은 장소에 물병을 하나 놔두고 500 명의 풀 베는 사람들에게 물을 공급했다. 그 사람들은 “당신은 우리들에게 매우 친절하게 대해 주었다. 당신을 위해서 무엇을 하면 좋겠소.”라고 물어보았다. 그는 “나에게 무슨 일이 생기면 도와주세요.”라고 말했다. 여기저기 돌아다니는 중에 육로나 해로를 다니는 상인들과 친해졌다. 육로를 다니는 상인이 그에게 “내일 이 도읍으로 말 중매인이 500 마리의 말을 끌고 올 것이오.”라고 가르쳐주었다. 그는 그 말을 듣고 풀을 베는 사람들에게 “오늘 나에게 풀을 한 다발씩 주시오. 그리고 내가 풀을 팔기 전에는 풀을 팔지 마시오.”라고 부탁했다. 풀 베는 사람들은 “알겠소.”라며 풀을 500 다발 옮겨와서 그의 집에 넣었다. 말 중매인은 도읍 어디에서도 말을 먹일 풀을 입수할 수가 없었으므로 그에게 1000 가하파나를 건네고 그 풀을 구입하였다. 그로부터 며칠 지나서 수로를 다니는 상인 친구가 그에게 “항구로 큰 배가 들어왔다.”라고 알려주었다. 그는 “이런 방법이 있구나.”하고서 8 가하파나로 모든 장비가 갖춰진 수레를 빌려서 선착장으로 나갔다. 배를 매수하기 위한 약속으로 반지를 하나 건네고 멀지않은 곳에 천막을 치고 앉아서 사람들에게 “외부에서 배가 들어왔을 경우에는 세 번째 문지기를 통해서 알리시오.”라고 명했다. 배가 도착했다는 소문을 듣고서 바라나시에서 상인들이 물건을 구입코자 몰려들었다. 그렇지만 그들은 “당신들은 물건을 구입할 수가 없소. 모처의 대상인이 모두 사기로 약속이 되어 있다오."라는 말을 듣고서 그가 있는 곳으로 찾아왔다. 하인들은 전부터 명을 받은 대로 세 번 째 문지기를 통해서 상인들이 왔다는 사실을 알렸다. 그 100 명의 상인들은 각자 1000 가하파나를 내고 양가의 아들과 함께 배의 소유자가 되고, 거기다 각자 다시 1000 가하파나를 내서 그가 소유권을 포기하도록 하고 물건을 자신들이 소유했다. 양가의 아들은 이렇게 해서 20만 가하파나를 획득하여 바라나시로 돌아왔다. 은혜를 갚는 것을 당연하게 생각하고 10만 가하파나를 가지고 호상이 있는 곳으로 갔다. 그러자 호상이 "자네는 무엇을 해서 이 재산을 모았는가."라고 물었다. 그는 "호상께서 말씀하신 방법에 따라서 꼭 4 개월 만에 모았습니다."라고, 죽은 쥐 이야기부터 시작하여 자초지종을 이야기했다. 대호상은 그의 말을 듣고서 "이런 훌륭한 젊은이를 다른 사람에게 넘어가게 하면 안 되겠다."라고 생각하여, 혼기를 맞은 그의 딸을 주고 전 재산까지 물려주었다. 그는 호상이 죽은 후에 그 도읍에서 호상의 지위를 얻었다. 또한 보디삿타도 업에 따라서 전생하였다.[23)]

[사례4]는 『자타카』에 수록된 설화의 전문이다. 장문이지만 내용 분석을 위해서 전문을 그대로 인용하였다. [사례4]는 앞에서 검토한 [사례1], [사례2], 그리고 [사례3]과는 그 서사구조가 차이가 난다. 즉 [사례1], [사례2], 그리고 [사례3]에서는 주인공 남자가 물물교환을 거듭한 끝에 성공을 거두게 되지만, [사례4]에서는 주인공 남자가 물물교환만이 아닌 뛰어난 장사 수완을 발휘하여 성공을 거둔다. 즉 호상豪商이 예언한 죽은 쥐를 밑천으로 하여 장사를 거듭한 끝에 성공을

23) 中村元가 일본어로 번역하여 수록한 설화를 필자가 한국어로 다시 번역하여 인용하였다. 번역 과정에서 부분적으로 로버트 첼머Robert Chalmers가 번역한 영어 번역본 『THE JĀTAKA』(1981) 및 大正新脩大藏經刊行會에서 간행한 『大正新脩大藏經』(1924)에 들어있는 『六度集經』 등을 함께 참고하였다. 中村元 監修補註(1984), 『ジャータカ全集1』, 春秋社, pp.138-140. 大正新脩大藏經刊行會(1924), 『大正新脩大藏經』(『六度集經』), 正新脩大藏經刊行會.

거둘 수가 있었다. [사례4]에서 아이들에게 설탕을 나누어주고 정원의 나무와 낙엽을 치우도록 하기, 풀을 베는 사람들에게 물을 공급하고 그 대가로 풀을 받기 등의 물물교환은 주인공의 장사 수완을 보조하는 부차적인 수단에 불과하다.

[사례1], [사례2], 그리고 [사례3]에서 주인공이 성공하기까지의 서사구조가 줄곧 단선적으로 전개되는데 비해서, [사례4]의 경우는 모두 네 번에 걸친 장사를 거듭한 끝에 거금을 벌어들일 수가 있었다. 첫 번째는 죽은 쥐 → 설탕 → 꽃의 입수라는 과정을 통해서 돈을 벌 수 있었다. 두 번째는 설탕 → 나뭇가지와 낙엽의 과정을 통해서 돈을 벌 수 있었다. 세 번째는 물 → 풀의 과정을 통해서 돈을 벌 수 있었다. 네 번째는 큰 배의 물건을 독점함으로써 돈을 벌 수 있었다. 결국 주인공은 20만 가하파나라는 거금을 모으게 되며, 호상은 그의 전 재산과 함께 딸을 주인공에게 맡긴다.

[사례4]는 [사례1], [사례2], 그리고 [사례3]과 같이 물물교환이 지속적으로 반복되는 단선적인 서사구조는 아니다. 그렇지만 어려운 처지에 놓인 주인공이 시간이 지남에 따라서 차츰 처지가 좋아져서 결국 성공을 거두게 된다는 점에서 전체적인 서사구조가 대체로 일치한다. 특히 주인공이 부호의 사위가 된다는 화소는 앞의 [사례3]의 〈삼 년 묵은 된장형〉 유형과 유사하다. 그리고 [사례1]과 [사례2]와 같은 〈관음기원형〉은 관음보살의 영험함을 설파하기 위한 관음영험담 유형의 설화임에 비해서, [사례4]의 경우는 관음보살의 영험담에 대해서는 본문 어디에도 전혀 언급되어 있지 않다. 이 점으로 미루어볼 때에 [사례4]는 [사례3]과 더욱 근접한 유형이라는 사실을 알 수 있다.

이 점은 매우 중요한 의미가 있다. 왜냐하면 『우지슈이 모노가타리』 권7 제5화와 같은 〈관음기원형〉과 〈삼 년 묵은 된장형〉 중에서 어느 쪽이 먼저 성립하였는지, 그 역사적 기원을 가늠해보는 하나의 단서가 되기 때문이다. 필자는 역사적으로 〈삼 년 묵은 된장형〉이 먼저 성립하였을 것이라고 판단한다. 다시 말하자면 〈삼 년 묵은 된장형〉 유형의 설화에 관음보살 영험의 모티브가 추가되어 〈관음기원형〉이 성립하였을 것으로 본다. 그 이유로 두 가지 점을 들 수 있다.

첫째 앞서 야나기타 구니오가 지적한 바와 같이, 〈삼 년 묵은 된장형〉은 일본에서 지역적으로 널리 분포하는 민담이라는 사실을 주목할 필요가 있다. 이에 비해서 〈관음기원형〉은 『곤자쿠 모노가타리슈』, 『우지슈이 모노가타리』, 『고혼세쓰와슈』 등의 설화집에서 우위를 보이고 있다. 둘째 〈삼 년 묵은 된장형〉 쪽이 『자타카』 등에 수록된 불교설화에 더욱 근접해 있다는 점을 들 수 있다. 이는 〈삼 년 묵은 된장형〉 쪽이 〈관음기원형〉보다 역사적으로 더욱 오래된 민담이라는 사실을 말해주는 방증으로 생각할 수 있다.

결론적으로 『우지슈이 모노가타리』 권7 제5화, 즉 [사례1]은 먼저 전승되던 〈삼 년 묵은 된장형〉 유형의 이야기에, 하세데라 관음보살의 영험함을 보여주는 화소가 곳곳에 추가되어 〈관음기원형〉 유형으로 성립하였다고 볼 수 있다. 구체적으로 살펴보면, [사례1]의 서두 부분에서 주인공 남자가 하세데라의 관음에게 기원을 하는 부분, 여행 도중에 만난 귀족 부인이 하세데라에 참배하러 가는 길이었다는 부분, 주인공 남자가 죽은 말을 살리기 위해서 하세데라 쪽을 향해서 기원하는 장면 등이 추가되었다.

4. 관음설화 연구의 확대를 위하여

불교에서 관음신앙은 현세에서 고통을 받는 민중들을 구제한다는 관음신앙의 본질로 인해 매우 큰 비중을 차지한다. 일본도 예외가 아니어서, 미술, 예능, 설화 등의 여러 분야에서 관음신앙이 유포되었다. 미술 분야에서는 회화 및 조각, 예능 분야에서는 연희의 형태로 관음신앙이 표현되었다. 특히 설화 분야에서는 중고시대부터 중세에 이르는 설화집에 관음보살의 영험함을 전하는 설화가 집중적으로 수록되었다. 본고에서는 먼저 『우지슈이 모노가타리』에 수록된 모두 8편에 이르는 관음설화를 주목하여 다른 설화집과의 관련성을 개관하였다. 이어서 『우지슈이 모노가타리』 권7 제5화의 관음신앙 수용 과정을 고찰하기 위해서, 민담자료집에 수록된 〈지푸라기 장자〉 민담과 비교하였다. 그 결과 『우지슈이 모노가타리』 권7 제5화는 〈삼 년 묵은 된장형〉과 〈관음기원형〉 중에서 〈관음기원형〉 계열에 속하는 유형임을 확인하였다.

마지막으로, 〈관음기원형〉과 〈삼 년 묵은 된장형〉 유형의 설화 중에서 어느 쪽이 역사적으로 더욱 오래되었는가를 고찰하기 위해서 부처의 본생담인 『자타카』에 수록된 관련 설화를 검토하였다. 그 결과, 〈삼 년 묵은 된장형〉 쪽이 〈관음기원형〉보다 오래되었을 것이라는 결론을 도출할 수 있었다. 즉 〈삼 년 묵은 된장형〉이 먼저 성립하였다가, 후대에 관음신앙이 널리 전파되는 과정에서 관음보살의 영험함을 설파하는 화소가 추가된 〈관음기원형〉이 성립하였다고 볼 수 있다. 그 과정에는 일본의 관음영장으로 유명한 하세데라라는 절의 존재가 크게 작용하였다.

일본에는 문헌설화와 구전설화를 막론하고 하세데라 관음보살의 영험함을 전하는 설화가 많이 전해지고 있다. 앞으로 『하세데라 영험기長谷寺霊験記』를 비롯한 하세데라 관음보살의 영험함에 관한 설화와 비교하는 연구를 이어가고자 한다. 그리고 본고에서는 『우지슈이 모노가타리』 권7 제5화를 중심으로 관음신앙 수용 양상을 검토하였는데, 『우지슈이 모노가타리』에 수록된 그 밖의 설화에 반영된 관음신앙에 관해서도 연구할 필요가 있겠다. 필자는 본고에서 『우지슈이 모노가타리』 권6 제9화는 『불설대승장엄보왕경』에도 유사한 이야기가 수록되어 있으며, 가마쿠라 시대에 제작된 것으로 알려진 「관음경회觀音經繪」에 이와 관련된 그림이 그려져 있음을 확인하였다.

■ 참고문헌

김경창(2009), 「大乘莊嚴寶王經의 觀音信仰 硏究」, 동국대학교 석사학위 논문

김용의(2012), 「『日本靈異記』 관음신앙설화의 유형 및 서사구조」 『일본어문학』 제55집, 한국일본어문학회

김용의 역(2018), 『일본의 민담』(개정판), 전남대학교출판문화원

무비 스님(2008), 『법화경 강의』, 불광출판사

문명재(2001), 「『今昔物語集』 本朝部의 관음영험담 고찰」 『일본학보』 제46집, 한국일본학회

이운허(1990), 『法華經』, 동국대학교 역경원

인권환(2011), 「韓日 觀音說話의 類型的 特徵에 對하여-『三國遺事』와 『日本靈異記』를 대상으로」 『Journal of Korean Culture』 Vol.17 한국어문학국제학술포럼

정천구 역(2011), 『일본영이기』, 씨아이알

稲田浩二 他編(1977), 『日本昔話事典』, 弘文堂

稲田浩二 責任編集(1998), 『日本昔話通觀』 研究編2, 同朋社

小林保治・增古和子 校注譯(1996), 『宇治拾遺物語』 新編日本古典文學全集50, 小學館

駒木敏(1974), 「靈異記における觀音信仰說話」 『同志社国文学』 9号, 同志社大學国文学會

佐原作美(1970),「今昔物語集における觀音信仰」『駒澤文学』第8号, 駒澤大學
關敬吾(1978),『日本昔話大成3』, 角川書店
大正新脩大藏經刊行會(1924),『大正新脩大藏經』(『六度集經』), 正新脩大藏經刊行會
中田祝夫 校注・譯(1995),『日本霊異記』, 小学館
中村元 監修補註(1984),『ジャータカ全集1』, 春秋社
速水侑編(2000),『觀音信仰事典』, 戎光祥出版株式會社
馬淵和夫・国東文麿・稲垣泰一 校注訳,『今昔物語集』新編日本古典文学全集, 小学館
無住一円・山田昭全(1980),『中世の文学 雑談集』, 三弥井書店
柳田国男 監修(1948),『日本昔話名彙』, 日本放送協會
柳田國男(1963),「藁しべ長者と蜂」『定本柳田国男集26』, 筑摩書房
柳田国男編(1983),『日本の昔話』, 新潮社
渡辺綱也・西尾光一(1960),『宇治拾遺物語』日本古典文學大系27, 岩波書店
Robert Chalmers(1981),『THE JĀTAKA』THE PALI SOCIETY, LONDON

제2부
오키나와 설화의 인간과 동물

오키나와 설화에 전하는 인간과 돼지의 성적 교섭 양상

1. 오키나와 민속문화의 돼지

오키나와에서 돼지는 일본 본토와는 달리 각별한 문화적 의미를 지니고 있다. 돼지는 오키나와 방언으로 '와ワー'라고 부른다. 오키나와의 돼지에 관한 기록으로는 류큐왕부琉球王府에서 편찬한 지지地誌 인 『유구국유래기琉球國由來記』(1713)에 "이는 일본이나 중국에서 건너온 것이다"[1)]라고 적혀 있다. 이 기록에 따르면 늦어도 18세기 초에는 오키나와에서 돼지를 길렀던 것을 알 수 있다. 물론 이는 문헌상 확인할 수 있는 기록이며, 오키나와에서는 훨씬 이전부터 돼지를 길렀다. 오키나와 식문화에서 돼지가 차지하는 비중은 오키나와의 돼지고기 소비량에 나타나 있다. 일본 본토에서 본격적으로 돼지고기를 소비하기 이전까지만 해도 오키나와의 돼지 사육은 전국 1위를 차지하였다고 한다.[2)]

---

1) 外間守善 · 波照間永吉 編, 『琉球國由來記』, 1997, 角川書店, p.133. 『琉球國由來記』는 류큐왕부에서 최초로 편찬한 체계적인 지지이다. 서문에 1713년 왕이 상람하였다는 기록이 있다. 돼지에 관해서는 권4 〈生類門〉에 기록되어 있다. 이 부분의 일본어 원문은 다음과 같다. "是和漢ノ間ヨリ渡り来ル物ナラン" 이하 본고에서 인용한 일본어 자료의 한국어 번역은 필자의 졸역이다.

2) 예를 들면 1880년 당시 오키나와에서 사육하던 돼지는 5만 마리 정도로 이는 일본에서

오키나와에서 돼지가 얼마만큼 오키나와 사람들의 생활에 밀착되어 있는가는 '떡 설날, 돼지 설날餅正月, 豚正月' 이라는 일본어 표현에서 확인할 수 있다. 이는 일본 본토에서는 설날을 맞이하여 떡을 장만하여 차려 놓는데 비해서, 오키나와에서는 돼지를 잡아 설날을 맞이하기 때문에 생겨난 표현이다.[3] 오키나와 방언으로는 설날 전에 돼지를 잡는 날을 가리켜서 특별히 '와쿠루시ワークルシー' 라고 부른다. 오키나와의 시인 다카라 벤高良勉의 『오키나와 생활지沖縄生活誌』에는 본인이 어려서 체험했던 '돼지 잡는 날' 에 관한 풍습이 생생하게 묘사되어 있다.[4] 뿐만 아니라 오키나와 방언으로 '후루フール' 라고 부르는 일명 '돼지변소豚便所' 는 변소 바로 밑에 돼지를 사육하도록 고안되어 있다. 이를 보아도 오키나와 민속문화에서 인간과 돼지가 다른 가축에 비해서 얼마나 가까운 관계인가를 짐작할 수 있다.

전국 1위였다고 한다. 沖縄タイムス社 編(1983), 『沖縄大百科事典』下, 沖縄タイムス社, p.797.

3) 이 점에 관해서는 다음 글을 참조. 赤嶺政信(1998), 『シマの見る夢』, ボーダーインク, pp.78-80. 渡邊欣雄(1993), 『世界のなかの沖縄文化』, 沖縄タイムス社, pp.108-113.

4) 高良勉(2005), 『沖縄生活誌』, 岩波書店, pp.16-18. 참고로 일부 문장을 소개하면 다음과 같다. "내가 초등학생이었던 1960년대까지 오키나와의 마을 대부분이 음력으로 설날을 축하했습니다. 어렸을 때의 가장 큰 즐거움은 설날이 되면 세뱃돈을 받을 수 있다는 것, 그리고 돼지고기를 배부르게 먹을 수 있다는 것이었습니다. 30일과 섣달그믐에는 시마シマ라고 부르는 마을의 곳곳에서 돼지의 비명소리가 들렸습니다. 띠로 지붕을 이은 집에 살며, 평균적으로 모두 가난했던 마을에서는 친척 혹은 이웃끼리 돈을 조금씩 내서 공동으로 돼지를 잡았습니다. 설날 쓸 것을 비롯해서 반년 동안 먹을 돼지고기를 서로 나누어가졌습니다. 먼저 반년 간 정성껏 돼지를 길러온 집의 부엌 근처에 돼지를 묶어놓고, 경동맥을 잘라서 도살합니다. 목에서 흐르는 피는 한 방울도 헛되이 흘러가지 않도록 세숫대야에 잘 받아냅니다. 그리고 재빨리 소금을 넣고 저어가며 피를 굳힙니다. 이것은 귀중한 '지이리차(チーイリチャー,피와 야채를 섞어 볶은 것)' 의 재료로 사용합니다."

역사적으로 오키나와문화에서 돼지가 중요한 비중을 차지했던 만큼, 돼지와 관련한 속신도 적지 않게 전해진다. 예를 들면 오키나와 출신의 민속학자 시마부쿠로 겐시치島袋源七가 편찬한 『얀바루의 토속山原の土俗』에는 오키나와 북부지역에 전하는 돼지 관련 속신이 다양하게 소개되어 있다.[5] 이 속신들을 종합해 보면, 일찍이 오키나와 사람들은 돼지의 행동을 보고 날씨를 점쳤고, 돼지를 의례의 제물로 바치기도 했으며, 심지어는 돼지를 일종의 영적인 존재로까지 인식하고 있었다. 특히 오키나와문화에서 차지하는 인간과 돼지의 관계는 설화 속에서 다양하게 전개된다.

일반적으로 일본 본토에는 인간과 돼지의 교섭에 관한 설화가 그다지 전해지지 않는다.[6] 인간과 돼지의 교섭 중에서도 특히 성적 교섭에 관한 이야기는 거의 찾아볼 수 없다. 이에 비해서 오키나와 설화에는 돼지가 인간으로 둔갑하여 인간과 성적 교섭을 갖는 이야기가 곧

5) 島袋源七(1974), 「山原の土俗」〈日本民俗誌大系〉第1卷, 角川書店, pp.365-370. 초판은 1929년 鄕土硏究社에서 간행되었다. 본고의 주제와도 관련이 있으므로, 이 자료에 기록된 얀바루 지역의 속신 중에서 돼지에 관한 속신을 간추리면 다음과 같다. 돼지가 소굴을 만들어도 우천雨天, 돼지가 부엌 또는 집안으로 들어오면 재액이 생긴다.(하마오리[浜降り]를 해야만 한다), 돼지우리에 침을 뱉어서는 안 된다.(돼지는 장님 신[盲神]이라 하므로 만약 침을 뱉으면 가난뱅이 신[貧乏神]이 되고 만다), 재채기를 했을 때에 '똥 먹어라' 라고 말해야만 한다.(둔갑한 돼지가 대나무로 코를 건드린다), 돼지우리에서 놀래서는 안 된다.(반드시 혼령이 빠져나가 버린다), 돼지우리에 떨어져서는 안 된다.(반드시 소인이 된다. 아니면 석녀 또는 석남이 된다), 돼지우리에서 도깨비불妖怪火을 보거나 혼령을 보았을 때에는 소원을 빈다.(거기서 본 것은 전부 자신의 혼령이라고 여긴다), 물에 빠져죽은 사람의 시체가 떠오르지 않을 때에는 돼지머리를 바다에 집어던진다.(돼지 대신에 시체가 떠오른다)

6) 예를 들면 김용의는 『日本の民話』 전집(전 26권)에 수록된 동물설화 187편을 대상으로 20위까지 등장동물의 빈도 순위를 조사하였다. 이를 보면 돼지는 20위 안에 포함되어 있지 않다. 김용의(2001), 「한일 동물설화의 비교연구(1)」 『일본어문학』 제10집, 한국일본어문학회, p.112.

잘 전해진다. 이 경우에 돼지는 여성으로 등장하기도 하고 혹은 남성으로 등장하기도 한다. 그런데 오키나와 설화에 등장하는 돼지는 인간을 유혹하여 성적 교섭을 갖더라도 혼인에는 이르지 못하고 실패하는 경우가 대부분이다. 다시 말하자면 설화의 세계에서 흔히 볼 수 있는, 이른바 이류혼인異類婚姻의 단계까지는 이르지 못하고 파탄을 맞이한다. 본고에서는 특히 이 점을 염두에 두고, 오키나와 설화에 전하는 인간과 돼지의 교섭 양상 및 그 민속적 배경에 관해서 고찰하고자 한다.

2. 인간과 돼지에 관한 오키나와 설화의 유형

앞서 언급한 대로, 일본 본토에는 인간과 돼지의 교섭에 관한 설화가 매우 드물다. 이 점에 관해서는 민간에 전하는 설화를 집대성한 민담자료집을 확인하면 쉽게 알 수 있다. 먼저 이른 시기에 일본의 민담을 모아서 체계적인 분류를 시도한 민속학자 야나기타 구니오柳田國男의 『일본민담명휘日本昔話名彙』에서 확인하기로 한다. 야나기타 구니오는 민담을 크게 〈완형민담完形昔話〉과 〈파생민담派生昔話〉으로 이분하였다.[7] 이어서 각각의 유형 밑에 하위유형을 설정하여 분류하였다.[8] 그렇지만 〈완형민담〉이나 〈파생민담〉 어디에도 인간과 돼지의

7) 야나기타 구니오는 영웅의 일생에 관해서 이야기하는 것이 본래 민담의 의의였다고 보고 이를 가리켜 〈완형민담〉이라고 불렀다. 이 〈완형민담〉에서 일부가 독립하여 떨어져 나온 이야기를 가리켜 〈파생민담〉이라고 불러서 구별하였다. 이 점에 관해서는 다음 논저를 참고. 小澤俊夫(1994), 『昔話のコスモロジ-』, 講談社, pp.13-14.

8) 참고로 〈완형민담〉의 하위유형에는 〈탄생과 기서誕生と奇瑞〉, 〈불가사의한 성장不思議な成長〉, 〈행복한 혼인幸福なる婚姻〉, 〈의붓자식 이야기まま子話〉, 〈형제의 우열兄弟の優劣〉, 〈재보 발견財宝發見〉, 〈액난 극복厄難克服〉, 〈동물의 원조動物の援助〉, 〈말의 힘言葉の力〉, 〈지혜의 작용知恵のはたらき〉 등을 설정하였다. 〈파생민담〉의 하위유형에는

성적 교섭에 관한 이야기는 수록되지 않았다. 물론 해당 사례가 존재하지 않기 때문에 유형 분류도 시도되지 않았다.

이 점에 관해서 세키 게이고關敬吾가 펴낸 일본의 대표적인 민담자료집인 『일본민담대성日本昔話大成』(전 12권)에서 확인하기로 한다. 세키 게이고는 『일본민담대성』에서 민담을 크게 〈동물민담動物昔話〉, 〈본격민담本格昔話〉, 〈소화笑話〉로 나누어 삼분하였다. 말하자면 세키는 야나기타의 이분법과 달리 삼분법을 채택한 셈이다. 세키의 〈본격민담〉은 야나기타의 〈완형민담〉에 대응한다. 『일본민담대성』에는 인간과 동물의 성적 결합에 관한 다양한 유형의 이야기가 수록되어 있다. 그렇지만 『일본민담대성』에도 인간과 돼지의 성적 교섭에 관한 사례는 찾아볼 수 없다. 예를 들면 〈본격민담〉의 하위유형으로 분류된 〈혼인 · 이류 사위婚姻 · 異類聟〉, 〈혼인 · 이류 아내婚姻 · 異類女房〉, 〈혼인 · 난제 사위婚姻 · 難題聟〉 그 어느 유형에도 인간과 돼지의 교섭에 관한 사례가 포함되지 않았다.[9)]

일본의 설화에는 왜 돼지가 거의 등장하지 않는 것일까. 이 점에 대해서는 일찍부터 많은 연구자들이 주목하였다. 예를 들면 야나기타 구니오柳田国男는 「구승문예사고口承文藝史考」라는 논고에서 다음과 같이 언급하였다.

〈인연 이야기因緣話〉, 〈요괴 이야기化物話〉, 〈소화笑話〉, 〈조수초목담鳥獸草木譚〉, 〈기타その他〉 등을 설정하였다. 柳田國男 監修(1948), 『日本昔話名彙』, 日本放送出版協會.

9) 예를 들어 동물이 여자로 둔갑하여 남자와 교섭을 갖는 〈혼인 · 이류 아내〉 유형에는 뱀, 개구리, 대합, 물고기, 용궁여자, 학, 여우, 고양이, 천녀 등이 아내로 등장하지만 돼지와 관련된 사례는 발견되지 않는다. 關敬吾(1978), 『日本昔話大成』 2, 角川書店, pp.157-262.

> 그 동물 중에서도 일반적으로 짐승 이야기가 많은 것은 몸집이 커서 가장 인간에 가깝기 때문일 것이다. 주의해서 보면 등장동물이 또한 한정되어 있다. 예를 들면 일본에서는 멧돼지가 좀처럼 등장하지 않고, 서양에서도 옛날부터 기른 가축이었던 돼지가 별로 등장하지 않는다.[10)]

야나기타는 동물 중에서도 짐승이 벌레 등에 비해서 몸집이 커서 인간과 가깝기 때문에 설화에 자주 등장한다고 보았다. 그리고 동서양을 막론하고 돼지(멧돼지)가 그다지 등장하지 않는 특징이 있음을 지적하였다. 이 점과 관련하여 사쿠라이 도쿠타로櫻井徳太郎는 야나기타가 지적한 내용을 더욱 구체적으로 전개하여 다음과 같이 언급을 하였다.

> 첫째 일상생활 가까이에 존재하는 동물이 그다지 등장하지 않는다. 닭, 개, 고양이, 돼지, 소, 말 등과 같이 순치된 가축들은 거의 주인공이 되지 않는다. 가령 등장하더라도 주로 조역을 맡는 데에 불과하다. 둘째 심상尋常 한 생태, 말하자면 단순한 행동이나 성향을 보이는 동물도 그다지 포함되지 않는다. 이상한 행동이나 비인간적인 습성이 주목되기 때문일 것이다. 셋째 인간에게 공포감이나 외포畏怖를 느끼게 하는 동물이 주로 등장한다. 때로는 인간에게 위해를 가하고 무서운 존재로 여겨지는 맹수가 중요한 의미를 지닌다. 넷째 그 초월적 영력靈力이 인정되어 신과 교섭을 할 수 있는 존재로 여겨지는 동물이다.[11)]

---

10) 柳田国男(1963), 「口承文藝史考」『定本柳田国男集』第六巻, 筑摩書房, pp.99-100.

11) 櫻井徳太郎(1972), 「動物昔話の類型-人獣交渉史の視点-」『文学』40, 岩波書店, p.97.

사쿠라이는 일반적으로 인간들의 일상생활 가까이에 있는 동물, 단순한 성향이나 행동을 보이는 동물, 인간에게 위협적인 공포감을 주지 않는 동물, 초월적 영력이 인정되지 않는 동물이 설화에 등장하기 어렵다고 파악하였다. 사쿠라이가 설화에 등장하는 인간과 동물의 관계에 대해서 지적한 네 가지 점은 오키나와의 설화에 그대로 적용되지는 않는다. 왜냐하면 오키나와의 설화에서 그 예외적인 사례를 확인할 수 있기 때문이다. 본고에서 주목하는 돼지는 그 예외적인 사례에 속하는 동물 중의 하나이다.

서론에서 언급한 바와 같이, 오키나와의 돼지는 변소라는 공간을 공유할 정도로 인간과 일상생활을 같이 하는 친밀한 가축이다. 뿐만 아니라 산속에 서식하는 맹수와 비교할 때에 인간에게 공포감이나 외포畏怖를 느끼게 하는 동물이 아니며, 초월적 영력을 발휘한다는 측면에서도 이들 산속의 맹수들과는 비교가 되지 않는다. 그럼에도 불구하고 오키나와 설화에는 돼지가 등장하여 인간과 교섭을 갖는다. 앞서 인용한 사쿠라이의 해석은 비록 오키나와 설화에 그대로 적용되지는 않지만, 오키나와 설화에서 인간과 돼지 사이에 혼인이 성립하지 않는 이유를 설명하는 데에는 도움이 될 것 같다. 이 점에 관해서는 본고의 3장에서 상세하게 다루기로 한다.

일본의 민담자료집 중에서 인간과 돼지의 성적 교섭에 관한 이야기가 다수 수록된 것은 이나다 고지稲田浩二와 오자와 도시오小澤俊夫가 책임편집을 맡은 『일본민담통관日本昔話通觀』(전 31권)이다. 이『일본민담통관』은 전체적으로 모든 민담을 〈옛이야기むかし語り〉, 〈소화笑い話〉, 〈동물민담動物昔話〉으로 나누어 분류하고, 다시 각각의 유형에 하위유형을 설정하여 분류하였다. 『일본민담통관』의 〈옛이야기〉는 야나기타의 〈완형민담〉, 세키의 〈본격민담〉에 해당한다. 이 자료집은 민담을 지역에 따라서 각 권별로 나누어 수록하였다. 그 중에서 제26권은 오키

나와에 전해지는 민담을 수록한 자료집이다. 여기서 인간과 돼지의 성적 교섭에 관한 사례를 다수 확인할 수 있다. 『일본민담통관』에는 돼지가 여자로 둔갑하여 남자를 유혹하는 이야기를 〈돼지가 둔갑한 미녀豚化け美女〉라는 제목을 붙여 유형 분류하였다. 여기에는 전형적인 유형의 이야기를 요약하여 1편 수록하고 유사한 이야기類話를 모두 13편, 그리고 참고 이야기參考話를 1편 수록하였다.[12)]

그런데 여기 수록된 총 15편에 이르는 이야기를 유의해서 읽어보면, 그 중에서 〈유화3〉 및 마지막의 〈참고 이야기〉는 돼지가 여자로 둔갑하여 남자를 유혹하는 이야기가 아니라, 돼지가 남자로 둔갑하여 여자를 유혹하는 이야기인 것을 알 수 있다. 다시 말하자면 〈돼지가 둔갑한 미녀〉라는 제목에 들어맞지 않는 이야기이다. 이는 이 부분의 편집자가 착각을 하여 잘못 분류한 결과이다. 한편으로는 그 만큼 오키나와에서 돼지가 여자로 둔갑하여 남자를 유혹하는 이야기가, 남자로 둔갑하여 여자를 유혹하는 이야기보다도 일반적인 유형이라는 점을 말해준다.

일찍이 다하타 지아키田畑千秋는 오키나와의 설화에 나타난 인간과 돼지 사이의 교섭에 관한 이야기를 〈돼지사위 맞이하기豚聟入〉와 〈돼지 아내豚女房〉라는 두 유형으로 나누어 고찰한 바가 있다. 여기서 〈돼지사위 맞이하기〉는 돼지가 잘 생긴 남자로 변해서 여자와 관계를 갖는 이야기를 의미하며, 반대로 〈돼지 아내〉는 돼지가 여자로 변해서 남자와 관계를 갖는 이야기를 가리킨다.[13)] 그렇지만 여기서 한 가지 유의할 점이 있다. 오키나와에 전하는 인간과 돼지의 교섭에 관한 설화를 검토하면, 인간과 돼지 사이에 성적 교섭은 가능했지만 돼지의

12) 稲田浩二・小沢俊夫責任編集(1983), 『日本昔話通観』 第26巻, 同朋舎出版, pp.262-264.

13) 田畑千秋(1978), 「『豚聟入』とその周辺」 『沖縄文化研究』 5, 法政大学沖縄文化研究所, p.339.

정체가 인간에게 발각되어 혼인에까지는 이르지 못하였다는 점이다. 다시 말해서 이류혼인의 단계로까지는 발전하지 못한다. 앞서 다하타가 유형을 분류한 〈돼지사위 맞이하기〉와 〈돼지 아내〉는 설화 연구자들 사이에서 어디까지나 인간과 동물 사이의 이류혼인을 전제로 하는 유형 분류이다. 따라서 오키나와의 인간과 동물에 관한 설화를 〈돼지사위 맞이하기〉와 〈돼지 아내〉라는 이름으로 이류혼인담에 포함시켜 분류하기에는 무리가 있다. 물론 다하타도 이 점에 관해서는 잘 알고 있었을 것이다. 예를 들면 후속 연구에서 다음과 같이 수정하여 언급하였다.

> 〈돼지 아내豚女房〉라고 이름을 붙이기에는 약간 주저되는 이야기이다. 〈여우 아내狐女房〉, 〈대합 아내蛤女房〉 등의 이류혼인담과는 두드러지게 차이가 있어서 혼인이 성립하지 않는다. 말하자면 〈돼지 요괴에게 홀린 이야기〉이다. 물론 앞서 소개한 〈미남으로 둔갑한 돼지美男に化ける豚〉도 〈돼지사위 맞이하기豚聟入〉라고 말하기에는 주저된다. 다른 이류혼인담과 달라서 민담으로서는 역시 미성숙 상태이기 때문이다. 그러나 두 유형 모두, 사례에서 알 수 있듯이 민담으로 발전할 가능성을 지니고 있다는 점은 부인할 수 없다.[14)]

다하타는 자신이 시도한 〈돼지사위 맞이하기〉와 〈돼지 아내〉라는 이름의 유형이 애초에 일정한 한계가 있었음을 인정한다. 그 한계란 이류혼인담에 포함시켜 분류하기에는 혼인이라는 모티브를 확인할 수 없는 데서 발생하는 한계이다. 따라서 다하타처럼 애초에 〈돼지사위 맞이하기〉와 〈돼지 아내〉라는 두 유형으로 나누어 고찰하는 것은 큰 의미를 지니지 못한다. 그것보다는 오키나와 설화에 등장하는 인

14) 田畑千秋(1995), 「美女に化ける豚」『昔話伝説研究の展開』, 三弥井書店, p.97.

간과 돼지의 관계에 있어서 확인되는 두드러진 특징인, 양자 사이에 구체적인 혼인 관계가 성립하지 않는 이유를 검토하는 편이 중요한 의미를 지닐 것 같다. 본고에서는 『일본민담통관』을 비롯한 오키나와의 설화자료집에 수록된 사례를 대상으로 하여 이 점을 중점적으로 검토하고자 한다.

3. 인간과 돼지의 성적 교섭의 양상

오키나와에 전하는 인간과 돼지의 교섭 이야기 중에서 가장 널리 알려진 유형은 돼지가 아름다운 여자로 둔갑하여 남자를 유혹하였다가 후에 그 정체가 탄로 난다는 이야기이다. 먼저 관련 사례를 보기로 한다.

[사례1]

청년들이 어울려 놀고 있는 곳에 아름다운 여자가 나타났다. 한 청년이 여자를 쫓아가서 말을 걸고 친해져, 한번 놀 때 마다 돈을 삼 관貫씩 주었다. 청년은 여자가 아단アダン 잎으로 엮은 신발이 아니라 가죽으로 만든 신발을 신고 있는 것을 이상케 여겨서 한쪽 신발을 감추었다. 여자는 발을 질질 끌며 돌아갔다. 다음날 청년이 가죽으로 만든 신발을 보니 돼지 발굽이었다. 마을 사람들이 모두 돼지를 조사하니, 마을에서 떨어진 돼지우리에 사는 늙은 돼지의 우리에 돈이 쌓여 있고 그 한쪽에서 돼지가 자고 있었다. 그 돼지를 죽였다.[15] (밑줄, 필자)

[사례1]은 『일본민담통관』에 요약된 이야기이다. 여기서 "청년들이 어울려 놀고 있는 곳"이란 오키나와 방언으로 '모아시비毛遊び'라

15) 稲田浩二 · 小澤俊夫 編(1983), 『日本昔話通觀』 第26巻, 同朋舎出版, p.262.

고 부르는, 젊은 남녀가 밤에 함께 어울려 놀던 풍습을 의미한다.[16] 이 모아시비에 나타난 아름다운 여자는 평민들이 주로 신었던 아단나무 잎으로 엮은 신발이나 짚신이 아닌 가죽신을 신고 있었다. 이를 이상하게 여긴 청년이 그 가죽신을 감추었는데 알고 보니 가죽신이 아니라 돼지 발굽이었다. 이로 인해 돼지의 정체가 탄로 나고 말았다는 이야기이다. 여기서는 돼지가 신분에 어울리지 않게 신고 있었던 가죽신으로 인해서 정체가 탄로나고야만다. [사례1]에서 또한 흥미로운 것은 청년이 여자와 한 번 어울릴 때마다 돈을 3관씩 주었는데 나중에 알고 보니 그 돈이 돼지우리에 그대로 쌓여있었다는 대목이다. 이 대목에 관해서는 다음의 [사례2]에서 더욱 구체적으로 확인할 수 있다.

[사례2]

옛날 어느 곳에 가죽신을 신고서 고개를 숙인 채 추파를 던지며 지나가는 미녀가 있었다. 어디 사는 누구인지, 젊은 남자 중에서 이 여자를 아는 사람이 한 명도 없었다. 젊은 남자들은 누구 할 것 없이 그 미녀를 칭찬하였다. 그런데도 그 여자는 잠자코 한 마디도 말하지 않았다. 그저 그 여자에게 돈을 6전(3관) 주기만하면 하룻밤 마음대로 할 수가 있었다고 한다. 젊은이들은 어느 날, 이 말없는 여자가 사는 곳이나 이름을 알고자 하여 여러모로 장난을 걸었지만, 여자는 그저 웃기만 할뿐으로 대답조차 하지 않았다. 젊은이들은 그 여자가 신고 있던 가죽신을 벗겨서 빼앗았다. 여자는 발을 끌며 어디론지 사라졌다. 다음날 아침에 젊은이들은 그 가죽신을 확인해 보고서 너무 놀랐다. 그것은 무엇이었을까. 기괴하게도 그것은 돼지의 발톱이었다. 젊은이들이 모여서 각 집을 돌며 돼지우리를 조사하였다. 그랬더니 어느 집에서 수 십 년이 지난 돼지가 발톱

16) '모モー'는 오키나와말로 '들판'을 의미한다. 남녀가 둥글게 둘러앉아서 샤미센三味線을 잘 다루는 남자와 노래를 잘하는 여자를 가운데 두고 함께 가무를 즐겼다. 이 모아시비에서 마음이 맞은 남녀는 성관계를 갖고, 이어서 남자가 여자 집을 방문하여 자는 기간을 거쳐 혼인에 이르는 경우가 많았다. 渡邊欣雄 他編(2008), 『沖縄民俗辭典』, 吉川弘文館, p.515.

이 빠진 채로 쓰러져 있었다. 비로소 그 돼지가 둔갑하였다는 사실을 알게 되었고, 또한 매일 아침마다 돼지 주인이 돼지우리에서 돈 6전씩을 주었던 수수께끼도 풀렸다. 이때부터 매음을 하는 여자를 가리켜 '3관 여자' 라고 부르게 되었다고 한다. 지금도 창기나 매음부를 '3관 여자' 라고 부르고 있다.[17] (밑줄, 필자)

[사례2]는 앞의 [사례1]과 매우 유사한 내용이다. [사례1]과 [사례2]는 기본적으로 정체모를 미녀의 출현, 돈 3관을 주고 미녀와 성적인 관계를 맺기, 미녀가 신고 있던 가죽신 감추기, 둔갑한 돼지의 정체가 발각이라는 서사구조로 되어 있다. [사례2]에는 정체가 탄로난 돼지를 살해하는 대목이 서술되지 않았으나, [사례1]의 경우에 비추어 볼 때에 [사례2]에서도 살해되었을 것이다. [사례1]과 [사례2]에서는 여자가 신고 있던 신발을 감추어 둔 것이 계기가 되어 여자의 정체가 드러나는데, 이 모티브는 오키나와의 인간과 돼지의 교섭 이야기에서 거의 정형화되어 있다. 다음 사례를 참고하기로 한다.

[사례3]

달밤에 남녀가 어울려 놀고 있는데 아름다운 여자 한 명이 나타나서 바람 부는 방향 쪽에 앉는다. 여자는 새가 울 무렵이 되면 돌아가므로 남자 한 사람이 이를 이상케 여겨서 짚신을 감추었다. 여자가 짚신을 찾았으나 발견할 수 없자 그대로 돌아갔다. 다음날 아침에 보니 그 짚신이 돼지발톱으로 변해 있었다. 마을에 있는 돼지를 모두 조사하였더니, 백년을 산 돼지가 발톱이 빠진 채로 죽어 있었다. 동물은 오랫동안 기르면 둔갑하기 때문에 오래 기르면 안 된다.[18] (밑줄, 필자)

17) 島袋源七(1974), 「山原の土俗」『日本民俗誌大系』第1巻, 角川書店, pp.345-346.

18) 稲田浩二・小澤俊夫 編(1983), 『日本昔話通觀』第26巻, 同朋舍出版, p.262.

[사례3] 또한 둔갑한 여자 돼지가 달밤에 남녀가 어울려 노는 모아시비 장소에 나타났다가 자취를 감춘 이야기이다. 어울려 놀았던 남자 한 사람이 여자가 신고 있던 짚신을 감추어 둔 것을 계기로 여자의 정체가 탄로 난다. [사례3]에서는 "백년을 산 돼지"가 등장하여, 돼지가 오래 살면 인간으로 둔갑한다는 돼지의 요괴성이 특히 강조되었다. 그 요괴성으로 말미암아 "동물은 오랫동안 기르면 둔갑하기 때문에 오래 기르면 안 된다."라는 일종의 교훈담에 가까운 형태로 전해진다.

오키나와 설화에서 여자로 둔갑한 돼지의 정체가 탄로 나는 것은 신발을 감추는 행위에 의해서만은 아니다. 때로는 돼지 본연의 이상한 냄새 때문에 정체가 탄로 나기도 한다.

[사례4]

아름다운 여자가 젊은이들이 어울려 노는 곳에 나타났다. 한 남자가 이 여자를 좋아하여 어울려 놀았다. 남자는 여자한테서 이상한 냄새가 났으므로 여자 뒤를 밟았다. 여자는 돼지우리로 들어갔다. 그 후로 돼지를 오래 기르면 인간으로 둔갑한다고 해서 오래 기르지 않았다.[19] (밑줄, 필자)

[사례4]의 도입부는 이제까지 보아온 다른 사례들과 크게 다르지 않다. 젊은이들이 모여 노는 곳, 다시 말하자면 모아시비에 아름다운 여자가 나타나서 함께 어울려 놀았다. 그런데 그 여자에게서 이상한 냄새가 나서 뒤를 밟았더니 돼지였다는 이야기이다. [사례4]에서도 이야기의 말미에 "그 후로 돼지를 오래 기르면 인간으로 둔갑한다고 해서 오래 기르지 않았다."라고 하여, 돼지를 오랫동안 길러서는 안 된다는 경고를 잊지 않았다. 그런데 미녀로 둔갑한 돼지는 때때로 돼지의 본성을 감추지 못했다가 그 정체가 탄로 나기도 한다.

19) 稲田浩二 · 小澤俊夫 編(1983), 『日本昔話通觀』 第26巻, 同朋舍出版, p.263.

[사례5]

몇 십 년이나 기른 어미 돼지가 미녀로 둔갑하여 모아시비野遊び에 나가 사람들 틈에 끼어서 떠들썩하게 놀았다. 그 미녀는 남녀가 손으로 박자를 맞출 때에 "꿀꿀, 꿀꿀"하고 박자를 맞추었다. 어떤 사람이 이상한 여자라고 생각하고 뒤를 밟았더니 돼지로 변해 있었다.[20] (밑줄, 필자)

[사례5]에 등장하는 돼지는 매우 해학적으로 묘사되었다. 둔갑한 돼지가 모아시비에 나가서 함께 어울려 노는 것까지는 좋았으나, 다른 남녀들과 박자를 맞추지 못했다가 그 정체가 탄로 나게 된다. 바꿔 말하자면 인간들의 유희문화에 제대로 적응하지 못한 결과로 정체가 드러난 셈이다.

그런데 설화 속의 오키나와 돼지는 여자로 둔갑하는 능력만이 있는 것이 아니다. 때때로 남자로 둔갑하여 여자를 유혹하기도 한다. 말하자면 오키나와의 돼지는 설화 속에 남녀 양성의 인간으로 둔갑하는 능력을 지닌 동물로 등장한다. 이 경우에도 대개는 앞의 사례들과 마찬가지로 그 정체가 탄로 나기 마련이다.

[사례6]

옛날, 어느 곳에 검은 머리띠黑長布를 두른 사내가 있었다. 가죽으로 만든 조리皮裏草履를 신고 세련된 모습을 하고 있었다. 며칠이고 젊은 여자 무리에 섞여서 이들을 유혹하려 하였다. 어느 날, 언제나처럼 한 처녀를 손에 넣으려고 열심히 구애하였다. 그 처녀는 사내의 정체를 몰랐지만, 처녀의 친구는 이를 알아차렸다. 그래서 그녀의 친구는 이를 그 처녀에게 알리고자 "똥냄새가 나는데, 뭐지?"라고 놀려댔다. 사내는 이미 자신의 정체가 드러났다는 것을 깨닫고 돼지로 변해서 맥없이 그 자리를 떠났다.[21] (밑줄, 필자)

20) 稲田浩二 · 小澤俊夫 編(1983),『日本昔話通觀』第26卷, 同朋舍出版, p.263.

21) 佐喜眞興英(1922),『南島說話』, 鄉土研究社, p.13.

[사례6]은 법률가이자 민속학자인 사키마 고에이佐喜眞興英가 편찬한 『남도설화南島說話』(1922)에 수록된 사례이다.[22] 사키마의 『남도설화』에는 인간과 돼지의 교섭에 관한 민담이 3편 수록되어 있다.[23]

[사례6]은 돼지가 남자로 둔갑하여 여자들을 유혹하려고 한 대목을 제외하면 대체적으로 앞서 고찰한 사례들과 유사하다. 특히 [사례6]은 [사례1]의 유형과 [사례4]의 유형에서 확인할 수 있는 모티브를 혼합하여 조합해놓은 것 같은 서사구조로 이루어졌다. [사례1]과는 둔갑한 돼지가 가죽신을 신고 있었다는 점이 유사하며, [사례4]와는 냄새로 인해서 그 정체가 발각된다는 점이 유사하다. 돼지가 남자로 둔갑하는 사례를 하나 더 참고하기로 한다.

[사례7]

정체불명의 남자가 아름다운 처녀의 처소로 찾아왔다. 처녀는 옆집 노파에게 상의하였다. 노파는 "남자가 어떤 신발을 신고 있었느냐?"고 물었다. 처녀는 "가죽처럼 생겼다."라고 대답하였다. 노파는 "그 가죽신을 감춰두고 다음날 아침 변소를 뒤져보아라."라고 가르쳐주었다. 처녀가 다음날 아침에 그대로 따라했더니 가죽신은 돼지발톱으로 변해 있고, 변소에 가보았더니 커다란 돼지가 발톱이 빠진 채로 괴로워하고 있었다.[24] (밑줄, 필자)

---

22) 오키나와 기노완宜野湾 출신의 민속학자 사키마 고에이佐喜眞興英가 20여 년 동안 구술자를 찾아다니며 직접 채록한 설화 중에서 100편을 골라서 수록한 민담설화집이다. 여기 수록된 민담은 당시로서는 드물게, 각 민담의 채집지역 및 구술자를 정확하게 밝히고 있어서 자료적 가치가 높다.

23) 참고로 제14화 〈아사토安里 위쪽의 돼지〉의 전문을 소개하면 다음과 같다. 나머지 1편은 본문에서 [사례8]로 제시하였다.
옛날, 아사토安里 위쪽의 무덤 앞에서 몇 대에 걸쳐 오래 산 늙은 돼지와 어떤 사내가 교접한 적이 있었다고 전한다. 이 돼지는 인간과 함께 밤놀이도 함께 하였다고 한다.
佐喜眞興英(1922), 『南島說話』, 鄉土硏究社, p.14.

24) 稲田浩二・小澤俊夫 編(1983), 『日本昔話通觀』 第26卷, 同朋舍出版 p.264.

[사례7]은 앞서 살펴본 사례들과는 그 서사구조가 약간 다르다. 도입부의 "정체불명의 남자가 아름다운 처녀의 처소로 찾아왔다"라는 대목만을 읽으면, 얼핏 일본에서 널리 알려진 야래자夜來者 설화를 연상케 한다.[25] 그렇지만 일반적으로 널리 알려진 야래자설화와는 달리, 여자가 자신을 찾아온 남자가 신었던 가죽신을 감추어두었다가 후에 그것이 돼지발톱이었음을 확인하는 쪽으로 서사구조가 전개된다. 다시 말하자면 지금까지 보아온 오키나와의 돼지설화 유형에서 크게 벗어나지 않은 서사구조라는 것을 알 수 있다.

이제까지 오키나와에 전하는 인간과 돼지의 성적 교섭에 관한 7편의 설화를 살펴보았다. 이들 사례는 돼지의 정체가 드러나게 되는 모티브에 조금씩 차이가 보일 뿐으로, 대체적으로 유사한 서사구조로 이야기가 전개되었다. 첫째 돼지가 여자 혹은 남자로 둔갑하여 인간을 유혹하였지만 곧장 돼지의 정체가 탄로 나고야 만다. 그 때문인지 일본의 이류혼인담에서 흔히 볼 수 있는 이류 사이의 혼인 모티브를 찾아볼 수 없었다. 둘째 둔갑한 돼지의 정체가 확인되면 대부분 인간에 의해 살해된다. 마지막으로 이 두 가지 점에 대해서 검토하기로 한다.

먼저 돼지의 정체가 탄로 나서 인간과 돼지 사이에 이류혼인이 성립하지 않는 점에 대한 고찰이다. 이 점에 대해서는 본고의 2장에서 인용한 사쿠라이의 지적을 다시 참고할 필요가 있겠다.[26] 돼지는 닭, 개, 고양이 등과 마찬가지로 인간세계에서 인간과 생활을 함께 하며 일상적으로 늘 접촉하는 가축이다. 그 중에서도 오키나와의 돼지는 인간과 변소라는 공간을 공유할 정도로 친근한 존재이다. 따라서 돼지는 평소부터 인간에게 그 습성이 잘 알려져 있는 관계로, 인간 쪽에서 여자나 남자로 둔갑한 돼지의 정체를 파악하는 것이 그다지 어렵

25) 참고로 오키나와 설화집에서도 야래자 설화를 확인할 수 있다. 『遺老說傳』 제68화, 佐喜眞興英가 편찬한 『南島說話』(1922) 제9화가 이 유형의 설화이다.

26) 본고의 각주 11번 참조.

지 않다. 앞의 사례 중에서 인간으로 둔갑한 돼지가 이상한 냄새를 풍기거나 꿀꿀거리는 소리를 내어 정체가 드러나는 모티브가 이 점을 잘 말해주고 있다. 돼지의 정체가 발각된 이상 인간과 혼인을 맺는 것은 불가능하다. 말하자면 돼지는 산속에 거주하는 맹수 등과 비교할 때에 현저하게 민속적 신성神性이 결핍되어 있었던 것이다.

그렇다고 해서 오키나와의 돼지가 전적으로 신성이 결핍된 동물은 아니었다. 이 점에 대해서는 서론에서 언급한 오키나와의 돼지 관련 속신을 분석하면 분명해진다. "돼지우리에 침을 뱉어서는 안 된다.(돼지는 장님 신[盲神]이라 하므로 만약 침을 뱉으면 가난뱅이 신[貧乏神]이 되고 만다)", "돼지우리에서 놀래서는 안 된다.(반드시 혼령이 빠져나가 버린다)", "돼지우리에 떨어져서는 안 된다.(반드시 소인이 된다. 아니면 석녀 또는 석남이 된다)", "돼지우리에서 도깨비불妖怪火을 보거나 혼령을 보았을 때에는 소원을 빈다.(거기서 본 것은 전부 자신의 혼령이라고 여긴다)"[27] 등의 속신으로 미루어 볼 때에, 적어도 오키나와 사람들 사이에서 돼지가 일정 부분 영성을 띠고 있는 존재로 인식되었다는 사실을 알 수 있다. 예를 들면 다음 사례에서 돼지의 요괴적 영성을 확인할 수 있다.

[사례8]

기노완宜野灣 가네코我如古에 있는 길에 청년 모습을 한 요괴가 매일 밤 나타났다. 슈리首里에서 봉공奉公하던 관리가 밤늦게 그 길을 지나는데, 역시 청년 모습을 한 요괴가 서 있었다. 그는 기가 센 사람이었으므로 "나는 공무로 이렇게 밤늦게 다니는 것이다. 너는 대체 누구를 바보로 만들려고 이곳에 있는 것이냐, 이놈!"하며 침을 내뱉었다. 그러자 그 청년은 즉시 흰 돼지로 변하였다. 그래도 그는 태연하였다. "뭐야, 이놈"

27) 島袋源七(1974), 「山原の土俗」『日本民俗誌大系』第1卷, 角川書店, pp.365-370.

하며 이번에는 가지고 있던 횃불로 지졌다. 요괴 돼지는 곧바로 다시 청년으로 변하였다. 그리하여 둘은 격투를 시작하였다. 그 관리는 점차 집 쪽으로 물러섰다. 요괴는 계속 그의 뒤를 쫓아 왔다. …(중략)…새벽이 되었다. 이제 괜찮을 거라고 생각하여 그는 집으로 돌아가려 하였다. 할머니도 이제 곧 날이 밝을 테니 괴물도 돌아갔을 것이라고 말하였다. 그는 집 정문으로 들어가지 않고 담을 넘어서 몰래 집으로 들어갔다. 그런데 요괴는 이를 알아차린 듯 집요하게도 여전히 숨어서 기다리고 있었다. 그는 요괴에게 살해당하여 다음 날 아침에 차가운 시체로 발견되었다. 요괴는 이런 식이다. 요괴를 괴롭히면 때때로 이렇게 심한 일을 당하는 법이다.[28] (밑줄, 필자)

[사례8]은 청년으로 둔갑한 요괴가 매일 밤 출현하여 사람들을 괴롭혔는데 정체를 알고 보니 돼지였다는 이야기이다. 즉 [사례8]의 돼지는 남성으로 인식되었다. 여기서 우선 주목되는 것은 돼지의 정체가 드러나는 대목이다. [사례8]에 의하면, 슈리首里에서 봉공奉公하던 관리가 청년을 향해 소리를 지르며 침을 내뱉자, 청년이 흰 돼지로 변해서 정체를 드러냈다고 한다. 흥미롭게도 앞에서 언급한 돼지 관련 속신 중에는 "돼지우리에 침을 뱉어서는 안 된다."라는 속신이 있다. 침을 뱉어서는 안 되는 이유로는 "돼지는 장님 신[盲神]이라 하므로 만약 침을 뱉으면 가난뱅이 신[貧乏神]이 되고"말기 때문이라고 한다. 이 속신이 [사례8]에서 돼지에게 침을 뱉는 대목과 바로 문맥이 연결되지는 않지만, 적어도 양쪽 모두 돼지의 영성과 관련이 있다는 점만은 분명해 보인다.

[사례8]에 등장하는 돼지는 매우 집요하다. 자신의 정체를 간파한 관리를 새벽까지 기다리고 있다가 끝내 죽이고야 만다.

28) 佐喜眞興英(1922),『南島說話』, 鄉土研究社, pp.56-57.

다시 말하자면 원한을 품은 인간에게 끝내 위해를 가하는 위협적인 요괴인 셈이다. 이 점은 앞서 검토한 여러 사례에서, 정체가 발각된 돼지를 인간들이 죽이는 이유와 관련이 있겠다. 앞의 사례들에서 인간이 정체가 발각된 돼지를 죽였던 이유는, 무엇보다도 정체가 발각된 돼지가 인간들에게 위해를 가할 것을 두려워했기 때문으로 보아야 할 것이다.

이 점은 일본의 이류혼인담에서 보편적으로 확인할 수 있는 특성이기도 하다. 일본의 이류혼인담은 대개 등장동물이 자연 속에서 인간세계로 내방하여 인간과 무언가 관계를 맺는다. 그리고 최종적으로는 첫째 스스로 퇴거하거나, 둘째 인간에게 추방되어 자연 속으로 돌아가거나, 셋째 인간에게 살해당하는 세 유형으로 전개된다.[29] 말하자면 혼인의 단계를 거친 후에 퇴거, 추방, 살해라는 세 가지 방식으로 혼인이 파탄을 맞이하는 셈이다. 그런데 자연 속에서 인간세계를 방문하는 동물의 성별이 남성인가 여성인가에 따라서 혼인이 파탄에 이르는 세 가지 방식에도 차이가 있다. 이 점에 관해서 오자와 도시오는 다음과 같이 해석하였다.

> 일본의 이류혼인담에서 내방한 파트너가 여성일 경우에는 파트너가 스스로 퇴거하든지 추방당하든지 하여 이야기가 그대로 끝난다. 이는 이들 파트너가 인간세계에서 사라졌지만 자연 속 어딘가에 존재할 것이다. 그렇지만 이들은 여성이므로 위험시되지 않아 그대로 방치된다. 파트너가 남성일 경우에는 인간세계에서 사라졌다고 해서 그대로 방치해 둘 수 없다. 다시 내습할 위험이 있기 때문이다. 그래서 살해하고 이야기는 끝난다. 위험한 파트너는 이로 인해서 이제 이 세상에 존재하지 않게 된다.[30]

29) 小澤俊夫(1994), 『昔話のコスモロジ-』, 講談社, p.235.

30) 小澤俊夫(1994), 『昔話のコスモロジ-』, 講談社, pp.242-243.

오자와의 해석에 따르자면 이류혼인담에 등장하는 동물이 여성일 경우에는 향후 인간사회를 위협할 위험성이 낮아서 자연 속에 방치하지만, 등장동물이 남성일 경우에는 다시 위해를 가할 위험이 있기 때문에 살해하게 된다는 결론이다. 비록 [사례8]을 이류혼인담으로 간주할 수는 없지만 이 해석을 적용하기에 큰 무리는 없을 것으로 보인다. 돼지가 여자로 둔갑한 사례에서도, 정체가 발각된 돼지가 위해를 가할 것을 두려워하여 돼지를 살해하였다고 해석할 수 있겠다. 특히 그 중에서도 오랫동안 기른 돼지는 요괴적 영성을 발휘하여 인간에게 위해를 가할 염려가 있었기 때문에, 공통적으로 여러 사례에서 돼지를 오래 길러서는 안 된다고 충고를 하였던 것이다.

결론적으로 돼지는 인간과 일상적으로 늘 접촉하는 가축이었다는 점에서 설화적인 신성이 현저하게 떨어지는 존재였다. 그리고 오래 살도록 방치해두면 언젠가 요괴적 영성을 발휘하여 인간에게 위해를 가하는 위협적인 존재로 인식되고 있었다. 이 두 가지 점이 작용하여 오키나와 설화 속의 인간과 돼지는 이류혼인의 단계로까지 발전하지 못했다고 볼 수 있다.

4. 오키나와 돼지의 요괴적 성격

동서고금을 막론하고 동물이 설화에 주역으로 등장하여 활약하는 이른바 동물설화에는 다양한 동물들이 등장한다. 일본설화에도 다양한 동물들이 등장하는데, 이들 설화에 자주 등장하는 동물들은 인간사회와의 공간적 거리, 신성의 유무, 인간에 대한 위해성 등의 기준에 따라서 일정한 유형화가 가능하다. 돼지는 결코 일본의 동물설화에 빈번하게 등장하는 동물이 아니다. 그럼에도 오키나와에는 돼지가 둔갑하여 인간과 성적 교섭을 갖는 설화가 적지 않게 전해진다.

본고에서는 인간과 돼지의 교섭에 관한 오키나와 설화를 오키나와 문화에서 돼지가 차지하는 민속적 의미를 조명하는 데서 출발하여, 구체적인 사례 분석에 근거하여 그 양상을 고찰하였다. 본고에서 집중적으로 논의한 내용을 다음과 같이 정리할 수 있겠다.

첫째 오키나와의 돼지 관련 설화를 〈돼지사위 맞이하기〉와 〈돼지아내〉라는 이류혼인담의 유형으로 분류하여 고찰하는 기존의 연구방법이 그다지 중요한 의미가 없음을 지적하였다. 그보다는 왜 인간과 돼지 사이에 혼인관계가 성립하지 않는지 그 이유를 주목할 필요성을 강조하였다.

둘째 이 점에 관해서 인간과 동물의 이류혼인담의 특징에 대한 기존의 연구 성과를 참고로 하여 설명하고자 하였다. 이는 무엇보다도 인간과 생활을 같이 하는 가축으로서의 돼지의 일상적 측면이 작용한 결과이다. 그리고 이 점과도 관련이 있는 신성의 결핍이라는 측면 때문이다. 물론 수명이 오래된 돼지의 경우에 일정 부분 신성이 인정되지만, 그 신성이란 결코 인간세계에서 수용할 수 있는 공생적 성격의 신성이 아니었다. 그 신성은 인간에게 위협을 가하는 요괴적 영성에 불과하였다.

셋째 인간과 돼지의 성적 교섭에 관한 설화는 대부분 마지막에 돼지를 살해하는 것으로 결말이 난다. 그 이유에 관해서 요괴적 영성을 지닌 돼지의 위해성이라는 관점에서 해석하였다.

본고에서는 주로 설화의 서사구조 및 민속문화적 배경을 주목하는 방법으로 연구를 진행하였다. 이 때문에 본고에서 거론한 설화들이 언제 어디서 발생하여 전파하였는지를 밝히기 위한, 다시 말하자면 설화의 전파론적 관점에 의거한 비교연구를 병행할 필요가 있다. 본고에서 거론한 사례들은 지역적으로 오키나와에만 한정된 설화가 아니다. 중국에도 유사한 모티브 및 서사구조를 지닌 이야기가 전해지고 있다. 예를 들면 『수신기搜神記』 제18권에 유사한 이야기가 수록되어 있다. 오키나와는 역사적으로 일본 본토보다도 중국문화권에 가까운 지역이었다. 앞으로 문화사적 관점에서 중국의 사례를 포함한 비교연구가 필요하겠다.

■ 참고문헌

김용의(2001), 「한일 동물설화의 비교연구(1)」『일본어문학』 제10집, 한국일본어문학회

임동석 역주(2011), 『수신기』, 동서문화사,

赤嶺政信(1998), 『シマの見る夢』, ボーダーインク

稲田浩二・小沢俊夫 責任編集(1983), 『日本昔話通觀』第26巻, 同朋舍出版

稲田浩二・小澤俊夫 編(1983), 『日本昔話通觀』第26巻, 同朋舍出版

沖縄タイムス社 編(1983), 『沖縄大百科事典』下, 沖縄タイムス社

小澤俊夫(1994), 『昔話のコスモロジ-』, 講談社

佐喜眞興英(1922), 『南島說話』, 鄉土硏究社

櫻井徳太郎(1972), 「動物昔話の類型-人獣交渉史の視点-」『文学』40, 岩波書店

島袋源七(1974), 「山原の土俗」『日本民俗誌大系』, 角川書店

關敬吾(1978), 『日本昔話大成』2, 角川書店

高良勉(2005), 『沖縄生活誌』, 岩波書店

竹田晃 訳(1964), 『捜神記』, 平凡社

田畑千秋(1978),「『豚聟入』とその周辺」『沖縄文化研究』5, 法政大学沖縄文化研究所

田畑千秋(1995), 「美女に化ける豚」『昔話伝説研究の展開』, 三弥井書店

外間守善・波照間永吉 編, 『琉球國由來記』, 1997, 角川書店

柳田國男 監修(1948), 『日本昔話名彙』, 日本放送出版協會

柳田国男(1963), 「口承文藝史考」『定本柳田国男集』第六巻, 筑摩書房

渡邊欣雄(1993), 『世界のなかの沖縄文化』, 沖縄タイムス社

渡邊欣雄 他編(2008), 『沖縄民俗辭典』, 吉川弘文館

사키마 고에이의 『남도설화南島說話』에 나타난 인간과 동물의 교섭 양상

1. 『남도설화』의 설화적 특성

세계적으로 인류가 '애완동물' 이라는 말 대신에 '반려동물' 이라는 말을 사용하기 시작한 지도 벌써 30여년이 지났다.[1] 물론 이 말은 동물이 더 이상 인간의 장남감이 아닌 인간과 더불어 살아가는 소중한 존재라는 것을 강조하기 위해서 제안되었다.

생각해 보면 인류 역사에서 인간과 동물은 실로 다양한 관계를 맺으며 공생을 유지해 왔다. 이 점에 대해서 프랑스의 중세사 연구자인 로베르 드롤Robert Delort은 동물의 역사를 인간의 역사와 동물의 역사의 상호 관련성이라는 관점에서 크게 세 가지 유형으로 나누어 통시적 관점에서 고찰한 바가 있다.[2]

일본은 지금도 애니미즘에 가까운 민속신앙의 전통이 이어지고 있

1) '반려동물' 이라는 말은 1983년 10월에 오스트리아 빈에서 개최된 인간과 애완동물의 관계the human-pet relationship를 주제로 하는 국제 심포지엄에서 처음으로 그 사용이 제안되었다.

2) 그에 따르면 동물의 역사와 인간의 역사 사이에는 첫째 인간이 동물에게 포식을 당하는 희생자가 되는 관계, 둘째 동물이 인간에게 포식을 당하는 희생자가 되는 관계, 셋째 동물이 인간의 손에 길들여져 가축화家畜化되는 관계라는 세 가지 유형이 존재한다. ロベル·ドロル·桃木暁子訳(1998), 『動物の歴史』, みすず書房, p.81.

는 관계로 특히 인간과 동물의 관계가 중요한 의미를 지닌다. 전국 각지의 이나리 신사稲荷神社에서 신격화된 여우의 존재는 그 대표적인 사례에 속한다고 볼 수 있다. 따라서 일본의 역사를 인간과 동물의 관계라는 문화사적 관점에서 들여다보는 것은 중요한 의미를 지닌다. 이 점에 관해서는 많은 연구자들이 주목하였다. 예를 들면 근래의 연구성과로 나카무라 이쿠오中村生雄와 미우라 스케유키三浦佑之가 펴낸『인간과 동물의 일본사人と動物の日本史』(2009)를 꼽을 수 있겠다.[3)]

이처럼 인류 역사에서 인간과 동물은 실로 다양한 관계를 맺어왔는데, 그 같은 인간과 동물의 관계가 어떠하였는지를 잘 확인할 수 있는 장르가 바로 설화이다. 어느 나라 · 민족을 막론하고 설화 속에는 수많은 종류의 동물이 등장한다. 설화 속에 등장하는 이들 동물들은 혼인, 대립, 숭배, 퇴치 등 여러 형태로 인간과 관계를 맺는다. 설화 속에는 인간과 동물이 함께 등장하기도 하고, 동물만이 주인공으로 등장하기도 한다. 물론 어느 쪽을 막론하고 인간과 동물의 관계가 잘 나타나 있다.[4)] 예를 들어, 일본의 설화연구자들이 흔히 이류혼인담異類婚姻譚이라 부르는 설화에는 혼인을 매개로 하는 인간과 동물의 관계가 잘 드러나 있다.[5)]

본고에서는 오키나와의 구전설화집『남도설화南島説話』에 수록된 설화를 대상으로 하여 인간과 동물이 어떤 방식으로 교섭하고 공생해

---

3) 동물신앙, 불교의 동물관, 전몰군마제사, 동물과 관련한 속신, 동물의 생사 등 다양한 관점에서 접근하여 인간과 동물의 관계를 논구하였다. 中村生雄 · 三浦佑之編(2009),『人と動物の日本史』, 吉川弘文館, pp.1-257.

4) 김용의(2001),「한일 동물설화의 비교연구(1)」『일본어문학』제10집, 한국일본어문학회, p.80.

5) 오키나와 설화의 이류혼인담에 대해서는 다음 연구를 참조. 福田晃(1992),『南島説話の研究』, 法政大學出版局, pp.457-533. 三浦俊介(1996),「南島説話と本土」『民話の原景』, 世界思想社, pp.255-275. 전자는 〈뱀 사위〉 및 〈별 아내〉에 대한 분석이 행해졌으며, 후자는 〈용궁의 아내〉에 대한 분석이 이루어졌다.

왔는지를 고찰하고자 한다.[6] 『남도설화南島說話』는 오키나와 출신의 법률가이자 민속학자 사키마 고에이佐喜眞興英가 채록한 구전설화집이다. 『남도설화』에 채록된 설화들은 구전설화로서의 자료적 가치가 매우 높다.[7]

『남도설화』에는 총 100편의 설화가 수록되어 있다. 이들 설화는 각각 유형별로 분류되어 있다.[8] 전체 설화 중에서 특히 눈길을 끄는 것은 동물들이 주역으로 등장하는 동물설화이다.[9] 필자의 확인에 의하면 동물설화는 모두 47편이다. 『남도설화』에 수록된 설화의 거의 절반에 이르며, 양적으로 보더라도 절대적인 비중을 차지하는 셈이다.

---

6) 『남도설화』는 국내에서 『오키나와 구전설화』라는 제목으로 김용의가 번역하여 소개하였다. 이하 본고의 본문 인용은 이에 의거한다. 김용의(2015), 『오키나와 구전설화』, 전남대학교출판부, pp.1-197.

7) 『남도설화』는 사키마 고에이가 의도적으로 오키나와의 역사적 문헌인 『류큐국구기琉球國舊記』, 『구양球陽』, 『류큐국유래기琉球國由來記』 등에 수록된 설화와의 중복을 피하여 엄선하였다. 한국, 중국, 일본 본토 등에 전하는 설화와 유사한 서사구조나 모티브로 구성된 설화가 수록되어 있어서, 동아시아적 시야에서 설화를 비교 연구하는 데에 참고가 되는 설화집이다. 김용의(2014), 「사키마 고에이佐喜眞興英 『남도설화南島說話』의 성적性的 해학성」 『일본어문학』 제63집, 한국일본어문학회, pp.244-245. 채집자 사키마 고에이의 학문적 업적과 관련한 연구로는 다음의 논고를 참조. 稲福日出夫(2001), 「大正期の或る青年法曹の足跡-佐喜眞興英と穂積陳重の接点」 『同志社法学』 52巻 6号, 同志社大學, pp.252-306. 稲福日出夫(2007), 「佐喜眞興英はメイン(Henry S.Maine)をどう読んだのか：『女人政治考』へ寄せた中川善之助の書評を手がかりに」, 『沖縄法政研究』 第九号, 沖縄法政研究所, pp.159-196.

8) 사키마 고에이는 100편에 이르는 설화를 세상의 기원(8편), 신들의 혼인 전설(4편), 동물과의 교접 이야기(4편), 인간이 동물로 변한 이야기(4편), 동물에 관한 이야기(20편), 식물에 관한 이야기(12편), 요괴 이야기(12편), 신의 위력에 관한 이야기(5편), 걸출한 인물 이야기(8편), 오니鬼, 아귀, 도적 이야기(6편), 불가사의한 출세 이야기(4편), 정사情事에 관한 이야기(5편), 잡화(8편) 등으로 유형을 분류하여 수록하였다.

9) 여기서 말하는 동물설화란 원칙적으로 동물들만이 주역으로 등장하거나 동물과 인간이 함께 주역으로 등장하여 이야기가 전개되는 설화를 의미한다.

본고에서는 그 중에서도 사키마 고에이의 분류 기준에 의거하여, '신들의 혼인 전설' 및 '동물과의 교접 이야기' 유형에 속하는 동물설화, '인간이 동물로 변한 이야기' 유형에 속하는 동물설화, 그리고 '동물에 관한 이야기' 유형에 속하는 동물설화를 중심으로 고찰한다. 구체적으로 이들 설화에 반영된 인간과 동물의 성적 교섭, 동물의 인간으로의 변신, 허브의 민속적 상징성, 보은담 등을 중심으로 분석하고자 한다. 이들 설화가 다른 설화집에 수록된 설화와는 구분되는 『남도설화』의 설화적 특성을 이해하는 데에 중요한 의미를 지니기 때문이다.

2. '신들의 혼인 전설' 및 '동물과의 교접 이야기' 유형

『남도설화』 중에서 '신들의 혼인 전설' 및 '동물과의 교접 이야기' 유형은 인간과 동물 사이의 성적 교섭에 관한 내용을 전하는 설화이다. '신들의 혼인 전설' 유형에 4편, '동물과의 교접 이야기' 유형에 4편으로 총 8편이 이에 해당한다. [표1]은 필자가 8편의 설화를 설화제목, 등장동물, 주요 내용 등으로 나누어 정리한 결과이다.

[표1]에서 제9화부터 제12화까지에 등장하는 동물은 어느 쪽인가 하면, 단순히 생태계에 존재하는 현실세계의 동물이 아니라 일종의 신격 내지는 요괴적 성격을 지닌 성스러운 동물이다. 이 점은 사키마 고에이가 이들 4편의 설화를 '신들의 혼인 전설'이라는 이름을 붙여 별도의 유형으로 분류한 점을 통해서도 확인할 수 있다. 이 중에서 제9화 〈구렁이 전설〉은 한국 및 일본 본토에도 폭넓게 전승되는 설화이다.

제10화는 제9화의 일부가 독립적으로 떨어져 나온 성격의 설화이다. 처녀를 유혹하던 구렁이가 농부라는 원조자의 출현으로 인해 그 정체가 발각되어 구렁이의 유혹이 실패로 끝나는 내용이다.

[표1] 『남도설화』 중의 동물과 인간의 성적 교섭에 관한 설화

번호	설화 제목	등장동물	주요 내용	비고
제9화	구렁이 전설	구렁이	구렁이가 밤마다 처녀의 처소를 찾아오다.	
제10화	구렁이 전설	구렁이	구렁이가 처녀를 유혹하려다가 실패로 끝나다.	제9화의 실패담
제11화	개의 자손 전설	개	개의 자손들이 개 조상의 무덤을 참배	
제12화	가네코我如古의 고양이 전설	고양이	노인과 처녀로 둔갑한 고양이 사이의 혼인	
제13화	호색하는 돼지	돼지	돼지가 처녀를 유혹하려다가 실패로 끝나다.	
제14화	아사토安里 위쪽의 돼지	돼지	옛날에 늙은 돼지와 사내가 교접하다.	
제15화	말과 여자	말	말과 부인이 교접하다가 부인이 즉사하다.	
제16화	개와 여자 그리고 염소와 남자	개, 염소		제목만 수록

제13화 및 제14화는 매우 이색적인 설화이다. 왜냐하면 일본설화 중에서 돼지가 인간으로 변신하여 인간과 관계를 맺는 모티브를 확인할 수 있기 때문이다. 일본설화에서 변신한 돼지가 인간과 성적 교접을 갖는 이야기는 거의 찾아볼 수가 없다. 제15화의 경우에도 주목할 만한 설화이다. 제15화는 어느 여성이 말과 교접하다가 죽고 말았다는, 즉 인간 여성과 말 사이의 성적 교접에 관한 설화이다. 이들 제13화, 제14화 제15화의 설화가 갖는 오키나와 설화로서의 특성에 대해서는 일찍이 김용의가 주목한 바가 있다. 제13화, 제14화의 경우에

오키나와의 생활문화에서 돼지가 차지하는 민속적 비중을 조명하는 데서 출발하여, 이른바 이류혼인담이라는 범주 안에서 그 의미를 추구하였다.[10]

제15화의 경우에는 역사적으로 거슬러 올라가면 중국의 『수신기搜神記』에 비슷한 유형의 설화가 수록되어 있다.[11] 그리고 민속학자 야나기타 구니오柳田國男가 편찬한 『도노 모노가타리遠野物語』에 이와 유사한 설화가 수록되어 있다. 김용의는 제15화와 『도노 모노가타리』에 수록된 가택신 오시라사마オシラサマ의 유래에 관한 설화, 그리고 작가 이노우에 히사시井上ひさし가 『도노 모노가타리』에 수록된 설화를 바탕으로 패러디하여 재구성한 『신석 도노 모노가타리新釋遠野物語』(1976)에 수록된 관련 내용을 비교하며 그 특성을 검토하였다.[12] 따라서 본고에서는 제9화를 중심으로 고찰하기로 한다. 제9화의 전문을 그대로 인용하면 다음과 같다.

[사례1]

옛날 옛날에, 어느 곳에 한 처녀가 살았다. 붉은 수건을 두른 잘생긴 남자アカティーサージー가 밤마다 그녀의 처소로 찾아왔다. 이웃집 할머니가 이 남자의 정체를 알고 있었기 때문에 처녀에게 그 사실을 슬쩍 일러주었다. 할머니는 "너는 그 자를 진짜로 사람이라고 생각하느냐? 사람이라고 생각한다면 큰일 나지." 처녀는 걱정스러운 듯이 "어머, 할머니! 사람

10) 김용의(2014a), 「사키마 고에이佐喜眞興英 『남도설화南島說話』의 성적性的 해학성」 『일본어문학』 제63집, 한국일본어문학회, pp.254-256. 김용의(2014b), 「오키나와 설화에 전하는 인간과 돼지의 성적 교섭」 『비교일본학』 제32집, 한양대학교일본학국제비교연구소, p.77.

11) 국내에서 번역된 텍스트로는 다음을 참조. 임동석 역주(2011), 『수신기』, 동서문화사, p.1307. 일본에서 번역된 『搜神記』는 다음 텍스트를 참조. 竹田晃譯(1964), 『搜神記』, 平凡社, pp.266-268.

12) 김용의(2014a), 「사키마 고에이佐喜眞興英 『남도설화南島說話』의 성적性的 해학성」 『일본어문학』 제63집, 한국일본어문학회, pp.256-259.

이 아니라면 그럼 뭐예요?"라고 물었다. "네가 그리 생각한다면 그래 좋아. 이렇게 한 번 해 보거라. 실을 바늘에 꿰어서 그것을 그 사내 옷자락에 찔러두어 보아라. 그러면 이 할머니가 무슨 말을 하는지 알 수 있을 거야."라고 답하였다. 처녀는 그날 밤에 그대로 따라하였다. 다음 날 아침 처녀가 실을 따라 가보았더니 그 바늘이 돌담 구멍 속에 있는 구렁이[Dinodon Semi Carinatum Cope]에게 찔려 있었다. 처녀는 깜짝 놀라 할머니 집으로 가서 이 사실을 고하였다. 그리고 이어서 말하기를, "그런데 할머니, 저는 이제 어쩌면 좋을까요? 전 이미 뱃속에 그 자의 아이를 가졌답니다."라고 걱정하였다. 할머니는 "그래! 아무 걱정 말거라. 3월 3일 쑥떡[Futsimuchi]을 먹고 바다로 나가서 파도를 세 번 발로 차거라. 그리하면 쉽게 애가 떨어질거야."라고 친절하게 가르쳐 주었다. 처녀는 그 말대로 바다에 가서 파도를 세 번 걷어찼다. 그러자 신기하게도 일곱 마리의 구렁이 새끼가 연달아 태어났다. 류큐琉球의 소녀들이 3월 3일 바닷가에 가서 노는 풍습이 전하는 것은 이런 연유 때문이다.[13)]

[사례1]은 우선 그 서사구조가 한국의 『삼국유사』에 수록된 견훤의 출생과 관련한 설화, 일본의 『고사기古事記』에 나오는 미와야마三輪山 전설과 매우 유사한 점이 주목된다. 단지 이야기의 결말 부분이 다를 뿐이다. 구체적으로 비교하자면 『삼국유사』의 견훤 전설의 경우에는 지렁이라는 이류와 여성 사이에서 위대한 인물 견훤이 태어나며, 미와야마 전설의 경우에도 뱀이라는 이류와 여성 사이에서 신의 자손이 태어난 것으로 전해진다.[14)] 이에 비해서, [사례1]에서는 이웃집 할머니라는 조력자의 도움으로 일종의 주술적 행위를 한 결과, 자손이 태어나지 않고 일곱 마리의 구렁이 새끼가 태어나게 되었다.

[사례1]의 마지막 부분에 "류큐琉球의 소녀들이 3월 3일 바닷가에

13) 김용의(2015), 『오키나와 구전설화』, 전남대학교출판부, pp.32-33

14) 『삼국유사』 및 『고사기古事記』의 관련 설화는 각각 다음의 텍스트를 참조. 이가원 · 허경진 옮김(2006), 『삼국유사』, 한길사, pp.189-191. 노성환 역(2009), 『고사기』, 민속원, pp.164-165

가서 노는 풍습이 전하는 것은 이런 연유 때문이다."에 언급된 3월 3일이란 음력 3월 3일에 오키나와 본도를 중심으로 각지에서 행해지는 하마오리浜下り라는 연중행사를 가리킨다. 이 날이 되면 여성들이 맛있는 음식을 장만하여 해변으로 나가서, 바닷물에 손과 발을 담가 부정을 씻어내고 건강을 기원한다. 말하자면 [사례1]은 이 하마오리 연중행사의 유래를 설명하는 유래담과도 같은 형식으로 전해지고 있는 셈이다. 이 점이 [사례1]이 『삼국유사』에 수록된 견훤 설화 및 일본의 미와야마 전설과 다른 결정적인 차이이다.[15)]

3. '인간이 동물로 변한 이야기' 유형

이 유형에는 제17화 〈불 정월火正月 이야기〉, 제18화 〈가나스미야かなすみや 여자 이야기〉, 제19화 〈청개구리 이야기〉, 제20화 〈참새와 수달〉 등, 모두 4편의 설화가 해당한다. [표2]는 필자가 이들 4편의 설화를 설화 제목, 등장동물, 주요 내용 등으로 나누어 정리한 결과이다. 4편의 설화 모두가 인간이 동물로 변신한 설화이다. 제17화는 원숭이의 엉덩이가 빨간 이유를 설명하는 유래담 형식이다. 제18화 역시 원숭이의 손이 검은 이유를 설명하는 유래담 형식을 취하고 있다. 제19화는 불효자가 청개구리로 변신한 설화이다. 제20화도 제19화에 이어서 효도와 불효가 주제이다. 아버지의 임종을 앞두고 서둘러 달려온 효자는 참새가 되고, 치장을 하느라 임종을 지키지 못한 불효자는 수달이 되었다는 내용이다.

15) 문화사적 관점에서 중국에 전하는 유사한 설화를 포함시켜 구체적인 화소 분석에 의한 본격적인 비교연구가 필요할 것 같다. 이 점에 대해서는 다른 기회에 논하고자 한다.

[표2] 『남도설화』 중의 동물이 인간으로 변신한 설화

번호	설화 제목	등장동물	주요 내용	비고
第17화	불 정월火正月 이야기	개, 원숭이	욕심 많은 부잣집의 가족들이 동물로 변하다.	징벌적 성격
第18화	가나스미야かなすみや 여자 이야기	원숭이	남자를 죽게 만든 여자가 벌을 받아 원숭이로 변하다.	징벌적 성격
第19화	청개구리 이야기	개구리	아버지에게 불효를 한 아들이 청개구리로 변하다.	징벌적 성격
第20화	참새와 수달	참새, 수달	효자는 참새가 되고 불효자는 수달이 되다.	징벌적 성격

이들 4편의 설화가 주목을 끄는 것은 인간이 동물로 변하게 된 이유를 설명하고 있기 때문이다. 4편의 설화 모두가 잘못을 범한 인간이 징벌을 받는다는, 다시 말하자면 징벌적 차원에서 동물로 변신한다는 점이다. 설화연구자 나카무라 데이리中村禎里의 연구에 의하면, 일반적으로 일본의 설화는 서양의 설화와 비교할 때에 인간이 동물로 변신하는 경우보다도 동물이 인간으로 변신하는 경우가 압도적으로 많다고 한다. 특히 서양에서는 인간이 동물로 변신하는 것은 주로 인간의 소외태疎外態의 상징이지만 일본의 경우에는 소외태가 아닌 승화태昇華態를 의미하는 경우가 매우 많다는 것이다. 그는 그림 형제의 『그림동화집』과 야나기타 구니오 등이 편찬한 『일본석화기록日本昔話記錄』에 수록된 설화 중에서 변신 모티브가 포함된 이야기를 면밀하게 비교 분석한 결과 이 같은 결론을 도출하였다.[16)]

여기서 다시 『남도설화』에 수록된 동물이 인간으로 변신한 4편의 설화를 주목하기로 한다. 이들 4편의 변신담은 나카무라 데이리의 일본형과 서양형이라는 유형으로 파악하자면, 어느 쪽인가 하면 일본형보다도 서양형에 가까운 설화이다. 구체적인 사례를 검토하기로 한다.

16) 中村禎里, 『日本人の動物観』, BNP, pp.10-31. 초판은 같은 제목으로 1984년에 海鳴社에서 출판되었다.

[사례2]

…(전략)…이윽고 노인을 따라잡아 그 옷소매를 붙잡고, 바라건대 우리들도 이웃집 노부부처럼 젊어지게 해 달라며 억지로 부탁하였다. 노인은 "좋소, 알겠소."라며 지난 밤 거절당했던 부잣집으로 가서 대야에 물을 넣어 주며 "이걸로 목욕하면 되오."라고 일러주었다. 부잣집 일가 사람들은 이 목욕 한 번으로 옛날의 홍안으로 돌아간다고 생각하며 앞을 다투어 모두 한꺼번에 목욕을 하였다. 그러자 희한하게도 그들은 모두 동물로 변해 버렸다. 남편은 개로, 부인은 원숭이로, 그 외의 가족들도 모두 동물로 변하였다.…(후략)…[17] (밑줄, 필자)

[사례2]는 〈불 정월火正月 이야기〉에서 부잣집 일가의 가족들이 동물로 변하는 장면이다. 백발의 노인이 섣달 그믐날 밤에 부잣집을 찾아와 하룻밤 머물기를 청하지만 거절당한다. 그러자 옆집 가난한 부부가 노인에게 숙소를 제공한다. 그 덕분에 가난한 부부는 젊어질 수가 있었다. 이 말을 전해들은 부잣집 부부가 억지로 흉내를 내다가 벌을 받아서 남편은 개로 부인은 원숭이로 그리고 나머지 가족들도 모두 동물로 변하고 말았다는 설화이다. [사례2]에 등장하는 백발의 노인은 일본 민속에서 자주 거론되는 정월의 신 도시가미歲神가 변장한 모습이다. 그 도시가미가 대야에 담아준 물로 목욕을 하였더니 젊어졌다는 모티브는 일본설화에서 자주 등장하는 이른바 와카미즈若水와 관련이 있다. 도시가미의 존재를 모르고 홀대를 했던 노인 부부는 쓸데없이 욕심을 부리다가 동물이 되고 말았다. 다시 말하자면 징벌의 의미로 동물로 소외되고 말았던 것이다.

17) 김용의(2015), 『오키나와 구전설화』, 전남대학교출판부, pp.49-50.

[사례3]

어느 젊은 여자가 도회지로 실타래를 염색하러 갔다가 돌아오는 길에[Kana Sumiti mu ya], 난폭한 한 남자에게 무덤이 있는 데로 끌려가서 강간을 당하려는 순간이었다. 그런데 그 여자는 매우 기가 센 여자였으므로 응하는 척 하다가 남자의 양물을 비틀어서 죽게 만들었다. 그녀는 그 벌을 받아 즉시 원숭이로 변해 버렸다. 원숭이의 손이 검은 것은 가나 스미야かなすみや 여자의 손이 검었던 데에서 유래한다[염색집에서 물들이는 것만으로는 만족하지 못하고, 자신이 직접 쪽藍이 담긴 항아리 안에 실을 담그는 것이 고류큐古琉球 가나 스미야 여자의 특징이었다. 그래서 그 여자들이 실타래를 염색하고 돌아올 때에는 항상 손이 검었던 것이다].[18] (밑줄, 필자)

[사례3]은 〈가나스미야かなすみや 여자 이야기〉의 전문이다. 오키나와 방언으로 '가나'란 실타래라는 의미이다. 그리고 '스미야'는 염색하는 사람 혹은 그 집을 의미한다. 따라서 여기서 '가나 스미야'는 '실타래를 염색하는 여자'라는 의미이다. 그 여자가 염색을 하고 돌아오는 길에 강간을 당하게 되자 남자의 양물을 비틀어서 죽이고 만다. 그 여자는 벌을 받아서 원숭이로 변하였다는 내용이다. [사례3]에 등장하는 여자의 경우도 [사례2]의 경우와 마찬가지로 징벌의 의미로 인간에서 원숭이로 전락하고 말았던 것이다.

[사례4]

…(전략)…불효자의 아버지는 언제나처럼 사후의 일이 여러모로 걱정되었다. '내가 죽은 후에 좋은 곳에 묻어 달라고 하면, 놈은 저런 식이니까 틀림없이 좋지 않은 곳에 묻을 것이다. 그래, 좋지 않은 곳에 묻어 달라고 말해 두자. 그럼 반드시 좋은 곳에 묻어줄 것이다.'라고 생각하였다. 곧장 자식을 불러 "내가 죽으면 강기슭 가까이에 묻어 달라."라고 유언하였다. 이 말이 끝나자 죽었다. 불효자는 아버지의 죽음에 즈음하

18) 김용의(2015), 『오키나와 구전설화』, 전남대학교출판부, p.52.

여 깊이 반성하였다. 혼자서 생각하기를 '나는 아버지가 살아계실 때에 아버지의 말씀을 너무 따르지 않았다. 이래서는 안 된다. 앞으로라도 아버지의 말씀을 잘 따라야겠다.' 라고 결심하였다. 그래서 그는 유언대로 아버지를 강기슭 가까이에 묻었다. 이 때문에 그는 아버지가 살아계실 때에도 돌아가신 뒤에도 줄곧 불효를 하게 되었다. 그래서 그는 청개구리로 변하였다. …(후략)…[19] (밑줄, 필자)

[사례4]는 〈청개구리 이야기〉의 부분이다. 일본에서 〈청개구리의 불효雨蛙不孝〉라는 이름으로 널리 알려진 설화이다. 일본에서는 청개구리 대신에 소리개나 비둘기 등의 조류가 등장하기도 한다. 한국에도 유사한 이야기가 널리 알려져 있다. 물론 [사례4]에서 주목할 것은 앞의 [사례2] 및 [사례3]의 경우와 마찬가지로, 주인공이 아버지에게 불효를 한 벌로 청개구리가 되고 말았다는 대목이다.

4. '동물에 관한 이야기' 유형

다음의 [표3]은 『남도설화』에 '동물에 관한 이야기' 로 유형 분류된 총 20편의 설화를 제목, 등장동물, 주요 내용 등으로 나누어 정리한 결과이다. 본고의 제2장 및 제3장에서 고찰한 유형의 설화들이 특정한 모티브를 중심으로 하는 분류였다면, 이 유형에 속하는 설화들은 특정한 모티브 중심이 아니라, '동물에 관한 이야기' 라는 제목에서 알 수 있듯이 다양한 동물들이 등장하여 다채롭게 이야기를 전개해 간다.

총 20편에 달하는 '동물에 관한 이야기' 의 내용을 개별적으로 분석해 보면 몇 가지 두드러진 특징을 발견할 수가 있다.

---

19) 김용의(2015), 『오키나와 구전설화』, 전남대학교출판부, p.53

[표3] 『남도설화』 중의 '동물에 관한 이야기' 유형 동물설화

번호	설화 제목	등장동물	주요 내용	비고
제21화	모기의 전래	모기	류큐에 모기가 전해진 경위	유래담
제22화	독사 하브ハブ의 기원	하브	하브가 입으로 무는 이유	유래담
제23화	작은 고양이와 석가	고양이 쥐	고양이 몸집이 커진 이유	유래담
제24화	하브와 능구렁이와 먹구렁이 이야기	하브, 능구렁이, 먹구렁이	인간을 도와준 능구렁이	보은담 유래담
제25화	하브와 지네	하브, 지네	하브와 지네의 상극관계	
제26화	지네와 닭	지네, 닭	지네와 닭의 상극관계	유래담
제27화	닭과 용	지네, 닭, 용	용의 은인이 된 닭	유래담
제28화	아다니アダニ 나무 위의 하브	하브	하브의 은혜갚기, 하브를 부르거나 물리치는 주문	보은담
제29화	하브를 퇴치하는 주문을 잊어버린 이야기	하브	하브를 퇴치하는 주문	
제30화	신의 사자	하브	하브는 신의 사자	
제31화	하브의 변명	하브	사람을 공격하고 꼬리 끊기	유래담
제32화	천장의 노인	쥐	쥐를 가리키는 다른 말	유래담
제33화	샘을 발견한 개	개	개가 발견한 샘	보은담 유래담
제34화	삿토왕察度王의 백마	말	삿토왕이 타고 다닌 백마	유래담
제35화	노구니野國 명마	말	말고기를 금지한 사연	보은담 유래담
제36화	상어가 살려준 이야기	상어	은혜를 베푼 상어	보은담 유래담
제37화	거북이가 구해준 이야기	거북이	거북이의 보은	보은담 유래담
제38화	일하는 새	새	새의 은혜	보은담
제39화	볍씨를 전해준 학	학	학의 공로	보은담 유래담
제40화	효도하는 청개구리	청개구리	청개구리의 효도	제19화 대비

우선 다양한 동물 중에서도 하브ハブ에 얽힌 설화가 유난히 많다는 점이 두드러진다. 제22화, 제24화, 제25화, 제26화, 제27화, 제28화, 제29화, 제30화, 제31화 등이 이에 해당한다. 이들 설화에 등장하는 하브는 오키나와 현 및 가고시마 현鹿兒島縣의 아마미 제도에 서식하는 맹독성 독사이다. 세계적으로 다섯 손가락에 들 정도로 맹독을 지녔다고 한다. 맹독을 지닌 위협적인 동물임에도 오키나와의 설화에 빈번히 등장하여 인간과 여러 형태로 관계를 맺는다. 하브는 전통적으로 오키나와의 민속신앙에서 성지聖地를 더럽혔을 때나 신녀神女를 교체할 때에 신의神意를 전달하는 사자로 출현한다고 믿었다. 이 때문에 하브는 사람들에게 두려움의 대상이 되기도 하였다. 한편 민속신앙의 성지인 우타키御嶽에서 하브를 발견하면 좋은 일이 따른다는 속신이 전해지기도 한다.

오키나와에서 인간과 하브의 관계가 어느 정도로 긴밀했는지는 인간이 하브를 불러내고 물리치는 주문이 전해지고 있었다는 사실에서도 확인할 수 있다.

[사례5]

…(전략)…여자는 "아니, 네가 무서워서 견딜 수가 없다. 제발 이곳을 빨리 떠나주었으면 좋겠다."라고 말하였다. 하브는 "나도 더 이상 일이 없으니 지금 돌아가려 한다. 그러나 나는 앞으로도 당신의 은혜를 갚고 싶으니 만약 무슨 일이 생기면 나를 부르는 주문으로 불러 달라. 그런 다음 일이 끝나거든 다시 주문을 외워 돌아가게 하라."라고 말하고 그곳을 떠났다. 민간에 하브를 부르는 주문, 물리치는 주문이 전해지는 것은 여기서 유래한다고 한다. 이 주문에 대한 믿음은 현재도 여전히 남아 있다. 그러나 이른바 물리치는 주문은 여전히 많이 행해지고 있지만, 불러내는 주문은 만약 불러내서 물러가게 할 수 없으면 큰일이라는 생각 때문인지, 현재는 민간에 거의 전하지 않는다. …(후략)…[20] (밑줄, 필자)

20) 김용의(2015), 『오키나와 구전설화』, 전남대학교출판부, p.65. [사례5]의 마지막 부분

[사례5]는 제28화 〈아다니アダニ 나무 위의 하브〉의 한 장면이다. 어느 여자가 불에 타는 아다니 나무 위에서 꼼짝 못하는 하브를 구해주었다. 그러자 그 하브가 은혜를 갚는다고 나타나서 아이를 돌보자 여자가 무서우니까 사라지라고 요구하는 장면이다. 하브는 내가 필요하거든 언제든지 주문을 외워서 불러달라는 말을 남기고 사라진다. [사례5]는 도움을 받은 하브가 여자에게 은혜를 갚고자 하는 보은담 형식을 띠고 있는 한편으로, 일찍이 인간과 하브의 관계가 얼마나 긴밀했는가를 잘 전해주고 있다. 설화 속의 하브는 인간이 필요에 따라서 언제든지 불러내고 물리칠 수 있는 존재로 여겨졌다. 사키마 고에이는 이들 주문에 흥미를 느끼고 생전에 하브를 쫓는 주문을 수집하기도 하였다.[21)]

[사례6]

어느 혼자 사는 노인이 있었다. 하브를 불러내고 물리치는 주문을 곧잘 외우곤 하였다. 노인은 외출할 때에 항상 하브를 불러서 집을 지키게 하고 볼일이 끝나면 물리치는 주문을 외워서 하브를 돌려보냈다. 그는 술을 매우 좋아하여 집에 돌아오는 길에 언제나 취해 있었는데, 하브를 물리치는 주문을 외우는 일만큼은 결코 잊지 않았다. 그런데 어느 날, 노인은 평소보다 훨씬 더 술을 마시고 앞뒤 분간을 못할 정도로 취하였다. 집으로 돌아왔는지 아닌지 기억도 못할 정도여서 하브를 물리치는 주문 외우는 것도 잊고 그대로 잠들어 버렸다. 그날 밤 노인은 하브에게 물려죽었다.[22)] (밑줄, 필자)

에는 실제로 하브를 물리치는 데에 사용하였다는 주문이 소개되어 있다. 제25화 〈하브와 지네〉에도 하브를 물리칠 때에 외우는 주문이 소개되어 있다.

21) 이들 주문은 山里純一의 다음 논문에 정리되어 있다. 山里純一(1995), 「佐喜真興英収集のまじない資料をめぐって」, 『日本東洋文化論集』(1), 琉球大学法文学部, pp.275-312.

22) 김용의(2015), 『오키나와 구전설화』, 전남대학교출판부, p.68.

[사례6]은 〈하브를 퇴치하는 주문을 잊어버린 이야기〉의 전문이다. [사례6]에 의하면 하브는 인간이 이를 잘 다루고 활용하면 쓸모가 있는 고마운 존재이지만, 자칫 잘못 다루게 되면 목숨까지도 잃게 되는 위협적인 존재이다. 혼자 사는 노인은 술에 취한 탓에 하브와의 관계가 어그러져 목숨을 잃고야 만다.

다음으로 '동물에 관한 이야기' 유형으로 분류된 설화의 특징으로 인간과 동물 사이에는 은혜를 베풀고 그 은혜에 보답하는 보은담 형식의 설화가 두드러진다는 점을 꼽을 수 있다. [표3]에서 제24화, 제28화, 제33화, 제35화, 제36화, 제37화, 제38화, 제39화 등이 이에 해당한다.

[사례 7]

나고名護의 야부屋部에 한 뱃사공이 있었다. 어느 날 아이들이 바다거북 한 마리를 괴롭히고 있는 것을 보고, 이를 가엾게 여겨 바다거북을 사들였다. 그리고 남성용 비녀를 찔러 표시를 하고 거북을 바다에 풀어주었다. 그런데 그 후 3년이 지나 이 뱃사공이 타고 가던 배가 난파를 당하였다. 배에 탔던 사람들은 모두 익사하였지만, 그 뱃사공만은 바다거북이 구해주었다. 머리 부분을 보니 비녀가 찔려 있어서 자신이 전에 도와주었던 거북이라는 것을 알 수 있었다. 그 이후 야부에서는 지금도 거북이 고기를 먹지 않는다.[23]

[사례7]은 나고名護의 야부屋部라는 곳에서 어떤 이유로 거북이 고기를 먹지 않는지 그 유래를 전하는 설화이다. 뱃사공이 거북이의 목숨을 구해주자, 이번에는 그 거북이가 죽음에 처한 뱃사공을 구해 주었다. 이후 그 뱃사공의 고향에서는 거북이 고기를 먹지 않게 되었다. [표3]에 의하면 이밖에도 제24화에 능구렁이, 제33화에 개, 제35화에

23) 김용의(2015), 『오키나와 구전설화』, 전남대학교출판부, p.76.

말, 제36화에 상어, 제37화에 거북이, 제38화에 새, 제39화에 학이 등장하여 인간과 보은관계를 맺게 된다. 물론 이들 동물은 자연계에 서식하는 단순한 동물이 아니다. 이들 설화에 등장하는 동물들은 신격이 부여되어 신으로 모셔지거나 혹은 사람들이 그 고기를 먹지 않게 된다.

마지막 특징으로는 어떤 사물이나 관습의 기원 및 유래를 전하는 유래담 형식의 설화가 다수 전해지고 있다는 점을 꼽을 수 있겠다. 제21화, 제22화, 제23화, 제24화, 제26화, 제27화, 제31화, 제32화, 제33화, 제34화, 제35화, 제36화, 제37화, 제39화 등이 이 범주에 속한다.

[사례 8]

옛날, 어느 늙은 용의 귀에 지네가 들어가서 용을 매우 괴롭혔다. 용은 너무 괴로운 나머지 어쩔 방도가 없어서 사람으로 변신하여 의사의 치료를 청하였다. 의사는 곧바로 이를 알아차렸다. 의사가 말하기를 "너는 인간이 아니다. 무언가가 변신한 것이겠지. 정체를 밝혀라. 그러면 너의 요청도 들어 주마."라고 하였다. 용은 할 수 없이 정체를 밝히고 찾아온 이유를 말하였다. 의사는 가엾게 여겨 귀에 닭을 넣어서 지네를 제거하였다. 그 이후로 용은 닭을 은인으로 여기게 되었다. 바다에서 아무리 날씨가 거칠 때라도 닭에게는 결코 해를 끼치지 않았다. 얀바루센山原船[범선]의 돛 기둥에 닭 모양의 작은 깃발을 내거는 것은 여기서 연유한다.[24)]

[사례8]은 제27화 〈닭과 용〉의 전문이다. 인간이 용과 닭 사이의 보은관계를 잘 이용한 경우이다. 물론 여기 등장하는 용은 항해의 안전을 보장해주는 바다의 수호신과 같은 존재이다. 얀바루센山原船으로 교역을 하던 사람들이 배에 닭 모양의 작은 깃발을 내거는 유래를 전하는 내용이다. 설화에 등장하는 얀바루센은 오키나와 북부의 얀바

24) 김용의(2015), 『오키나와 구전설화』, 전남대학교출판부, p.64.

루 지역과 나하 등의 오키나와 중남부 지역을 왕래하던 교역선을 가리킨다. 얀바루에서 생산하는 신탄과 목재 등을 싣고 가서 나하의 소주나 곡물과 교역하였다.[25)]

마지막으로 '동물에 관한 이야기' 유형의 설화에 두드러진 특징과 관련해서 한 가지 더 주목할 점이 있다. 많은 설화에서 보은의 모티브와 사물 및 관습의 기원을 전하는 모티브, 다시 말하자면 보은담과 유래담이 중복된다는 점이다. [표3]에 제시한 바와 같이, 제24화, 제33화, 제35화, 제36화, 제37화, 제39화 등이 이에 해당한다.

5. 인간과 동물의 교섭 양상

오키나와 지역을 포함한 일본의 설화 연구에서 사키마 고에이가 편찬한 『남도설화』는 중요한 위치를 차지한다. 사키마 고에이가 나름대로 오키나와 민중들의 설화적 상상력이 잘 드러난 설화만을 엄선하여 수록하였기 때문이다. 따라서 우리는 이 설화집을 통해서 전근대 시대 오키나와 사람들의 자연관, 동물관, 생사관 등을 총체적으로 이해할 수 있다.

본고에서는 특히 오키나와 사람들의 동물관을 주목하였다. 사키마 고에이가 분류한 설화의 유형 중에서 '신들의 혼인 전설' 및 '동물과의 교접 이야기' 유형, '인간이 동물로 변한 이야기' 유형, 그리고 '동물에 관한 이야기' 유형에 속하는 동물설화를 대상으로 하여, 인간과 동물 사이에 오고간 교섭의 양상을 구체적으로 드러낼 수 있었다.

『남도설화』에 나타난 인간과 동물의 교섭 양상을 인간과 동물의 성

25) 얀바루는 오키나와 본도 북부 구니가미國頭 지역을 가리키며 산림자원이 풍부한 곳이다. 일찍이 오키나와에서는 낙후된 지역의 대명사로 불리기도 하였다.

적 교섭, 동물의 인간으로의 변신, 허브의 민속적 상징성, 동물의 보은, 동물과 관련된 사물의 유래 등으로 나누어 각각의 특징을 확인하였다. 본고에서 확인한 내용은 그 어느 것이고 설화 연구에서 소홀하게 다룰 수 없는 중요한 주제이자 주요 모티브이기도 하다. 뿐만 아니라 『남도설화』의 설화적 특성을 이해하는 데에 있어서 중요한 단서를 제공하기도 한다.

본고에서 확인한 결론에 의거하여, 향후 오키나와의 문헌설화 및 일본 본토의 설화와 비교하여 『남도설화』의 설화적 특징을 확인하는 연구를 이어가고자 한다.

■ 참고문헌

김용의(2001), 「한일 동물설화의 비교연구(1)」『일본어문학』 제10집, 한국일본어문학회

김용의(2014a), 「사키마 고에이佐喜眞興英『남도설화南島說話』의 성적性的 해학성」『일본어문학』 제63집, 한국일본어문학회

김용의(2014b), 「오키나와 설화에 전하는 인간과 돼지의 성적 교섭」『비교일본학』 제32집, 한양대학교일본학국제비교연구소

김용의(2015), 『오키나와 구전설화』, 전남대학교출판부

노성환 역(2009), 『고사기』, 민속원

이가원 · 허경진 옮김(2006), 『삼국유사』, 한길사

임동석 역주(2011), 『수신기』, 동서문화사

稲福日出夫(2001), 「大正期の或る青年法曹の足跡-佐喜眞興英と穂積陳重の接点」『同志社法学』 52巻 6号, 同志社大學

稲福日出夫(2007), 「佐喜眞興英はメイン(Henry S.Maine)をどう読んだのか」: 女人政

竹田晃譯(1964), 『搜神記』, 平凡社

中村生雄 · 三浦佑之編(2009), 『人と動物の日本史』, 吉川弘文館

中村禎里, 『日本人の動物観』, BNP

治考』へ寄せた中川善之助の書評を手がかりに」, 『沖縄法政研究』第九号, 沖縄法政研究所

福田晃(1992), 『南島説話の研究』, 法政大學出版局

三浦俊介(1996), 「南島説話と本土」『民話の原景』, 世界思想社

山里純一(1995), 「佐喜真興英収集のまじない資料をめぐって」, 『日本東洋文化論集』(1), 琉球大学法文学部

ロベル · ドロル · 桃木暁子訳(1998), 『動物の歴史』, みすず書房

오키나와 우의羽衣 설화의 왕권설화로서의 성격
– 야래자 설화와의 비교를 통해서–

1. 동아시아 설화 속의 오키나와 설화

여러 학문 분야에서 동아시아를 시야에 넣은 연구의 필요성이 제기되고 그 관심이 고조되면서 설화연구 분야에서도 동아시아를 지역적 범위로 하여 설화를 비교하고자 하는 연구 경향이 활발해졌다.[1] 그 과정에서 이제까지 한국에서 그다지 알려지지 않았던 오키나와 지역의 설화를 소개하거나 이를 주목한 연구가 점차 늘어나게 되었다.[2]

동아시아 설화에서 오키나와 설화가 차지하는 의미는 매우 크다. 오키나와 사람들이 즐겨 사용하는 '만국진량萬國津梁' 이라는 표현에 잘 담겨 있듯이, 오키나와는 역사적으로나 지리적으로 오랫동안 동

1) 예를 들면 동아시아설화학회의 활동과 성과를 들 수 있겠다. 이 학회에서는 한국, 중국, 일본의 설화 연구자들이 함께 참여하여 격년제로 학술대회를 개최하고 연구 성과를 공유하고 있다. 최근의 활동으로는 2014년 8월에 일본 오카야마시에서 「동아시아 민담의 가족東アジアの昔話における〈家族〉」이라는 주제로 학술대회를 개최하였다. 2016년 10월에는 중국 북경에서 「동아시아 민담의 이상탄생東アジアの昔話における〈異常誕生〉」이라는 주제로 학술대회를 개최하였다.

2) 예를 들면 김용의, 정진희에 의해 다음과 같은 오키나와 설화집이 한국어로 번역 소개되었다. 김용의 역(2010)『유로설전』, 전남대학교출판부, pp.1-345. 김용의 역(2015)『오키나와 구전설화』, 전남대학교출판부, pp.1-197. 정진희(2013)『오키나와 옛이야기』, 보고사, pp.1-257.

아시아 지역에서 '문명의 교차로' 역할을 담당하였다. 이와 같은 오키나와의 특수한 위상은 설화에도 해당한다고 볼 수 있다. 다시 말하자면 오키나와 설화는 설화의 생성 및 전파라는 관점에서 볼 때에 동아시아적 시야에서 설화를 연구하기 위한 좋은 자료 구실을 한다.

본고에서는 동아시아 설화의 비교연구라는 관점에서 오키나와의 〈야래자 설화夜來者說話〉[3]와 〈우의 설화羽衣說話〉[4]를 주목하고 비교하고자 한다. 특히 한국 및 일본 본토에 전해지는 〈야래자 설화〉와 비교하였을 때에, 오키나와의 설화에는 어떤 특징이 확인되며 그 특징이 의미하는 역사문화적 배경은 무엇인지를 설화의 서사구조 및 화소話素 분석에 의해서 밝히고자 한다.

결론을 먼저 밝힌다면, 오키나와의 〈야래자 설화〉와 〈우의 설화〉에는 각각 류큐琉球왕부 시대 왕권의 정통성 및 신성성과 연결되는 중요한 설화적 원리가 작동하고 있었다. 그런데 설화의 전승과정에서 〈야래자 설화〉보다는 〈우의 설화〉에 왕권의 정통성 및 신성성을 지탱하는 원리가 강화되면서, 〈야래자 설화〉는 차츰 왕권설화로서의 기능이 약화되었다고 볼 수 있다.[5]

3) 이 유형의 설화는 한국에서는 주로 〈견훤 설화〉라는 이름으로 많이 알려졌다. 일본에서는 〈夜來者說話〉〈三輪山傳說〉 등의 이름으로 많이 알려졌다. 본고에서는 연구의 편의상 이와 같은 유형의 설화를 통틀어서 〈야래자 설화〉라고 표기하기로 한다.

4) 한국에서는 이런 유형의 설화를 주로 〈선녀와 나무꾼〉 등의 이름으로 부른다. 일본에서는 주로 〈천상의 아내天人女房〉, 〈우의 설화羽衣說話〉라는 이름을 즐겨 사용한다. 본고에서는 연구의 편의상 이와 같은 유형의 설화를 통틀어서 〈우의 설화〉라고 표기하기로 한다.

5) 오키나와의 문헌 및 구전으로 전하는 〈우의 설화〉의 왕권설화적 성격에 대해서는 김용의가 논한 바가 있다. 김용의는 오키나와의 〈우의 설화〉가 정치적으로는 왕을 비롯한 신분이 고귀한 인물, 종교적으로는 제사를 주관하는 여성 사제의 모계혈통이 천상계와 연결되어 있으며, 이는 이들이 정치적으로나 종교적으로 우위에 설 수 있는 설화적 근거를 제공하였다고 해석하였다. 그런데 이와 같은 논지는 오키나와에 전하는 〈야래자 설화〉의 특징과 아울러서 고찰할 때에 더욱 분명해진다고 볼 수 있다. 본고는 김용의의 다음 논고를 더욱 발전시킨 연구이다. 김용의(2015), 「오키나와 우의羽衣설화의

한국 및 일본 본토에 전승되는 설화와 비교할 때에 오키나와의 〈야래자 설화〉와 〈우의 설화〉에서 확인되는 주요 특징은 바로 이 점과 밀접하게 관련이 있다. 이 점에 관해서 오키나와의 문헌설화 및 구전설화를 사례로 들어 검토하고자 한다.

2. 오키나와 〈야래자 설화〉의 서사적 특징

구전설화인가 문헌설화인가를 막론하고, 오키나와에 전하는 설화를 읽다보면 한국 및 일본 본토에 잘 알려진 설화와 화소 및 그 서사구조가 매우 유사한 설화를 흔히 발견할 수 있다. 문헌설화집 『유로설전』에 수록된 다음의 설화는 그 대표적인 사례 중의 하나에 속할 것이다.

[사례1]

…(전략)… 딸의 나이 15세 때에 뜻밖에도 요망한 뱀에게 홀려서 임신을 하게 되었다. 부모가 이를 보고 놀라서 "너는 아직 시집도 가지 않았는데 어찌 임신을 하게 되었느냐?"라고 놀라서 물었다. 딸이 그 어머니의 소매를 붙들고 말하기를 "실은 괴상한 일이 한 가지 있었습니다. 밤이 이슥하여 잠을 청하고자 누워있는데 침실에 향기가 가득하더니 한 소년이 희미한 모습으로 나타났습니다. 얼굴이 희고 눈이 수려하며 몸에 채의彩衣를 걸치고 손에는 주머니 하나를 들고 있었어요. 그러더니 그 소년이 몰래 규방을 침범하여 제 잠자리로 들어왔습니다. 그러자 정신이 혼미해지고 아무것도 생각할 수 없게 되더니 임신을 하고 말았습니다. …(중략)… 그리고 바늘에다 수천 장丈 정도 되는 실을 꿰어 딸에게 건네주며 "그 소년이 침실로 들어오기를 기다렸다가 머리에 바늘을 꽂아두어라."하고 몇 번이고 당부했다. 딸은 부모의 명을 받들고 물러났다. 그날 밤이 되자

유형과 특징」『일어일문학연구』 제92집, 한국일어일문학회, pp.133-149.

또 소년이 나타났다. 딸은 어머니가 일러준 대로 바늘을 소년의 머리에 꽂아두었다. 소년은 바늘을 꽂은 채로 사라졌다. 날이 밝자 즉시 부모가 딸을 데리고 그 실이 이어진 곳을 따라가 하리미즈에 이르게 되었다. 그러자 석굴 안에 구렁이大蛇 한 마리가 똬리를 틀고 있었다. 멀리서 보니 구렁이의 머리 위에 바늘이 꽂혀 있었다. …(중략)… 어느덧 세월이 흘러 10개월이 지나자 과연 꿈에 일러준 대로 세 여자아이가 태어났다. 모두 자질이 뛰어나고 용모가 범상치 않았다. 아이들의 나이가 세 살이 되자 어머니는 세 아이를 데리고 하리미즈로 갔다. …(중략)… 그런데 세 여자아이는 모두 조금도 두려워하는 기색이 없었다. 구렁이를 올라타고서 머리를 붙들거나 꼬리를 만지며 잠시도 떨어지려 하지 않았다. 그러자 구렁이가 혀로 아이들을 핥으며 서로 잘 어울렸다. 구렁이는 세 아이들을 데리고 우타키 안으로 들어가 사라져 수호신이 되었다. 구렁이는 마침내 구름을 일으키고 안개 속을 달리며 빛을 발하고서 하늘로 올라갔다. 이로 인해 사람들은 모두 이를 우타키로써 존신尊信하였다.[6] (밑줄 필자)

[사례1]은 오키나와 본도의 남쪽에 위치한 미야코지마宮古島의 하리미즈 우타키漲水御嶽의 기원에 관한 설화이다. 우타키御嶽란 오키나와 민속신앙에서 중요한 위치에 있는 성역으로,[7] 하리미즈 우타키는 그 중에서 널리 알려진 우타키 중의 하나이다.

젊은 여성의 처소에 드나드는 정체불명의 남성이 누구인가를 알아보기 위해서 그 남성의 머리에 바늘을 꽂아두고 그 바늘에 딸린 실을 따라가서 정체를 알 수 있었다. 알고 보니 그 정체불명의 남성은 구렁

6) 김용의 역(2010), 『유로설전』, 전남대학교출판부, pp.158-162.

7) 오키나와 우타키에 관한 국내 연구자의 논고로는 다음 연구를 참조. 表仁柱(2001), 「沖縄の御嶽と韓国南道地域の村落共同体信仰の比較考察」『韓国と沖縄の社会と文化』, 第一書房, pp.197-225. 김용의(2004), 「오키나와 다케토미지마竹富島 지역의 우타키御嶽 신앙」『일본어문학』 제20집, 한국일본어문학회, pp.211-228. 김용의(2010) 「『유로설전遺老說傳』 우타키御嶽 유래설화의 양상과 유형」『일본어문학』 45, 한국일본어문학회, pp.269-286.

이였다는 내용이다. 말하자면 [사례1]은 인간 여성과 구렁이 남성 사이의 혼인에 관한 일종의 이류혼인담異類婚姻譚으로 간주할 수 있겠다.

[사례1]을 일별하면, 한국의 『삼국유사』에 전하는 견훤 설화, 일본의 『고사기古事記』에 전하는 미와야마三輪山 설화와 그 서사구조가 매우 유사하다는 점을 쉽게 알 수 있다.

본고에서 동아시아 설화의 비교연구라는 관점에서 주목하고자 하는 점은 혼인의 결과 태어난 자식에 관해서 언급한 대목이다. [사례1]에는 이류혼인의 결과 어떤 자식이 태어났으며, 후에 그 자식이 어떤 인물이 되었는지에 대해서 전혀 전하고 있지 않다. 이 점에 관해서는 『유로설전』이라고 하는 문헌설화집에 수록된 설화뿐만이 아니라, 오키나와의 구전설화에서도 확인할 수 있다. 다시 말하자면 이 점은 오키나와의 〈야래자 설화〉에서 발견할 수 있는 일반적인 특징으로 간주할 수 있다. 다른 사례를 참고하기로 한다.

[사례2]

옛날 옛날에, 어느 곳에 한 처녀가 살았다. 붉은 수건을 두른 잘생긴 남자アカティーサージーー가 밤마다 그녀의 처소로 찾아왔다. 이웃집 할머니가 이 남자의 정체를 알고 있었기 때문에 처녀에게 그 사실을 슬쩍 일러주었다. 할머니는 "너는 그 자를 진짜로 사람이라고 생각하느냐? 사람이라고 생각한다면 큰일 나지." 처녀는 걱정스러운 듯이 "어머, 할머니! 사람이 아니라면 그럼 뭐예요?"라고 물었다. "네가 그리 생각한다면 그래 좋아. 이렇게 한 번 해 보거라. 실을 바늘에 꿰어서 그것을 그 사내 옷자락에 찔러두어 보아라. 그러면 이 할머니가 무슨 말을 하는지 알 수 있을 거야."라고 답하였다. 처녀는 그날 밤에 그대로 따라하였다. 다음 날 아침 처녀가 실을 따라 가보았더니 그 바늘이 돌담 구멍 속에 있는 구렁이[Dinodon Semi Carinatum Cope]에게 찔려 있었다. 처녀는 깜짝 놀라 할머니 집으로 가서 이 사실을 고하였다. 그리고 이어서 말하기를, "그런데 할머니, 저는 이제 어쩌면 좋을까요? 전 이미 뱃속에 그 자의 아이를 가졌답니다."라고 걱정하였다. 할머니는 "그래! 아무 걱정 말거라. 3월 3일 쑥

떡[Futsimuchi]을 먹고 바다로 나가서 파도를 세 번 발로 차거라. 그리하면 쉽게 애가 떨어질 거야."라고 친절하게 가르쳐 주었다. 처녀는 그 말대로 바다에 가서 파도를 세 번 걷어찼다. 그러자 신기하게도 일곱 마리의 구렁이 새끼가 연달아 태어났다. 류큐琉球의 소녀들이 3월 3일 바닷가에 가서 노는 풍습이 전하는 것은 이런 연유 때문이다.[8] (밑줄 필자)

[사례2]는 『오키나와 구전설화』에 〈구렁이 전설アカマタ傳說〉이라는 제목으로 수록되었다. 인간 여성과 구렁이 남성 사이의 이류혼인에 관한 내용이다.

그런데 [사례2]는 [사례1]과는 달리, 오키나와의 연중행사 중의 하나인 하마오리浜下りの의 기원을 설명하는 유래담 형식으로 전해진다. 하마오리란 음력 3월 3일에 오키나와 본도를 중심으로 각지에서 행해지는 연중행사이다. 이 날에는 여성들이 맛있는 음식을 장만하여 해변으로 나아가서, 바닷물에 손과 발을 담그면서 부정을 씻어내고 건강을 기원하는 의례이다.[9]

설화집의 편자 사키마 고에이佐喜眞興英는 [사례2]의 말미에 "미와三輪 신혼神婚 전설과 동일한 계통일 것이다."[10]라고 부연하고 있다. 여기서 말하는 미와三輪의 신혼神婚 전설이란, 말할 것도 없이 『고사기』에 수록된 미와야마三輪山 설화를 의미한다. 사키마 고에이가 부연한 것처럼, [사례2]는 미와야마 설화와 동일한 계통에 속하는 설화로 간주할 수 있다. 뿐만 아니라 『삼국유사』에 전하는 견훤 설화와도 동일

8) 김용의 역(2015), 『오키나와 구전설화』, 전남대학교출판부, pp.32-33.

9) 오키나와의 하마오리浜下り의 의례적 의미에 관해서는 다음 연구를 참조. 加藤正春(2000), 「厄払いの浜下り儀礼の考察 : 霊的来訪をめぐる奄美·沖縄の民俗観念」『沖縄文化研究』 26, pp.185-234.

10) 김용의 역(2015), 『오키나와 구전설화』, 전남대학교출판부, p.33. 佐喜眞興英는 법률가이자 민속연구자이다. 그의 행적 및 학문적 업적에 관해서는 『오키나와 구전설화』에 부록으로 수록된 이나후쿠 히데오의 해설 부분을 참조.

한 계통에 속하는 설화라는 사실을 알 수 있다.

오키나와의 [사례1]과 [사례2]가 미와야마 설화 및 견훤 설화와 결정적으로 다른 점이 있다면, 인간 여성과 구렁이 남성 사이에 태어난 자식에 관해서 아무런 언급도 없다는 사실이다. 이 점에 관해서 먼저 『고사기』의 미와야마 설화를 통해서 확인하기로 한다.

[사례3] 미와야마 설화

이 오호타타네코가 신의 자식임을 알 수 있는 것은 다음과 같은 연유가 있기 때문이다. 위에서 언급한 바 있는 이쿠타마요리비메活玉依毘賣는 그 용모가 단정하고 예뻤다. 그런데 그녀에게는 남자가 있었는데 그 모습 또한 당시 누구와도 비할 수 없는 만큼 훌륭했다. 한밤중에 홀연히 찾아와 서로 혼인을 하여 지내는 동안, 별로 시간이 흐르지 않았음에도 불구하고 그 미녀는 임신을 하게 되었다. 그녀의 부모들은 그녀가 임신한 사실을 알고 이상하게 여겨 딸에게 묻기를 "너는 분명히 아이를 가졌다. 남편도 없는데 어찌하여 임신을 하게 되었느냐?"라고 하였다. 여기에 그녀가 대답하기를 "수려하게 생긴 남자가 있는데 그 성도 이름도 모릅니다. 매일 밤마다 찾아와 서로 지내는 동안 어느덧 임신을 하고 말았습니다."라고 하였다. 이 말을 들은 부모는 그 남자의 정체를 알아내기 위해 딸에게 "황적색 점토를 마루 앞에다 뿌려놓고 실패에 감긴 실을 바늘에 꿰어 그 남자의 옷자락에 꽂아 놓아라!"라고 가르쳐 주었다. 그리하여 그녀는 부모가 시키는 대로 하였는데 다음날 아침 일어나 보니, 바늘에 꿰어 둔 실은 출입문의 열쇠구멍을 통해 빠져나갔음을 알고 실을 따라 가보니 미와산美和山의 신사에 이르러 그쳤다. 이러한 까닭으로 미루어 보면 오호타타네코가 신의 아들임을 알 수 있는 것이다. 실이 세 가닥 남았다는 것에서 그 곳의 이름을 미와美和라고 하였다. 이 오호타타네코는 미와노키미神君와 카모노키미鴨君의 선조이다.[11] (밑줄 필자)

11) 노성환 역(2009)『고사기』, 민속원, pp.164-165.

[사례3]은 오호타타네코意富多多泥古가 신의 자손이라는 사실을 입증하는 전설로 전해진다. 『고사기』에는 그가 오모노누시大物主大神 와 이쿠타마요리비메活玉依毘賣라는 두 신의 혈통을 계승한 자손으로 등장한다.[12] 말하자면 오모노누시 계열에 속하는 신의 자손들이 이 세계를 통치하는 것이 정당하다는, 이른바 왕권설화 계열에 속하는 설화이다. [사례3]은 야래자로 표상되는 신성한 존재와 인간 여성 사이에 이류혼인이라는 신혼神婚을 계기로 이 세상을 통치할 자손이 태어났음을 전하는 전형적인 왕권설화이다. 이와 같은 유형의 왕권설화는 세계적으로 확인할 수 있는 보편적인 현상이기도 하다.[13]

그런데 [사례2]를 보면, [사례3]과 전체적으로 매우 유사한 서사구조를 보이면서도, 설화 말미에는 "신기하게도 일곱 마리의 구렁이 새끼가 연달아 태어났다."라고만 전할 뿐이다. 다시 말하자면 이후 그 구렁이 자식들이 어떻게 되었는지에 대해서는 전혀 언급되어 있지 않다는 사실을 알 수 있다. 이 점은 [사례1]의 경우도 마찬가지이다. 여자의 처소에 드나들던 구렁이가 후에 하리미즈 우타키의 수호신이 되었다고만 전할 뿐으로, 이 구렁이와 여성 사이에 태어난 세 명의 여자아이에 대해서는 전혀 언급되어 있지 않다. 이는 오키나와의 〈야래자설화〉를 미와야마 설화와 비교할 때에 매우 특이한 점일 뿐 아니라, 한국의 견훤 설화와 비교할 때에도 매우 특이한 점이다. 한국의 사례를 확인하기로 한다.

12) 노성환 역(2009)『고사기』, 민속원, pp.162-163.

13) 노성환에 의하면 이와 같은 경향은 중국 송조 태조 조광윤의 출생담, 청 태조 누루하치의 출생담, 징기스칸의 선조 뼈단차얼의 출생담, 베트남 정왕조의 시조 정선황의 출생담에서도 확인할 수 있는 보편적인 화소라고 한다. 노성환 역(2009)『고사기』, 민속원, p.165.

[사례4] 견훤 설화

또 「고기」古記에는 이렇게 기록되었다. “옛날 광주光州 북촌에 한 부자가 살고 있었다. 그에게 딸 하나가 있었는데, 자태와 얼굴이 단정했다. (어느날) 딸이 아버지에게 말했다. ‘(밤마다) 자줏빛 옷을 입은 한 사내가 잠자리에 들어 정을 통하곤 한답니다.’ 아버지가 말했다. ‘네가 긴 실을 바늘에 꿰어 (사내의) 옷에다 꽂아 두어라.’ 딸이 그 말대로 했다. 날이 밝자 북쪽 담장 아래에서 실을 찾았는데, 바늘이 커다란 지렁이의 허리에 꽂혀 있었다. 뒤에 임신하고 한 사내아이를 낳았는데, 나이 열다섯에 스스로 견훤이라 칭하였다. 경복 원년 임자(892)에 ‘왕’이라 일컫고, 완산군에 도읍을 세워 43년을 다스렸다. 청태 원년 갑오(934)에 훤의 세 아들이 찬역하자 훤이 태조에게 투항했다. 아들 금강金剛이 즉위하지만, 천복 원년 병신(936)에 고려 군사와 일선군에서 맞싸워 백제가 패하고 나라가 망했다.”[14] (밑줄 필자)

[사례4]에 의하면, 견훤은 지렁이라는 이류 남성과 인간 여성 사이에 태어난 다시 말하자면 이류혼인의 결과로 태어난 존재이다. 오키나와의 [사례1] 및 [사례2], 그리고 『고사기』에 전하는 [사례3]과 비교할 때에 ‘지렁이’라는 미물의 자식으로 전하고 있다는 점이 다르다. 이 점은 선행연구에서 지적한 바와 같이, 견훤이라는 인물이 역사적으로 패배한 인물이었다는 점과 밀접한 관련이 있다.[15] 즉 견훤이 역사적으로 패배한 인물이었기 때문에 왕권을 지탱해 줄 신성을 상실하고 그의 아버지가 지렁이라는 미물로 전해졌던 것이다.

본고의 주제와 관련하여 지적하고 싶은 점은 이들 세 지역에 전하는 〈야래자 설화〉를 비교하였을 때에, 오키나와에 전하는 〈야래자 설화〉에서만 유독 이류혼인의 결과 태어난 자식에 관해서 구체적인 언

14) 이가원 · 허경진 옮김(2006), 『삼국유사』, 한길사, pp.190-191.

15) 예를 들면 이와 같은 논지의 연구로 다음 논문이 있다. 최흥렬(2005), 「夜來者 說話의 正體性과 變貌 樣相 : 甄萱 說話를 中心으로」『어문론집』 33, 중앙어문학회, pp.83-98.

급이 없다는 사실이다.

여기에는 설화의 전승과정에서 무언가 그 화소를 변개할만한 필연적인 원인이 작용하였을 것이다. 필자는 그 원인을 오키나와에 전하는 〈야래자 설화〉와 〈우의 설화〉와의 길항관계에서 찾고자 한다.

3. 오키나와 〈우의 설화〉의 왕권설화로서의 성격

오키나와에는 다양한 유형의 〈우의 설화〉가 전해지고 있다. 예를 들면 민담연구가 이나다 고지稲田浩二와 오자와 도시오小澤俊夫가 함께 편찬한 『일본민담통관日本昔話通觀』 제26권에 〈우의 설화〉가 〈천상의 아내天人女房〉라는 이름으로 모두 여섯 유형에 이르는 사례를 수록하였다. 이들 유형을 열거하면 [천상의 아내-천녀와 우의-승천형昇天型], [천상의 아내-천녀와 우의-별유래형星由來型], [천상의 아내-천녀와 우의-시조형始祖型], [천상의 아내-천녀와 우의-칠석전설형七夕伝説型], [천상의 아내-천인강하天人降下-별유래형], [천상의 아내-천인강하-승천형] 등이다.[16)]

본고에서 주목하고자 하는 오키나와 〈우의 설화〉의 유형은 『일본민담통관』에서 분류한 유형에 따르자면 세 번째 유형인 [천상의 아내-천녀와 우의-시조형](이하, [시조형]이라고 줄여서 표기한다)에 속한다. 이 [시조형]의 〈우의 설화〉는 일본 내에서도 오키나와에 집중하여 전승

16) 稲田浩二・小澤俊夫 編(1983), 『日本昔話通觀』 第26巻, 同朋舎出版, pp.81-101. 김용의는 이 여섯 유형 중에서도 〈천상의 아내天人女房-천인강하天人降下-별유래형星由來型〉과 〈천상의 아내天人女房-천인강하天人降下-승천형昇天型〉은 이야기 내용에 날개옷이 등장하는 경우와 그렇지 않은 경우가 섞여 있으므로 이 두 유형 중에서 날개옷이 등장하지 않는 경우까지도 〈우의 설화〉에 포함시킬지 여부에 관해서는 논란의 여지가 있을 수 있다고 지적하였다. 김용의(2015), 「오키나와 우의羽衣 설화의 유형과 특징」 『일어일문학연구』 제92집 2권, 한국일어일문학회, pp.136-137.

되고 있으며, 오키나와에 전해지는 여러 유형의 〈우의 설화〉 중에서 특히 왕권과 밀접하게 관련된 서사구조를 보여준다. 달리 말하자면 [시조형]은 오키나와 〈우의 설화〉에서 확인되는 두드러진 특징으로 볼 수 있다. 『일본민담통관』 제26권에는 [시조형]에 속하는 사례가 총 6편 소개되어 있는데 이들 사례를 중심으로 구체적으로 검토하기로 한다.

[사례5]

오키나와 어느 곳에 오쿠마 우후야奥間大親라고 하는 젊은이가 목욕하기 위해 소나무에 걸어둔 여자의 옷을 감추어 아내로 삼았다. 십년 동안에 두 명의 아이가 태어났다. 오쿠마가 없는 사이에 여덟 살 된 오쓰루お鶴가 아이를 업고 노래를 불렀다. 아내는 옷상자에서 옷을 꺼내 입고 천상으로 올라갔다. 이야기 후반에 숯구이장자炭焼長者 삽화가 있다. 이 아이는 훗날 삿토왕察度王이 되었다.[17] (밑줄 필자)

앞의 [사례5]는 짧게 요약되어 있지만 [시조형]에 속하는 전형적인 이야기이다. [사례5]의 서사구조는 전체적인 흐름으로 볼 때에 전반부와 후반부로 크게 나눌 수가 있겠다.

전반부는 천상의 여자와 지상의 남자가 일종의 이류혼인異類婚姻을 맺고 이들 사이에 자식까지 태어났으나, 아이의 노랫소리에서 날개옷이 있는 곳을 알게 된 여자가 그 날개옷을 입고 천상으로 돌아간다는 서사구조이다. 말하자면 우리가 알고 있는 전형적인 〈우의 설화〉에 속한다. 이 대목에서 이야기의 끝을 맺어도 결코 어색하지 않을 것이다. 만약 [사례5]가 여기에서 끝났으면, 앞서 소개한 『일본민담통관』의 유형 분류로 볼 때에 [천상의 아내–천녀와 우의–승천형昇天型]에 속한다. 그런데 [사례5] 말미에 "이야기 후반에 숯구이장자炭焼長者

17) 稲田浩二 · 小澤俊夫 編(1983), 『日本昔話通觀』 第26巻, 同朋舍出版, p.91. 이하 본고에서 인용하는 사례의 한국어 번역은 별도로 출전을 제시하는 경우를 제외하고 모두 필자의 졸역이다.

삽화가 있다. 이 아이는 훗날 삿토왕察度王이 된다."라는 대목이 있어서, 후반부에 별개의 이야기와 결합하여 이어진다는 사실을 확인할 수 있다. 이 점에 대해서『일본민담통관』에 수록된 다른 사례를 통해서 더욱 상세하게 확인하기로 한다.

[사례6]

오쿠마 우후야奧間大親라고 하는 농민이 하천에서 목욕을 하고 있던 여자의 날개옷을 감추었다. 여자를 데리고 가서 부부가 되었다. 여자는 남녀 두 명의 아이를 낳았다. 그 후에 누나가 남동생을 위해서 부르는 자장가로 인해 날개옷이 벼와 조가 들어 있는 창고 밑에 있다는 사실을 알게 되었다. 여자는 "평생토록 먹어도 다 먹을 수 없을 만큼 먹을 것을 남기고 간다." 라는 말을 하고서, 아이들을 남겨두고 천상으로 돌아갔다. 성장한 딸은 아지按司의 아내가 되었다. 아들은 가쓰렌勝連 아지의 딸이 청혼을 모두 거절한다는 소문을 듣고, 성으로 가서 "따님을 아내로 삼고 싶다."라고 말하였다. 아지 부부가 화를 내지만 옆방에서 듣고 있던 딸이 "저 사람의 아내가 되고 싶다." 라고 말한다. 아지는 하는 수 없이 승낙하고 두 사람은 결혼을 하였다. 딸이 남편 집으로 가서 보니 모두 황금으로 꾸며져 있어서 두 사람은 대부호가 되었다. 그 무렵 오키나와에는 아직 철이 없었으므로 남편은 황금과 당나라의 철을 교환하여 그 철로 쟁기, 낫, 헤라へら 등의 농기구를 만들어 농민들에게 나누어 주었다. 사람들은 '오쿠마 대장장이' 라고 부르며 남편을 따랐다. 왕에게 후사가 없어서 누구를 왕으로 세울 것인지 성에서 회합이 열렸을 때에, 아자토安里에 사는 히야比屋라고 하는 노인이 "물질을 베풀어주는 사람이 우리들의 왕이다. 다음 왕은 오쿠마님이다." 라고 말했으므로 모두가 찬성하였다. 오쿠마가 왕이 되어 삿토왕察度王이라고 부르게 되었다.[18] (밑줄 필자)

[사례6]은 [사례5]와 마찬가지로 [시조형]에 속하는 전형적인 이야기이다. [사례5]와 마찬가지로 오쿠마 우후야奧間大親라는 남자가 삿

18) 稻田浩二 · 小澤俊夫編(1983),『日本昔話通觀』第26卷, 同朋舍出版, p.91.

토왕察度王이 되기까지의 과정을 전하고 있다.[19]

[사례6]의 서사구조는 전반부와 후반부로 크게 나눌 수가 있다. 전반부는 천상의 여자와 지상의 남자 오쿠마 우후야奧間大親가 일종의 이류혼인을 맺고 이들 사이에 자식이 태어나게 되는 과정을 전하고 있다. 다시 말하자면 [사례6]의 경우도 전형적인 〈우의 설화〉에 속한다. 이 대목에서 이야기가 끝나더라도 전혀 문제가 없고 이야기의 전개가 자연스럽다. 그런데 일본 본토를 비롯한 한국, 중국 등에 전하는 일반적인 유형의 〈우의 설화〉와는 달리, [사례5]에는 이류혼인의 결과 태어난 아들의 출세과정을 매우 구체적으로 전하는 후반부가 별도로 추가되었다.

[사례6]의 후반부는 ①아들이 가쓰렌勝連 지방을 다스리는 아지按司의 딸과 파격적인 혼인을 하다 → ②황금의 가치를 알게 되어 부자가 되다 → ③농기구를 구입하여 농민들에게 도움을 주다 → ④농민들이 아들을 흠모하다 → ⑤아들을 왕으로 추대하게 되는 서사구조로 이야기가 전개된다. 이 서사구조는 천상의 여자와 지상의 남자 사이에 이루어진 이류혼인의 결과 태어난, 흔히 말하는 이상탄생異常誕生의 결과 태어난 비범한 인물이 왕으로 추대되기까지의 과정을 전하고 있다.

[사례6]의 후반부 서사구조는 [사례5]에서 구체적으로 적시하고 있듯이, 일본에서 〈숯구이 장자炭焼長者〉라고 부르는 설화에서 확인할 수 있는 전형적인 서사구조이다. 이 설화의 내용은 숯구이를 업으로 삼는 신분이 낮은 사람이 신분이 높은 사람의 딸과 혼인을 맺은 것을 계기로, 자신의 집 주위에 돌멩이처럼 굴러다니던 황금의 가치를 알

19) 오쿠마 우후야奧間大親와 삿토왕察度王의 관계에 관한 선행연구로는 다음 논문이 참고가 된다. 原田信之(2003)「奥間大親と察度王－琉球王朝始祖伝説をめぐって－」『伝承文化の展望－日本の民俗・古典・芸能』(福田晃監修), 三弥井書店, p.134.

게 되어 부자가 되었다는 줄거리이다.[20] 말하자면 [사례6]은 일반적으로 널리 알려진 〈우의 설화〉의 서사구조에 〈숯구이 장자〉의 서사구조가 더해져서 성립하였다. 오키나와의 〈우의 설화〉에 〈숯구이 장자〉의 서사구조가 부가된 이유는 명확하다. '삿토왕' 의 왕권이 성립하기까지의 설화적 정통성과 신성성을 강조하기 위해서, 다시 말하자면 왕권설화로서의 성격을 강화하는 과정에서 벌어진 현상이라고 보아야 한다.

삿토왕의 왕위 계승을 전하는 설화에서는 일차적으로 훗날 삿토왕으로 추대받게 되는 설화의 주인공이 천상의 여자와 지상의 남자 사이에 성사된 신비스러운 이류혼인의 결과 태어났다는 이상탄생의 모티브를 강조한다. 그런데 이 점만으로는 충분하지가 않았다. 왕권설화로서의 조건을 갖추기 위해서 이중의 설화적 장치가 필요하였다. 먼저 〈우의 설화〉를 통해서 삿토왕이 천상의 여자를 모계혈통으로 하여 태어난 신비스러운 존재라는 점을 부각시키고, 〈숯구이 장자〉 의 설화를 통해서는 유력한 집안의 여성의 도움, 왕위에 오르기까지 삿토왕의 비범한 재주 및 덕성을 강조하였다. 결론적으로 [사례6]은 이질적인 두 설화의 서사구조가 결합함으로써 삿토왕이 왕위에 오를 만큼 자질이 뛰어난 인물이란 점을 강조하고 있다.[21]

삿토왕은 역사적으로 실재했던 인물이다. 지금의 오키나와 지역에 류큐왕부琉球王府가 존재했던 시대의 기록에 따르면, 류큐 왕통은 크게 슌텐舜天 왕통, 에이소英祖 왕통, 삿토察度 왕통, 제일상씨第一尙氏 왕통, 제이상씨第二尙氏 왕통으로 이어졌다. 이 중에서 삿토 왕통은 초

20) 구체적인 내용에 관해서는 다음 설화집에 일본의 〈숯구이 장자〉에 관한 설화가 번역되어 있으므로 참고하기 바란다. 김용의 외 역(2002) 『일본의 민담』, 전남대학교출판부, pp.129-131.

21) 이 점에 관해서는 다음을 참조. 김용의(2015), 「오키나와 우의羽衣설화의 유형과 특징」 『일어일문학연구』 제92집 2권, 한국일어일문학회, pp.144-146.

대 삿토, 2대 부네武寧에 걸쳐 56년간 지속되었으나 후대에 제일상씨 왕통에 의해 왕통이 멸망하였다. 삿토 왕통의 시조인 삿토왕이 왕위에 오르기까지의 영웅적 행적 및 덕행에 관해서는 여러 역사적 문헌이나 설화를 통해서 전해지고 있다.[22] 본고에서 [사례5] 및 [사례6]을 통해서 확인한 바와 같이, 삿토왕의 영웅적 행적은 〈우의 설화〉라는 특정한 설화의 서사구조로 전해진다. 그런데 오키나와 〈우의 설화〉의 왕권설화로서의 성격은 반드시 삿토왕에만 한정되지는 않았던 듯하다. 다음 사례에서 이를 확인할 수 있다.

[사례7]

오쿠마 우후야奥間うふや라는 노인네가 메카루천金各刈川에서 목욕을 하고 있는 여자를 발견하고, 소나무 가지에 걸어두었던 날개옷을 가지고 집에 돌아가 창고 속 볏단 밑에 감춘다. 노인네는 다시 여자가 있는 곳으로 가서 여자를 데려와 아내로 삼는다. 두 사람 사이에 남녀 두 명의 아이가 태어난다. 장남은 열여섯 살 때에 오자토성大里城을 멸망시키고 다음으로 슈리성首里城을 멸망시켜 산잔三山을 통일하여 순텐왕舜天王이 된다.[23] (밑줄 필자)

[사례7]은 앞서 검토한 [사례5] 및 [사례6]과 마찬가지로 [시조형]에 속하는 〈우의 설화〉이다. 이야기의 서사구조 역시 크게 전반부와 후반부로 나눌 수가 있다. 전반부는 여느 시조형에 속하는 〈우의 설화〉처럼 천상의 여자와 지상의 남자 오쿠마 우후야奥間うふや가 이류혼인

22) 김용의는『中山世鑑』이나『中山世譜』와 같은 오키나와의 문헌기록 및 구전설화에 전해지는 삿토왕 설화를 〈우의 설화〉의 왕권적 성격이라는 관점에서 검토하였다. 따라서 본고에서는 중복을 피하기 위해서 문헌기록에 관한 검토는 생략하기로 한다. 이 점에 관해서는 다음을 참조. 김용의(2015),「오키나와 우의羽衣 설화의 유형과 특성」『일어일문학연구』제92집, 한국일어일문학회, pp.142-147.

23) 稲田浩二・小澤俊夫編(1983),『日本昔話通觀』第26巻, 同朋舎出版, p.92.

을 맺고 이들 사이에 자식이 태어나는 이야기를 전하고 있다.

[사례7]이 [사례5] 및 [사례6]과 다른 점은 이들 사이에 태어난 아들이 누구였는가를 전하는 대목이다. 즉 [사례5] 및 [사례6]에서는 〈우의 설화〉가 삿토왕이 왕위에 오르기까지의 영웅적 행적을 전하는 이야기로 동원되었는데, [사례7]에서는 그 영웅적 인물이 삿토왕 대신에 슌텐왕舜天王으로 설정되었다. 슌텐왕은 『중산세감中山世鑑』이나 『중산세보中山世譜』 등의 오키나와 역사서에 따르면 슌텐 왕통을 처음 열었다고 알려진 인물이다.[24] 말하자면 역대 류큐왕조에서 삿토왕에 버금가는 위상을 지닌 왕인 셈이다. 결론적으로 [사례7]에 등장하는 슌텐왕을 통해서 오키나와의 [시조형]에 속하는 〈우의 설화〉의 왕권설화로서의 성격이 반드시 삿토왕에만 한정되지는 않는다는 사실을 알 수 있다. 다시 말하자면 오키나와의 [시조형]에 속하는 〈우의 설화〉의 왕권설화로서의 보편성을 확인한 셈이다. 다음 사례에서도 이 점을 확인할 수 있다.

[사례8]

메카루시銘苅子가 연못에서 목욕을 하고 있는 여자의 옷을 감추어, 천상으로 돌아가지 못해 곤란해 하는 여자를 데리고 가서 부부가 되었다. 어느 날 여자는 옷을 찾아서 천상으로 돌아갔다. 메카루시는 갓친성カッチン城 에서 사위 고르기를 한다는 소문을 듣고 성으로 갔지만 남루한 옷차림이어서 문지기에게 쫓겨났다. 메카루시가 들어가게 해달라고 문지기와 다투고 있으려니 성주가 그 까닭을 듣고서 "너처럼 초라한 녀석에게 딸을 줄 수는 없다."라고 말하였다. 옆방에서 딸이 엿보았더니 메카루시에게 후광後光 이 내비쳤다. 딸은 아버지에게 "이 사람의 아내가 되게 해 달라."라고 청하였다. 아버지는 허락하지 않

24) 『中山世鑑』 및 『中山世譜』는 한문으로 되어 있으나 다음과 같이 일본어로 번역된 텍스트가 있어서 쉽게 참고할 수 있다. 諸見友重 譯注(2011), 『中山世鑑』, 榕樹書林, pp.1-232. 原田禹雄 譯注(1998), 『蔡鐸本 中山世譜』, 榕樹書林, pp.1-217.

고 딸을 집에서 내쫓았다. 집을 나갈 때에 어머니가 딸에게 쌀과 황금을 넣은 자루를 건네주었다. 메카루시는 자루가 무거워서 들어다 보았더니 돌이 들어있으므로 내버리려고 한다. 딸이 "그것은 황금이라는 것으로 버려서는 안돼요."하고 말렸다. 메카루시는 "우리 집 주위는 모두 이 돌로 이루어졌다."라고 말하였다. 딸은 믿기지 않았지만 둘이서 자루를 짊어지고 갔다. 남자는 나중에 왕이 되었다.[25] (밑줄 필자)

[사례8]의 경우에도 전반부의 서사구조는 전형적인 〈우의 설화〉의 서사구조이며, 후반부는 〈숯구이 장자〉 형식의 서사구조이다. 그렇지만 [사례8]은 본고에서 지금까지 고찰한 [사례5]와 [사례6] 그리고 [사례7]과는 약간 성격이 다르다. 우선 이야기 속의 등장인물이 오쿠마 우휴야가 아닌 메카루시銘苅子로 되어 있다.[26] 이야기 말미에 특정한 왕과 연결하지 않고 그저 "남자는 나중에 왕이 되었다."라고만 언급하였다. 본고의 논지와 관련해서는 이 점을 주목할 필요가 있겠다. 앞서 고찰한 [사례5]와 [사례6]은 삿토왕이 왕위에 오르기까지의 과정, 그리고 [사례7]은 슌텐왕이 왕위에 오르기까지의 과정을 전하는 설화로 구전되었다. 그런데 [사례8]은 어느 특정한 왕에 대해서는 언급하지 않고 그저 설화의 주인공이 왕이 되었다고만 전하고 있다. 이 점은 오키나와의 [시조형]에 속하는 〈우의 설화〉가 얼마나 왕권설화로서의 보편성을 지니고 있는가를 말해준다고 볼 수 있다.

앞서 거론한 오키나와의 역사서『중산세감』이나『중산세보』등의 문헌기록에 따르면 [시조형]에 속하는 〈우의 설화〉는 삿토왕이 왕위에 오르기까지의 과정과 밀접한 관련이 있다는 점을 부인할 수는 없다. 문헌기록은 물론이고 구전설화에서도 삿토왕이 집중적으로 등장

25) 稲田浩二 · 小澤俊夫編(1983),『日本昔話通觀』第26巻, 同朋舍出版, pp.91-92.

26) 참고로 메카루시는 오키나와에서 구미오도리組踊라 부르는 전통예능의 연희종목으로 유명하다.

하기 때문이다. 그렇지만 오키나와에 전하는 [시조형]의 〈우의 설화〉는 그 전승과정에서 얼마든지 삿토왕 이외의 영웅적 인물로 치환될 수 있는 서사구조를 지니고 있다. 말하자면 왕권설화로서의 보편적 성격을 띠고 있다. 그 때문에 [사례7]에서는 삿토왕이 아닌 슌텐왕에 관한 설화로 전해질 수 있었던 것이다.

4. 〈야래자 설화〉와 〈우의 설화〉의 길항관계

본고는 동아시아 설화의 비교연구라는 관점에서 한국, 일본, 오키나와에 전해지는 〈야래자 설화〉와 〈우의 설화〉를 비교하는 과정에서 이들 설화에서 발견되는 특징 사이에 밀접한 관련성이 있다는 전제에서 출발하였다.

한국 및 일본 본토에 전해지는 〈야래자 설화〉의 경우에는 이류 남성과 인간 여성 사이에 맺어진 이류혼인으로 인해 영웅적 인물이 탄생한다는 이른바 이상탄생 모티브가 분명하게 확인된다. 이 점은 이들 사이에 태어난 영웅적 인물이 왕위에 오를 수 있는 설화적 정통성 및 신성성을 제공하였다. 다시 말하자면 왕권설화라는 성격을 지니고 있다. 이에 비해서 오키나와에 전하는 〈야래자 설화〉만이 왕권설화로서의 기능이 확인되지 않았다.

한편 오키나와의 〈우의 설화〉 특히 그 중에서도 [시조형]에 속하는 〈우의 설화〉의 경우에, 천상의 여자와 지상의 남자 사이에 맺어진 이류혼인의 결과 태어난 자식이 왕위에 오른다는 왕권설화로서의 기능이 현저하였다. 이는 오키나와의 [시조형] 〈우의 설화〉에서 찾아볼 수 있는 보편적인 서사구조이기도 하다. 오키나와의 문헌기록 및 구전설화에 자주 등장하는 삿토왕 관련 사례는 그 대표적인 경우이다.

본고에서는 오키나와의 〈야래자 설화〉와 〈우의 설화〉를 함께 고찰함으로써 오키나와의 〈야래자 설화〉에서 발견할 수 없는 왕권설화적 특성, 바꾸어 말하자면 오키나와의 〈우의 설화〉에서 발견할 수 있는 왕권설화적 특성이 두 설화의 길항관계에서 비롯되었다는 결론을 도출하였다. 말하자면 양쪽 설화가 전승되는 과정에서 〈야래자 설화〉는 왕권설화로서의 기능이 약화되었으며, 반대로 〈우의 설화〉 쪽은 왕권설화로서의 기능이 강화되었다고 볼 수 있다.

앞으로 남은 과제 중의 하나는 어떤 문화적 혹은 사회적 이유에서 전자 쪽은 왕권적 요소가 결락되고 후자 쪽은 왕권적 요소가 강화되었는가 하는 점을 밝히는 것이다. 이 점은 동아시아 설화 속에서 차지하는 오키나와 설화의 사회문화적 풍토성을 확인하는 작업과 직결된다고 말할 수 있다. 이는 역사적으로 오키나와문화는 부계혈통과 모계혈통 중에서 어느 쪽이 우위에 있었는지, 그 변천과정과 연관성이 있는 듯하다. 향후 전자를 부계혈통이 반영된 설화, 후자를 모계혈통이 반영된 설화라는 관점에서 검토하는 연구를 이어가고자 한다.

■ 참고문헌

김용의 외 역(2002)『일본의 민담』, 전남대학교출판부

김용의(2004), 「오키나와 다케토미지마竹富島 지역의 우타키御嶽 신앙」『일본어문학』 제20집, 한국일본어문학회

김용의 역(2010)『유로설전』, 전남대학교출판부

김용의(2010)「『유로설전遺老說傳』 우타키御嶽 유래설화의 양상과 유형」『일본어문학』45, 한국일본어문학회

김용의 역(2015)『오키나와 구전설화』, 전남대학교출판부

김용의(2015), 「오키나와 우의羽衣설화의 유형과 특징」『일어일문학연구』 제92집, 한국일어일문학회

노성환 역(2009)『고사기』, 민속원

이가원 · 허경진 옮김(2006)『삼국유사』, 한길사

정진희(2013)『오키나와 옛이야기』, 보고사

최흥렬(2005), 「夜來者說話의 正體性과 變貌樣相 : 甄萱 說話를 中心 으로」『어문론집』 33, 중앙어문학회

表仁柱(2001)「沖縄の御嶽と韓国南道地域の村落共同体信仰の比較考察」『韓国と沖縄の社会と文化』第一書房

稲田浩二 · 小澤俊夫 編(1983), 『日本昔話通觀』第26巻, 同朋舎出版

加藤正春(2000),「厄払いの浜下り儀礼の考察 : 霊的来訪をめぐる奄美 · 沖縄の民俗観念」『沖縄文化研究』26, 法政大學沖縄文化研究所

球陽研究會 編(1974)『球陽』, 角川書店

原田禹雄 譯注(1998)『蔡鐸本 中山世譜』, 榕樹書林

原田信之(2003)「奥間大親と察度王-琉球王朝始祖伝説をめぐって-」『伝承文化の展望ー日本の民俗 · 古典 · 芸能』(福田晃監修), 三弥井書店

諸見友重 譯注(2011)『中山世鑑』, 榕樹書林

『유로설전遺老說傳』에 나타난 오키나와인의 용궁세계

1. 오키나와인의 이향관異鄕觀

오키나와에는 역사적으로 일본 본토와는 매우 이질적인 민속문화가 전해지고 있다. 특히 민속문화에서 중요한 위치에 있는 민속종교 및 민간설화의 경우에 일본 본토와는 이질적인 요소가 많다. 이 점에 관하여 확인할 수 있는 것이 오키나와어로 니라이카나이ニライカナイ라 부르는 이향세계에 관한 관념이다. 이 니라이카나이 관념은 오키나와의 민속종교 및 민간설화 속에서 중심적인 위치를 차지하며 오키나와인들의 삶 속에 깊숙이 뿌리내리고 있다. 니라이카나이란 바다 건너편 혹은 바다 밑에 존재한다는, 인간세계와는 다른 별세계로 오키나와문화에서 매우 중층적인 의미를 지니고 있다. 즉 사람이 죽어서 건너가는 유토피아적 사후세계이기도 하고, 인간세계에 내왕하는 신들이 거처하는 신들의 세계이기도 하다.

이 니라이카나이라는 이향세계를 구체적으로 확인할 수 있는 문헌자료 중의 하나로 오키나와의 대표적인 문헌설화집인 『유로설전遺老說傳』[1]을 꼽을 수 있다. 『유로설전』은 오키나와의 왕부王府 시대에 편

1) 원본은 한문으로 되어 있으며 일본어 문어체読み下し로 번역한 텍스트로 島袋盛敏 번역과 嘉手納宗德의 번역이 있다. 국내에서는 김헌선이 한국어로 번역하여 소개하였다.

찬된 설화집으로, 편년체로 기술된 오키나와의 정사正史인 『구양球陽』의 외권外卷으로 편집되었다.[2] 편자는 『구양球陽』의 편자인 정병철鄭秉哲·채굉모蔡宏謨·양황梁煌·모여포毛如苞 등 4인이다. 정권正卷 3권과 부권付卷 1권으로 구성되었으며 모두 141편에 이르는 설화가 수록되어 있다.[3] 수록된 설화의 지역적 분포를 보면 오키나와 본도의 나하那覇에서 야에야마 제도八重山諸島에 이르기까지 오키나와 전역에 걸쳐 골고루 분포되어 있다.[4]

그런데 『유로설전』에 수록된 모두 141편에 이르는 설화 중에는 옛날부터 오키나와인들이 용궁의 존재를 믿고 있었음을 확인할 수 있는 설화가 모두 7편이 수록되어 있다. 그 중에서 제25화, 제26화에 용궁신에 관해서 언급하고 있다. 그리고 제60화, 제62화, 제72화, 제101

그런데 김헌선(2008)의 번역은 역주가 없어서 본문 이해가 쉽지 않을 뿐만 아니라 본문 번역에 있어서도 오역이 두드러진다. 본고에서는 『유로설전遺老說傳』의 본문을 필자가 번역하여 인용하였다. 이하 본문 인용은 필자의 졸역이다. 島袋盛敏 譯(1935), 『球陽外卷 遺老說傳』, 學藝社. 嘉手納宗德 編譯(1978), 『球陽外卷 遺老說傳』, 角川書店. 김헌선(2008), 『류큐설화집 유로설전』, 보고사.

2) 『유로설전』의 성립과정에 대해서는 島袋盛敏 譯(1935) 및 嘉手納宗德 編譯(1978)을 참조. 그리고 개략적인 내용분석에 대해서는 다음을 참조. 永藤靖(2000), 「『遺老說傳』の世界」『琉球神話と古代ヤマト文学』, 三彌井書店, pp.27-31.

3) 수록된 전체 설화의 수에 관해서는 약간의 차이가 있다. 島袋盛敏 譯(1935)에서는 한문으로 된 원본을 모두 142편으로 나누어 정리하였다. 嘉手納宗德 編譯(1978)에서는 모두 141편으로 정리하였다. 이는 嘉手納宗德 編譯(1978)에서는 島袋盛敏 譯(1935)의 제10화, 제11화를 단일 설화로 보고 1편으로 다루었기 때문이다. 본고에서는 시기적으로 훨씬 나중에 출판된 嘉手納宗德 編譯(1978)의 번역본이 더욱 충실하다고 판단하여 이에 따르기로 한다.

4) 다음에 설화의 지역적 분포가 정리되어 있다. 嘉手納宗德 編譯(1978), 『球陽外卷 遺老說傳』, 角川書店, 219-237. 이에 따르면 오키나와 본도의 那覇市 39편, 오키나와 본도의 남부지구 25편, 오키나와 본도의 중부지구 27편, 오키나와 본도의 북부지구 5편, 久米島를 비롯한 西海諸島 12편, 宮古島를 비롯한 宮古諸島 25편, 石垣島를 비롯한 八重山諸島 8편이다.

화, 제103화에는 인간세계와 용궁의 왕래에 관해서 구체적으로 전하고 있다. 특히 제101화의 경우에는 용궁을 가리켜, 앞서 소개한 니라이카나이로 직접 지칭하고 있어서 관심을 끈다.

『유로설전』에 수록된 7편의 용궁설화는 어떤 내용을 담고 있으며 어떤 특징이 있을까? 그 중에서 6편의 용궁설화를 대상으로 하여, 우선 오키나와인들이 인식한 용궁이라는 이향세계의 양상에 관해서 고찰하기로 한다. 이어서 인간세계와 용궁의 관계에 관해서 분석하기로 한다. 특히 인간세계와 용궁 사이의 혼인관계를 주목하기로 한다. 혼인은 인간세계와 이향세계의 관계를 극명하게 보여주는 가장 핵심적인 부분으로 볼 수 있기 때문이다. 혼인관계에 대한 분석을 바탕으로 설화 속에 혼인이라는 모티브가 드러나지 않은 제101화를 대상으로 하여 선행연구와는 다른 관점에서 새로운 해석을 시도하고자 한다.

2.『유로설전遺老説傳』의 용궁세계

일본의 설화에는 인간이 이향세계를 방문하고 돌아오는 이른바 '이향방문異鄕訪問' 을 모티브로 하는 설화가 큰 비중을 차지한다. 일본의 설화에 등장하는 이향세계 중에서 해저에 존재하는 전형적인 이향세계가 바로 용궁이다.

널리 알려진 〈우라시마타로浦島太郎〉는 인간이 용궁을 방문하고 돌아오는 전형적인 이야기이다. 이 이야기는 고대의 『만요슈萬葉集』를 비롯하여 여러 문헌에 소개되어 있다.[5] 그리고 이와 유사한 이야기가

5) 예를 들면『万葉集』제9권의「詠水江浦島子一首幷短歌」,『日本書紀』雄略天皇 22년에 기술된「水江浦島子」에 관한 기록, 室町시대의『御伽草子』의 한 편으로 수록된「浦島太郎」등이 있다. 앞으로 이들 텍스트와의 비교연구를 행한다면 오키나와 용궁설화의 특징을 더욱 분명하게 드러낼 수 있을 것이다.

일본의 전국 각지에 전설 및 민담의 형식으로 구전되고 있다. 예를 들면 일본의 민담 분류에서 〈용궁동자龍宮童子〉, 〈용궁의 아내龍宮女房〉, 〈용궁 연못龍宮淵〉이라는 제목으로 분류된 이야기는 모두 인간의 용궁방문이 핵심적인 모티브이다. 〈용궁동자龍宮童子〉는 인간이 용궁을 방문하여 정체를 알 수 없는 동자童子를 인간세계로 데려오게 되는데, 이 동자 덕분에 부자가 된다는 이야기이다. 그런데 동자와의 관계가 원만한 동안에는 부자로 살지만 관계가 원만치 않을 경우에는 가난해진다.[6] 〈용궁의 아내龍宮女房〉는 이른바 이류혼인담異類婚姻譚 의 한 유형으로, 주인공 남자가 용궁에서 온 여자를 아내로 삼게 된다는 줄거리로 이야기가 구성된다. 〈용궁 연못龍宮淵〉은 연못의 밑이 용궁과 연결되어 있다는 이야기이다.

그런데 『유로설전』 제26화를 보면 용궁신龍宮神을 모셨다는 기록이 있어, 일찍부터 오키나와인 사이에서 용궁이라는 이향세계가 전승되고 있었으며, 용궁의 신이 신앙의 대상으로 숭배되고 있었음을 확인할 수 있다.[7]

[사례1] 제26화

옛날에 게라마慶良間 사람 중에는 제례를 아는 사람이 없었다. 제일祭日이 닥칠 때마다 대부분 망제妄祭를 지내서 신을 모독하였다. 그리하여 도요미구스쿠 군豊見城郡의 자야스 읍座安邑에 가서 노로祝女 한 사람을 청해 와서[이름을 하치라카나시波知來加那志라 한다.] 신을 모시는 제례를 전수토록 했다. 수십 년이 지나자 노로가 병에 걸려 죽었다. 마을 사람들이 후나쿠라산船藏山에 장사지냈다. 후에 다시 도요미구스쿠 군의 도카시키 읍渡嘉敷邑에 가서 노로 한 사람[이름을 고세라이古世來라 한다]을 청해

6) 〈용궁동자龍宮童子〉 이야기는 다음 번역서에 수록되어 있다. 김용의 외 역(2002), 『일본의 민담』, 전남대학교 출판부, pp.65-67.

7) 제25화에도 오키나와인들이 숭배한 용궁신의 존재를 확인할 수 있는 대목이 기술되어 있다.

와서 제례를 관장하도록 하였다. 이 노로도 또한 병에 걸려 죽었다. 마을 사람들이 역시 같은 곳에 장사지냈다. 마침내 이들을 존신尊信하여 그 곳을 우타키御嶽로 삼았다.[이름을 후나쿠라다케船藏嶽라 한다.] 이런 연유로 게라마의 산에서 신에게 제례를 올릴 때에는 도카시키 노로의 자손들이 대대로 제례를 관장하였다. 또 한 신이 있었는데 세상에서 용궁신이라 했다. 고기들이 떼 지어 올 무렵에 반드시 처음에 잡은 고기를 이 신에게 바친 후에 먹었다. (밑줄 필자)

[사례1]은 오키나와의 게라마慶良間지역에 전해진 이야기이다. 게라마 사람들이 제례를 지내는 방법을 몰라서 도요미구스쿠 군豊見城郡의 자야스 읍座安邑과 도카시키 읍渡嘉敷邑에서 두 차례에 걸쳐 노로祝女를 청해 제례를 관장토록 하였다는 이야기이다. 노로祝女란 오키나와의 여성 사제를 가리키는 말로,[8] 이들 노로가 죽자 우타키御嶽를 세우고 신으로 존신尊信하였다고 한다. 우타키御嶽란 신에게 제사를 지내는 성역聖域을 총칭하는 말이다. 마을 공동체 제사의 핵심으로 오키나와의 민속종교에서 매우 중요한 위치를 차지한다.[9]

[사례1]은 우타키의 기원 및 도카시키渡嘉敷 노로의 자손들이 대대로 제례를 관장하게 된 연원에 관한 전승이다. 그런데 이야기의 후반부에 "고기들이 떼 지어 올 무렵에 반드시 처음에 잡은 고기를 이 신에게 바친 후에 먹었다"고 언급하고 있는 데서, 단편적이나마 오키나와의 용궁신앙의 양상을 구체적으로 확인할 수 있다.

8) 일본의 아마미奄美제도 및 오키나와 제도에서 촌락의 제의를 관장하는 여성 사제를 가리키는 말이다. 누루ヌル라 부르기도 하고 한자로 표기할 때는 '祝' 자를 사용한다.

9) 우타키에 관한 국내 연구로는 한국 남도지역의 마을공동체 신앙과의 비교연구를 시도한 표인주, 야에야마제도八重山諸島의 다케토미지마竹富島에 소재한 우타키의 내력 및 현황을 개관한 김용의의 연구가 있다. 表仁柱(2001), 「沖縄の御嶽と韓国南道地域の村落共同體信仰の比較考察」『韓国と沖縄の社会と文化』, 第一書房, pp.197-215. 김용의(2004), 「오키나와 다케토미지마竹富島의 우타키御嶽 신앙」『日本語文學』 제20집, 한국일본어문학회.

그렇다면 오키나와인들 사이에서 전승된 용궁세계의 구체적인 모습은 어떠할까? 이하 『유로설전』의 용궁설화에 해당하는 제60화, 제62화, 제72화,[10] 제101화, 제103화를 대상으로 하여 용궁의 시간 및 공간 개념, 용궁에서 가져 온 주물呪物 등의 순서로 고찰하기로 한다. 먼저 사례를 살펴보기로 한다.

[사례2] 제60화

옛날에 미야코야마宮古山에 네마이카리禰間伊嘉利라는 사람이 살았다. 이 사람은 마쓰노요나하 도노眞角與那盤殿의 차남이었다. 그 사람 됨됨이와 천성이 돈후敦厚하여 부모에게 효도하였다. 그 아버지가 병으로 죽자 아침 저녁으로 아버지 묘를 찾아가 매우 슬프게 통곡하였다. 그 효심에 하늘이 감동하였다. 하루는 밤에 꿈을 꾸었더니 아버지가 아마가와사키天川崎[하리미즈漲水에 있다]에 살아 있었다. 이카리가 의아하게 생각했으나 꿈이 너무도 선명하였다. 서둘러 그 곳으로 가보았으나 아버지의 모습은 보이지 않았다. 단지 머리카락이 세 가닥 물가에 놓여 있었다. 그 머리카락은 길이가 칠, 팔 척 정도 되었다. 이카리가 매우 기이하게 여기고 그 머리카락을 거두어들이고 있는데, 한 미녀가 나타나서 말을 걸었다. "내가 어젯밤에 이곳에서 놀다가 머리채髢를 잃어버렸습니다. 혹시 그대가 갖고 있는 것을 돌려준다면 은혜에 보답하지요."라고 말하였다. 이카리는 이 말을 듣고 머리카락을 돌려주었다. 미녀는 이를 받아 들고서 바다 속으로 들어갔다. 이카리는 크게 놀라 집으로 돌아왔다. 다음날 다시 아마가와사키를 지나는데 그 미녀가 나타나서 "당신의 효심은 용궁까지 알려졌습니다. 용왕께서 당신의 소문을 듣고 상을 내리고자 특별히 소녀를 보냈습니다. 당신을 용궁으로 초대하여 효제孝祭를 지내고자 합니다."라고 말하였다. 이카리는 절을 하며 감사드렸다. 바다 속으로 함께 들어가 일각一刻이 지나지 않아서 한 곳에 도착하였다. 금은으로 치장한 궁전이 우뚝 솟아 있는 모습이 보는 이로 하여금 눈이 휘둥그레지게 하였다. 그

10) 제72화의 경우는 본문에 용궁이라는 어휘가 나오지 않지만 설화의 내용 및 구조가 용궁설화인 제60화 및 제62화와 매우 유사하다. 따라서 제72화를 용궁설화로 간주해도 무방하다.

궁전 안으로 들어갔더니 잔치를 베풀고 고네리사이鼓練祭를 정성껏 지내주었다. 그리고 또 가르침을 주기를 "요즈음 보건대 풍속이 쇠퇴하고 인심이 야박해져서 친족끼리 화목하지 않고 부형父兄 사이도 돈독하지 못하다. 그리하여 종조宗祖의 제사를 소홀히 하는 자들이 너무 많다. 12년에 한 번씩 반드시 9월 사이에 길일을 택하여 고네리사이를 지내 공손하게 종조의 제사를 모시고 효순孝順하는 도리를 받든다면 천제께서 너의 효순함을 포상하고 반드시 보우保佑하셔서, 자손이 번성하고 오곡이 풍년 들 것이니라."라고 하였다. 이어서 "그렇게 하면 조상신들이 천상으로 올라가 영화를 누리지 않겠는가."라고 하였다. 이카리는 그곳에서 사흘을 지낸 후에 절을 올리고 감사한 후 그 미녀와 함께 돌아왔다. 그랬더니 삼년이란 세월이 지났다. 마치 꿈에서 깨어난 듯 했다. 친척들이 이 소식을 듣고서 몰려들어 축하하였다.……(후략) (밑줄 필자)

[사례3] 제103화

옛날에 하에바루南風原의 요나하 촌與那覇村에 한 사람이 살았다. 우연히 요나구與那久 해변에서 한 머리채를 주웠다. 그런데 그 머리채가 괴상하였다. 주운 사람이 놀랍고 괴이해서 이를 즉시 되돌려 놓으려고 했으나 아직 그 주인을 찾지 못했다. 다음날 주인을 찾아다니다 한 여자를 만났다. 여자는 너무 아름다운 것이 속세 사람 같지가 않았다. 즉시 머리채를 받으며 말하기를 "이 잃어버린 내 물건을 돌려주다니 당신은 참으로 좋은 사람이군요. 즉시 나를 따라가서 같이 놀도록 합시다."라고 했다. 여자에게 이끌려 함께 바다 밑으로 들어갔다. 바다가 열려 길이 생기고 갑자기 용궁에 도착했다. 모래사장이 펼쳐져 있어서 그곳에 앉았다. 신이 병풍 같은 바위를 뒤로 하고 앉았고 그 사람이 옆에 함께 앉았다. 크게 술잔치가 벌어지고 바다에서 나는 진수성찬이 빠짐없이 차려졌다. 가무관현歌舞管絃이 등장했는데 무슨 악기인지는 몰랐다. 어느덧 3개월이 흘러 문득 고향생각이 나서 돌아가고 싶어졌다. 신이 말하기를 "네가 여기서 보낸 세월이 속세에서는 이미 33대가 지나서 자손도 남아 있지 않을 것이다. 신이 되어 이곳에서 함께 즐거움을 누리는 것이 어떠한가. 어찌 반드시 돌아가고자 하는가?"라고 만류하였다. 그 사람은 얼마 지난 후에 또 돌아가고 싶다고 했다. 그러자 신이 종이 꾸러미를 주면서 당부하기를 "너는 이것을 가지고 가라. 즉시 저 길을 따라서 가도록 해라. 만약 고향에서 몸을 의탁할 곳을 찾지 못한다면 이것을 지니고 또 와도 좋다. 하지만 절대 이것을 열어보지 말거라. 너는 이 말을 명심토록 해라."라고 하였다. 그는 감사히 받고 길을 떠났다.……(후략) (밑줄 필자)

[사례2]는 미야코야마宮古山에 전해지는 이야기이며, [사례3]은 오키나와 본도의 하에바루南風原 요나하 촌與那覇村에 전해지는 이야기이다. [사례2]와 [사례3]을 살펴보면, 우선 인간세계와 용궁세계의 사이에는 시간의 흐름에 있어서 두드러진 차이가 있다는 점을 알 수 있다.

일반적으로 설화 속에 등장하는 이향세계의 가장 두드러진 특징 중의 하나는 인간세계와는 다른 시간의 흐름이다. 보통 이향세계의 시간 단위는 인간세계의 몇 십 배 내지 몇 백 배에 해당하는 경우가 대부분이다. 앞서 언급한 『오토기조시御伽草子』의 〈우라시마타로〉는 그 전형적인 예이다. 즉 〈우라시마타로〉 이야기에서, 우라시마타로가 용궁에서 보낸 3년은 인간세계의 700년에 해당하였다고 한다.[11] 이 점에 있어 『유로설전』의 용궁세계도 예외라고 할 수 없다. [사례2]의 네마이카리禰間伊嘉利가 용궁에서 보낸 사흘은 인간세계의 3년에 해당하는 꿈같은 시간이었다. 그리고 [사례3]의 주인공 남자가 용궁에서 보낸 3개월은 인간세계의 33대에 해당하였다.

일본의 설화에서 흔히 용궁세계는 금은보화가 넘쳐나는 유토피아적 세계로 묘사된다. 예를 들면 『오토기조시御伽草子』의 〈우라시마타로〉에 등장하는 용궁의 모습을 보면, 토담은 은으로 만들어졌고 지붕의 기와나 문은 금으로 깔린, 천상天上의 어떤 집도 이보다 좋을 수가 없다고 묘사되어 있다.[12] 『유로설전』에 묘사된 용궁세계도 이 점에서

11) 『오토기조시御伽草子』의 텍스트로는 다음을 참조. 福永武彦 他譯(1991), 『お伽草子』, ちくま文庫.

12) 이 부분은 다음을 참조. 福永武彦 他譯(1991), 『お伽草子』, ちくま文庫, p.168.

일치한다. [사례2]를 보면, "금은으로 치장한 궁전이 우뚝 솟아 있는 모습이 보는 이로 하여금 눈이 휘둥그레지게 하였다"고 기술되어 있으며, [사례3]에서는 "크게 술잔치가 벌어지고 바다에서 나는 진수성찬이 빠짐없이 차려졌다. 가무관현歌舞管絃이 등장했는데 무슨 악기인지는 몰랐다"고 하여, 용궁세계가 인간세계와는 차원을 달리하는 이상적인 세계로 묘사되어 있다.

이향방문을 모티브로 하는 설화에서 설화의 재미를 더해주는 소도구로 빼놓을 수 없는 것이 이른바 주물呪物이다. 설화 속의 주물은 이향세계에 속한 초자연적인 존재만이 지니는 것으로, 이 주물을 획득한 인간으로 하여금 때로는 위기에서 벗어나게 해주기도 하고 때로는 부자로 만들어주는 부富의 원천이다. 이 주물은 인간이 이향세계에 사는 초자연적인 존재와 어떻게 관계를 맺느냐에 따라서 획득할 수 있는 것이기도 하다. 일본의 설화 특히 민담에서 자주 등장하는 대표적인 주물을 열거하자면 〈두건聽耳頭巾〉[13], 〈뚝딱 방망이打出の小槌〉, 〈맷돌臼〉[14] 등을 들 수 있을 것이다.[15] 『유로설전』에는 제72화에 용궁에서 신녀神女가 가져온 포대布袋가 주물로 등장한다.

---

13) 김용의 외 역에 〈들을 수 있는 두건聽耳頭巾〉이란 제목으로 사례가 수록되어 있다. 김용의 외 역(2002), 『일본의 민담』, 전남대학교 출판부, 197-204.

14) 이향세계의 주물로 맷돌이 등장하는 사례에 관해서는 황금 맷돌黃金小臼이란 제목으로 수록된 다음 이야기를 참조. 김용의 외 역(2002), 『일본의 민담』, 전남대학교 출판부, pp.62-64.

15) 일본의 민담에 등장하는 주물呪物에 관해서는 다음을 참조. 小池淳一(1997), 「鬼の呪宝の系譜」『昔話と呪物·呪宝』, 三彌井書店. 丸山顯德(1997), 「昔話における呪物·呪宝」『昔話と呪物·呪宝』, 三彌井書店.

[사례4] 第72화

옛날에 미야코야마宮古山의 도모리촌友利村에 한 남자가 살았다. 천성이 민첩하고 지혜로웠으며 마음이 정직하였다. 어린 시절에 양친을 모두 잃고, 집은 다 무너지고 가족들이 한 명도 없어 몸을 의탁할 곳이 없었다. 어느 때에는 바위 동굴에 살기도 하고 나무 그늘 밑에서 자기도 하였다. 항상 마을사람들을 위해서 나무를 하고 물을 긷고 고기 잡는 일을 도왔다. 그런 가운데서도 효심은 더욱 깊어지고 제삿날을 게을리 하지 않았다. 하루는 우연히 미나코자螺草 포구에 가서 낚싯대를 늘어뜨리고 고기를 잡고 있을 때에, 홀연히 신녀神女가 작은 배를 타고 나타나서 말을 했다. "소첩은 당신의 아내가 되기를 원합니다." 남자가 말하기를, "나는 어려서 부모를 잃고 외톨이가 되어 의지할 곳도 없는데 어찌 아내를 얻을 생각을 하겠는가." 신녀가 말하기를, "소첩은 당신이 외톨이인 것을 알고 불쌍히 여겨서 특별히 와서 청혼을 하는 것입니다." 남자는 끝까지 거절했으나 신녀가 자꾸 간청하였다. 남자는 더 이상 거절할 수 없어서 부부의 인연을 맺고 함께 옛적에 살던 곳으로 가서[야마다테가사山立嵩에 있다] 띠로 집을 짓고 거기서 살고자 하였다. 그래서 하룻밤 만에 띠로 집을 지었다. 신녀는 포대布袋 하나를 지니고 있었는데 그것을 깊이 감추고 사람들에게 보여주지 않았다. 오직 그 포대에서 쌀을 꺼내어 밥을 지어 먹으면서 살아갔다. 어느덧 세월이 훌쩍 흘러가 몇 년이 지나자 한 여자아이를 낳았다. 이름을 오타하라應田原라 불렀는데 이미 성장하여 다른 사람의 아내가 되었다. 그러자 신녀는 남편과 함께 그 포대를 지고 미나코자螺草에 이르러 즉시 큰 물고기로 변하여 바다로 들어갔다.……(후략) (밑줄 필자)

[사례4]는 미야코지마宮古島의 도모리촌友利村에 전해지는 이야기이다. 본문에는 용궁에 관해서 언급되어 있지 않지만, 제60화 및 제62화와 대조해 볼 때에 여기에서 등장하는 신녀神女는 용궁에서 온 여자임이 분명하다. 도모리촌友利村에 사는 한 남자가 용궁에서 온 신녀와 부부의 인연을 맺고 함께 살게 되었는데, 신녀가 가지고 온 포대布袋에서 쌀을 꺼내어 밥을 지어먹고 살아갔다고 기술되어 있다. [사례4]에 등장하는 포대가 보통 물건이 아닌 용궁세계의 주물이라는 사실에

관해서는, 신녀가 포대를 "깊이 감추고 사람들에게 보여주지 않았다"라는 대목에서 충분히 확인할 수 있다. 즉 [사례4]에서 신녀가 지참한 포대는 일본의 민담에서 자주 등장하는, 쌀을 넣고 돌리면 쌀이 쏟아지는 '맷돌臼'에 버금가는 주물로써의 기능을 다하고 있는 셈이다.

3. 인간세계와 용궁세계의 혼인의 양상

설화 속에서 인간은 이향세계의 초자연적 존재와 다양한 방식으로 관계를 맺는다. 그 관계는 때로 우호적이기도 하고 비우호적이기도 하다. 인간세계와 이향세계 사이에 우호적 관계가 형성되었을 때에는 인간이 이향세계를 통해 부富를 획득하거나 위기를 극복하는 방법을 알아낼 수 있지만, 양자 사이에 비우호적 관계가 형성되었을 때에는 인간세계에 재난이 발생하거나 죽음에 이르게끔 한다. 이 경우에 부의 획득이나 위기를 극복하는 방법은 앞서 언급한 주물呪物을 통해서 이루어지는 경우가 많다.

예를 들면 『고사기古事記』에 등장하는 오쿠니누시노카미大國主神의 네노가타스쿠니根堅州國 방문, 호데리노미코토火照命와 호오리노미코토火遠理命 신화 부분의 호오리노미코토의 해저 방문 등을 들 수 있다. 오쿠니누시노카미의 경우는 네노가타스쿠니에서 이쿠타치生大刀와 이쿠유미야生弓矢라는 주물을 획득함으로써 이복형제들을 굴복시키고 군림할 수가 있었다.[16] 또한 호오리노미코토의 경우도 해저세계에서 시오미치노타마塩盈珠와 시오히노타마塩乾珠라는 주물을 획득함으로써 형인 호데리노미코토를 굴복시키고 위기를 극복할 수가 있었다.[17]

16) 이 대목은 다음을 참조. 山口佳紀·神野志隆光 校注(1997), 『古事記』, 小學館, pp.79-85.

17) 이 대목은 다음을 참조. 山口佳紀·神野志隆光 校注(1997), 『古事記』, 小學館,

그런데 인간세계와 이향세계와의 우호적 관계의 핵심은 혼인에 있다고 할 수 있다. 이른바 '이류혼인異類婚姻'이다. 앞서 소개한 『고사기古事記』신화의 오쿠니누시노카미는 스사노오노미코토須佐之男神의 딸인 스세리비메須勢理毘賣와 혼인을 하며, 호오리노미코토의 경우도 해신海神의 딸인 도요타마비메豊玉毘賣와 혼인을 맺는다.

『유로설전』의 용궁설화에서도 혼인이라는 모티브는 이야기의 전개에 있어서 중요한 의미를 지닌다. 사례를 더 살펴보기로 한다.

[사례5] 제62화

태고太古 시대에 미야코야마宮古山의 스나가와읍砂川邑에 한 부부가 살았다. 항상 우에히야上平屋지역에 거주했다. 그 남편 이름은 덴테쿠고天文子라 하고 아내 이름은 덴노부자라天保那佐良라 했다. 사내아이를 한 명 낳았는데 이름을 사네오지佐禰大翁라 불렀다. 나이가 7세가 되자 특별히 아버지의 명을 받들어 바깥세계로 나갔다. 이 때 바닷물이 범람하여 인가를 덮쳐서 마을 모두가 황폐해지고 광야로 변하였다. 사네가 집으로 돌아와 보니 집은 이미 황폐해지고 부모가 보이지 않았다. 그리하여 어린 사네는 의지할 곳이 없이 주야로 통곡하며 마을을 배회하였다. 기사마 아지喜佐眞按司가 이 모습을 보고 매우 불쌍하게 여겨 거두어서 양육하였다. 사네의 나이 15세 때에 미나코자美名草 해변에 이르러 바다 경치를 즐기고 있었다. 그 때 한 신녀神女가 있었는데 용모가 미려하기를 구슬과 같고 꽃과 같았다. 그 신녀가 홀로 작은 배를 타고 이 해변으로 다가왔다. 사네를 향하여 말하기를 "소녀는 이름을 무마노아지武麻按司라고 합니다. 마침 용궁에서 당신이 매우 성실하다는 소문을 듣고서 당신이 홀몸인 것을 측은하게 여겨 특별히 소녀를 이곳으로 보내 당신의 아내가 되도록 하였습니다." 라고 하였다. 사네는 크게 놀라며 "나는 가난하고 천한 신분으로 부모가 모두 돌아가신 홀몸입니다. 그대는 신녀인데 어찌 아내로 맞이하여 부부가 될 수 있겠습니까?"라고 사양하였다. 신녀가 다시 말하기를 "소녀는 명을 받고 왔습니다. 사양치 마시고 거두어주시기 바랍니다."라고 여

pp.125-134.

러 번 간청하였다. 사네는 더 이상 사양키가 어려워 그저 명에 따라 깊이 감사드리고 부부의 인연을 맺었다. 그리고 옛집을 찾아가 돌아가신 부모님께 제사를 올렸다. 슬하에 칠남 칠녀를 두었다. 아이들이 모두 성장하기에 이르자 신녀가 말하기를 "소녀는 당신을 돕기 위해서 특별히 이곳으로 왔습니다. 이제 어린 아이들이 모두 성장하였으니 고향으로 돌아가고자 합니다."라고 말했다. 그리고 바다와 육지의 경계를 분명하게 정하여 해일을 막는 방법을 가르쳐준 후에 마침내 바닷물로 뛰어들었는데 그 간 곳을 알 수 없었다. ……(후략) (밑줄 필자)

[사례5]는 미야코지마宮古島의 스나가와읍砂川邑에 전하는 이야기이다. 얼핏 보아도 이야기의 서사구조가 앞서 소개한 [사례4]와 매우 유사하다는 것을 알 수 있다. 즉 이야기의 전개과정이, 부모를 잃고 의지할 곳 없는 남자가 살고 있다 → 바닷가에서 용궁에서 온 신녀神女를 만나게 된다 → 신녀가 청혼을 한다 → 남자와 신녀가 부부의 인연을 맺는다 → 자녀가 태어난다 → 신녀가 용궁으로 다시 돌아간다는 유사한 구조를 이루고 있다. 두 이야기 모두 전승지역이 미야코지마宮古島임을 감안할 때에, 어느 한 쪽을 다른 한 쪽의 변이담으로 추측할 수 있을 정도이다.

[사례4]와 [사례5]의 경우는 인간이 용궁세계를 방문하는 이른바 '이향방문' 의 모티브가 확인되지 않는다. 신녀가 스스로 인간세계를 찾아와서 인간세계의 남자와 혼인을 맺고 용궁으로 다시 돌아가는 구조로 되어 있다. 용궁세계의 신녀 쪽을 중심에 놓고 보자면, 신녀가 인간세계라는 '이향' 을 방문하고 자신의 세계로 다시 돌아가는, 말하자면 '역逆 이향방문' 이라 부를 만한 이야기인 셈이다. 이 때 신녀가 인간세계를 방문하게 된 동기는 [사례4]의 경우에 남자의 효심과 근면함에 대한 포상褒賞, [사례5]의 경우에는 남자의 성실함에 대한 포상이었다. 포상이나 보은報恩의 성격으로 이류異類 사이의 혼인이 맺어

지는 것은 이류혼인담異類婚姻譚에서 흔히 찾아볼 수 있다.[18] 즉 [사례2]의 경우도 주인공 남자인 이카리禰間伊嘉利의 지극한 효심에 대한 포상이자, 미녀가 잃어버린 머리채髢를 돌려준데 대한 포상 및 보은의 의미가 담겨있다. 이를 계기로 주인공 남자의 용궁방문이 시작되고 용궁의 미녀와 살게 되었다. 뿐만 아니라 [사례3]의 경우에도 주인공 남자가 용궁에서 온 여자의 머리채를 돌려준 것이 계기가 되어, 즉 선행에 대한 포상 및 보은의 의미로 용궁세계를 방문하게 된다.

지금까지 『유로설전』에 수록된 용궁설화의 사례를 통해서, 인간세계와 용궁세계 사이에 맺어진 혼인의 양상에 관해서 고찰하였다. [사례2]와 [사례3]은 인간세계의 남자가 용궁을 방문하는 이야기로, 일본의 설화에서 흔히 볼 수 있는 정형화된 유형이라고 볼 수 있다. 그리고 [사례4]와 [사례5]는 용궁세계의 여자가 인간세계의 남자를 방문하는 이야기, 즉 필자의 표현으로 말하자면 '역逆 이향방문'이라고 불러도 좋을 이야기이다.

그런데 다음의 『유로설전』 제101화는 다른 사례들과 마찬가지로 용궁을 방문하고 돌아온 용궁설화이면서도 혼인과 관련된 모티브를 찾아볼 수가 없어서 주목된다.

---

18) 예를 들면 본문에서 언급한 『오토기조시御伽草子』의 「우라시마타로」가 전형적인 경우이다. 여기서 우라시마타로는 거북이를 살려준 대가로 용궁으로 초대를 받는다.

4. 오키나와 노로祝女의 용궁세계 주유周遊

[사례6] 제101화

옛날 니시하라西原의 다나바루촌棚原村에 한 노로祝女가 살았다. 이름은 이나후쿠 할머니稲福婆라고 불렀다. 일찍이 여러 노로와 함께 쇠북을 울리고 신가神歌를 부르며 다나바루촌棚原村의 우에노다키上嶽에서 놀았다. 그런데 갑자기 이나후쿠 할머니가 홀로 보이지 않았다. 그 자손이 이 말을 듣고 크게 놀라서 동쪽 서쪽으로 여기저기 찾아다녔으나 끝내 종적을 알 수가 없었다. 3년 후에 아자촌我謝村 에 사는 한 대장장이가 바다로 나가 물고기를 잡고 있었다. 그러다가 갑자기 시체가 바다에서 떠내려 오는 것을 목격하고 건져내서 이를 자세히 살펴보았다. 머리에는 머리카락이 없고 조개와 소라가 몸에 붙어 있었으나 아직 숨이 끊어지지 않았다. 즉시 미음을 끓여서 목숨을 구했으나 아직 말을 할 수 없었다. 사람들이 모여들어 이 모습을 보았고 그 자손들도 역시 찾아와서 보았으나 그 누구도 알아보지 못했다. 조금 지나자 스스로 말하기를 "내가 바로 이나후쿠 할머니다. 작년에 바다 밑을 구석구석 여행하다가 용궁[속칭 기라이카나이儀來河內 라고 부른다]에 가서 음식을 하사받았는데 소금에 절인 소라 종류였다." 말을 끝내고 토했는데 그 색이 누랬다. 이 때문에 사람들은 할머니를 가리켜 기라이 할머니儀來婆라고 불렀다. 그 자손이 용궁에 관해서 물었으나 꺼려하며 좀처럼 말하지 않았다. 그 때 왕이 이 소문을 듣고 이야기를 듣고자 했다. 기라이 할머니가 봉신문奉神門 밖에 이르자 사람들이 앞을 다투어 몰려들어 보고자 하였다. 사람들이 그저 기라이 할머니가 손을 양쪽 겨드랑이에 집어넣는 것을 보았을 뿐인데, 홀연히 그 모습이 보이지 않았다. 자손들이 사방으로 찾아다니다가 마침내 우에노다키上嶽에서 발견하였다. 할머니는 80여 세가 되어 죽었는데 어떤 사람이 말하기를 "할머니가 가정嘉靖 연간에 죽었다."고 전했다. 혹은 말하기를, "만력萬曆 연간에 죽었다."고 전하기도 한다. (밑줄 필자)

[사례6]은 『유로설전』 제101화의 전문이다. 니시하라西原의 다나바루촌棚原村에 살았다고 전해지는 이나후쿠 할머니稲福婆라는 노로祝女에 관한 이야기이다. [사례6]은 『유로설전』에 수록된 용궁설화 중에서도 매우 이색적인 이야기이다. 왜냐하면 혼인관계가 드러난 다른 4편의 용궁설화와는 달리, 인간세계와 용궁세계를 이어주는 혼인이라는 중요한 모티브가 빠져 있기 때문이다. 혼인이라는 중요한 모티브가 결락되어 있을 뿐만 아니라, [사례6]에서는 혼인을 암시하는 대목조차도 전혀 찾아볼 수가 없다. 즉 지금까지 여러 사례를 통해 고찰해 온 바와 같이, 인간세계의 남자와 용궁세계의 여자가 혼인을 매개로 하여 양쪽 세계를 드나든다는 설화의 서사구조에서 크게 벗어나 있음을 알 수 있다. 이는 무엇을 의미하는 것일까?

이 점에 관해서 일본의 설화연구자인 나가후지 야스시永藤靖는 인간세계의 주인공이 나이 많은 노파인 점을 상기시키면서, 이야기의 구조상 애초부터 노파가 성적性的으로 폐쇄되어 있었기 때문이라고 지적한다. 즉 이야기 속의 노파는 성적으로 풍부한 여성의 이미지 및 이와 관련된 니라이카나이 관념에서 벗어나 있기 때문으로 보았다.[19] 이 같은 나가후지 야스시의 분석은 부분적으로 타당하다고 볼 수 있다. 왜냐하면 지금까지의 사례에서는 인간세계의 남자와 용궁세계의 여자 사이에 혼인이 맺어진다는 일정한 등식이 성립하였지만, [사례6]에서는 용궁을 체험한 인간세계의 주인공이 여자, 그것도 노파로 설정되었기 때문에 애초부터 일정한 등식에서 벗어나 있기 때문이다.

그러나 나가후지 야스시의 분석이 충분하다고는 볼 수 없을 것이다. 즉 나가후지 야스시의 분석은 용궁을 체험한 이야기의 주인공이 노파였다는 점을 지나치게 주목한 결과이다. [사례6]에 등장하는 주

19) 永藤靖(2000), 「『遺老說傳』の世界」『琉球神話と古代ヤマト文学』, 三彌井書店, pp. 27-31.

인공은 노파일 뿐만 아니라, 노로祝女라는 여성 사제司祭였다는 점을 아울러 주목할 필요가 있다. 노로祝女는 평범한 사람이 아니다. 그 자신은 인간세계에 속해 있으면서도 인간세계와 용궁세계를 매개하는 중간자적 존재이다. 따라서 인간세계와 용궁세계를 매개하는 중간자적 존재인 까닭에 애초부터 용궁세계와의 혼인이 불가능했다고 보는 것이 더욱 타당하다. 이 점에 관해서 중점적으로 검토해보기로 한다.

[사례6]을 면밀하게 검토해 보면, 이야기 속의 주인공인 이나후쿠 할머니稲福婆의 용궁체험은 종교학자인 엘리아데M.Eliade가 샤머니즘 연구에서 지적한 이른바 탈혼脫魂, ecstasy 현상에 가깝다는 사실을 발견할 수 있다. 엘리아데는 탈혼ecstasy 현상을 샤머니즘의 본질로 간주하고 빙의憑依, possession 현상을 부차적인 것으로 간주하였다. 탈혼ecstasy이란 샤먼의 혼이 몸을 벗어나서 초자연계를 비상하는 현상을 가리키며, 빙의憑依, possession란 신령神靈이 몸속으로 들어오는 현상을 가리킨다.[20] [사례6]에 등장하는 이나후쿠 할머니稲福婆의 용궁체험은 샤먼의 탈혼ecstasy 상태와 유사하다.

첫째 이나후쿠 할머니稲福婆는 노로로서 다나바루촌棚原村의 우에노다키上嶽라는 우타키에서 여러 노로와 함께 쇠북을 울리고 신가神歌를 부르며 놀다가 사라졌다는 점을 주목할 필요가 있다. 본문에는 직접 언급되어 있지 않지만, 쇠북을 울리고 신가神歌를 부르며 놀다가 사라졌다는 점을 고려할 때에, 무언가 민속종교적인 제례를 올리던 중에 사라진 것으로 보아야 한다. 즉 제례를 집행하는 과정에서 탈혼ecstasy 상태에 빠져들었다고 해석할 수 있다.

20) 엘리아데의 샤머니즘 연구에 관해서는 미르치아 엘리아데 저, 이윤기 역(1992), 탈혼 및 빙의 현상에 관해서는 다음을 참조. 佐々木宏幹(1983), 『憑霊とシャーマン』, 東京大學出版會, pp.174-186.

이 점에 관해서는 [사례6]의 본문에서 이나후쿠 할머니稻福婆가 직접 "내가 바로 이나후쿠 할머니다. 작년에 바다 밑을 구석구석 여행하다가 용궁[속칭 기라이카나이儀來河內라고 부른다]에 가서 음식을 하사받았는데 소금에 절인 소라 종류였다."라고 구술하고 있는 점을 보면 더욱 분명해진다. 여기서 말하는 '기라이카나이儀來河內'란 바로 '니라이카나이ニライカナイ'라는 이향세계를 의미하며,[21] 이나후쿠 할머니稻福婆의 영혼이 탈혼ecstasy 상태에서 니라이카나이라는 이향세계를 주유하다 현세로 돌아왔다고 볼 수 있다. [사례6]에 "말을 끝내고 토했는데 그 색이 누랬다."라고 언급된 대목도 탈혼ecstasy 상태에 빠져든 이나후쿠 할머니稻福婆가 제 정신으로 돌아오는 과정에서 나타난 신체적인 이상 징후로 해석할 수 있다.

5. 오키나와 용궁설화의 특징

오키나와의 문헌설화집인 『유로설전』에는 모두 7편의 용궁설화가 수록되어 있다. 그 중에서 2편에 용궁신 숭배에 관해 언급되어 있으며, 5편에는 인간세계와 용궁의 왕래에 관해서 구체적으로 전하고 있다. 이 논문에서는 총 6편의 용궁설화 내용분석을 통해서 오키나와인들 사이에 전승된 용궁이라는 이향세계의 양상에 관해서 분석하였다. 그 결과 오키나와의 용궁설화에 나타난 용궁의 이미지는 니라이카나이ニライカナイ라는 오키나와의 전통적인 이향세계와 중첩되어 있

21) 제42화에도 '기라이카나이儀來河內'에 관해서 언급되어 있다. 내용을 간략하게 소개하면 다음과 같다. 하에바루南風原 미야히라촌宮平村에 사는 요쿠쓰나 오야코善縄大屋子라는 사람이 거북이에게 물려서 죽었다. 이를 불쌍하게 여긴 사람들이 그의 시신을 매장하고 나중에 관을 열어보니 시신이 없었다. 이 때 공중에서 오야코는 죽은 것이 아니라 기라이카나이에 머물고 있다는 소리가 들렸다.

음을 확인할 수 있었다. 이는 일본 본토의 용궁설화와 구별되는 오키나와 용궁설화의 가장 큰 특징이다.

또한 『유로설전』의 용궁설화에 드러난 인간세계와 용궁세계 사이를 이어주는 혼인관계에 관해서 중점적으로 분석하였다. 혼인은 인간세계와 이향세계의 관계 중에서도 가장 핵심적인 부분이기 때문이다. 혼인관계가 명확하게 드러난 5편의 용궁설화를 혼인의 양상에 따라 분류해 보면 크게 세 유형으로 나누어 볼 수 있다.

첫째 일본설화에서 흔히 찾아볼 수 있는 가장 전형적인 유형으로, 인간세계의 남자가 용궁을 방문하여 용궁세계의 여자와 혼인을 맺는다. 『유로설전』의 제60화, 제103화가 이에 해당하였다. 이 유형에 관해서는 『유로설전』의 용궁설화 뿐만이 아니라, 『고사기古事記』에 등장하는 오쿠니누시노카미大國主神의 네노가타스쿠니根堅州國 방문, 호데리노미코토火照命와 호오리노미코토火遠理命 신화 부분의 호오리노미코토의 해저 방문 등을 아울러 언급하였다. 이 점에 관해서는 앞으로 동아시아의 용궁설화로 시야를 확대하여 논지를 전개해가고자 한다.

둘째 용궁세계의 여자가 인간세계로 나와서 인간세계의 남자와 혼인을 맺는 유형이다. 『유로설전』의 제62화, 제72화가 이에 해당하였다. 이 유형의 경우에 용궁세계의 여자를 중심으로 놓고 생각한다면 인간세계 쪽이 이향세계가 되는 셈이다. 필자는 이를 가리켜 '역逆 이향방문' 이라는 용어로 설명하고자 하였다. 즉 설화서술의 시점을 어느 쪽에 두느냐에 따라서 설화 구조의 전개 양상이 전혀 달라질 수 있는 것이다.

셋째 앞의 두 가지 유형 어디에도 속하지 않는 것이 『유로설전』의 제101화이다. 제101화의 경우에는 이야기의 전개과정에서 혼인이 결정적인 역할을 하는 다른 4편의 용궁설화와는 달리, 인간세계와 용궁세계를 이어주는 혼인이라는 중요한 모티브가 결락되어 있었다. 혼인이라는 모티브가 결락되어 있을 뿐만 아니라, 이야기 속에서 혼인을 암시하는 대목조차도 전혀 찾아볼 수가 없었다.

이 점에 관해서 필자는 제101화의 내용을 면밀하게 검토한 결과, 주인공인 이나후쿠 할머니稲福婆의 용궁체험을 종교학자인 엘리아데 M.Eliade가 샤머니즘 연구에서 지적한 탈혼脫魂, ecstasy 현상으로 설명할 수 있음을 제시하였다.

■ 참고문헌

柳田國男저/김용의 외 역(2002), 『일본의 민담』, 전남대학교 출판부

김용의(2004), 「오키나와 다케토미지마竹富島의 우타키御嶽 신앙」『日本語文學』 제20집, 한국일본어문학회

김헌선(2008), 『류큐설화집 유로설전』, 보고사

미르치아 엘리아데 저/이윤기 역(1992), 『샤머니즘』, 까치

表仁柱(2001), 「沖縄の御嶽と韓国南道地域の村落共同體信仰の比較考察」『韓国と沖縄の社会と文化』, 第一書房

島袋盛敏 譯(1935), 『球陽外巻 遺老說傳』, 學藝社

嘉手納宗德 編譯(1978), 『球陽外巻 遺老說傳』, 角川書店

佐々木宏幹(1983), 『憑霊とシャーマン』, 東京大學出版會

福永武彦 他譯(1991), 『お伽草子』, ちくま文庫

小池淳一(1997)「鬼の呪宝の系譜」『昔話と呪物・呪宝』 三彌井書店

丸山顯德(1997), 「昔話における呪物・呪宝」『昔話と呪物・呪宝』, 三彌井書店

山口佳紀・神野志隆光 校注(1997), 『古事記』, 小學館

永藤靖(2000), 「『遺老說傳』の世界」『琉球神話と古代ヤマト文学』, 三彌井書店

제3부
일본 마쓰리의 현장

오키나와 현 구다카지마久高島의 샤쿠투이 마쓰리

1. 신화의 섬, 구다카지마

구다카지마의 도쿠진 항 표지석

2010년 2월 13일 구다카지마久高島를 찾았다. 오키나와의 본도에 있는 아자마 항安座真港에서 배로 약 15분이면 구다카지마의 현관인 도쿠진 항德仁港에 도착한다. 이 섬은 오키나와의 본도의 동남쪽에 위치하는 지넨 미사키知念岬에서 5.3킬로미터 떨어진 곳에 위치하며 행정상으로는 난조 시南城市에 속해 있다. 2020년 현재 인구가 238명에, 세대수는 153세대에 불과한 조그마한 섬이다.

조그마한 섬이지만 오키나와의 창세신 아마미키요アマミキヨ가 이 섬에 내려와 국토 만들기를 시작했다고 알려진 이른바 '신화의 섬'이다. 지금도 섬에 아마미키요를 제사지내는 사당이 존재한다. 오키나와 창세신화의 무대인 섬인만큼, 오키나와가 일본의 한 현으로 편입되기 이전, 류큐왕국 시대에는 국왕이 몸소 이 섬으로 건너와 제례를 집행하였다.

내가 구다카지마를 찾은 목적은 이 섬에서 음력으로 설에 행하는 샤쿠투이シャクトゥイ, 酌取라는 마쓰리를 보기 위해서였다. 이 섬에서는 음력 1월 1일과 1월 3일에 마을 사람들의 건강을 축원하는 독특한 마을 의례를 거행한다. 우리가 알고 있는 일본 본토의 마쓰리와는 매우 이질적인 마쓰리이다. 마침 오키나와 출신으로 민속학을 연구하는 류큐대학의 아카미네 마사노부赤嶺政信 교수가 현지에서 합류하기로 하여 마음이 든든하다. 아카미네 교수는 오랫동안 구다카지마를 드나들며 민속조사에 진력한 연구자이다. 특히 구다카지마의 문중門中제도 및 토지제도 등에 관해서 연구를 많이 하여 저서를 출판하였다[『역사 속의 구다카지마歴史の中の久高島：家・門中と祭祀世界』, 2014].

설을 맞이하여 구다카지마의 집 입구에 내걸린 일장기

2. 전위예술가 오카모토 타로의 구다카지마

섬에 도착하여 곧장 미리 예약한 민박집에 들어가 짐을 내려놓았다. 이 무렵이면 외지에서 관광객이 많이 찾기 때문에 숙소 구하기가 쉽지 않았는데, 다행히 아카미네 교수의 소개로 겨우 민박집을 구할 수가 있었다. 숙소에 짐을 내려놓고 마을 이곳저곳을 산책하였다. 마을은 이미 마쓰리 준비를 시작하고 있었다. 집집마다 내걸어 놓은 일장기가 바람에 휘날리는 모습이 무척 인상적이었다.

가와사키 시에 있는 오카모토 타로 미술관 입구

미술관에 전시된 오카모토 타로의 작품 〈젊은 꿈若い夢〉

전위예술가 오카모토 타로岡本太郎도 이 섬을 방문한 적이 있다. 오카모토는 1970년 오사카에서 열린 만국박람회 당시 '태양의 탑太陽の塔'을 만들었던 예술가로 유명하다. 그는 오키나와 문화를 아끼고 사랑했던 예술가의 한 사람으로 『오키나와 문화론–잊혀진 일본沖縄文化論ー忘れられた日本』中公文庫, 1972이라는 명저를 남겼다. 이 책은 노벨문학상 수상작가 가와바타 야스나리川端康成가 읽고 오키나와에 가고 싶다고 언급할 정도로 평판이 좋았다. 문학자 미시마 유키오三島由紀夫도 이 책을 격찬했다고 한다. 나는 이곳에 오기 직전에 그의 저서를 서둘러 읽었는데, 지와리 제도地割라고 부르는 구다카지마의 토지제도[토지를 공유하는 제도이다], 여성사제 노로ノロ, 민속신앙의 성지 우타키御嶽, 섬의 자연풍광 등이 섬세하게 기술되어 있었다. 책 곳곳에서 예술가의 안목에서 언급한 대목을 확인할 수 있었는데, 특히 그가 이 섬의 풍장風葬에 대해서 언급한 다음 대목이 인상적이다.

> 풍장–지금은 이 섬에만 남아있는 오키나와의 오랜 관습이다. 구다카지마에는 이 수많은 죽음과 소박한 삶의 나날들이 투명한 지층을 이루어 말없이 감추어져 있다. 삶은 고요하고 쓸쓸히 죽음에 둘러싸이고, 죽음이 살아있는 것인지, 삶이 죽어있는 것인지, 삶과 죽음 중에 어느 쪽이 실재하는지, 문득 착각이 일어난다[152쪽].

그의 오키나와 문화론에 공감하는 사람들이 많아진 영향으로 재작년에 〈오카모토 타로의 오키나와〉(2018)라는 다큐멘터리 영화가 제작되기도 하였다. 도쿄에서 멀지않은 가와사키 시川崎市에 오카모토 타로 미술관이 있는데, 마침 2018년 8월 도쿄에 있는 와코대학和光大學에서 열린 학술대회에 참석했다가 내친김에 미술관에 들렀다. 전시된 작품 중에는 오키나와와 연결되는 작품이 적지 않았다. 이를 보아도, 그의 작품 활동 저변에는 '오키나와'라는 수맥이 흐르고 있었음이 분명해 보인다. 그는 오키나와를 통해서 작품 창작을 위한 영감靈感을 얻곤 하였던 것이다. 미술관 매점에서 파는 그의 전시회 포스터 중에 마음에 드는 것이 있어서 지인들에게 선물할 생각에 몇 장을 샀다.

3. 12년에 한 번 말띠 해에 거행하는 이자이호

실은 내가 애초에 구다카지마에 관심을 가졌던 것은 샤쿠투이 마쓰리보다는 이자이호イザイホー라는 마쓰리로 인해서이다. 이자이호는 12년에 한 번 말띠 해에 열리는 의례로, 섬에서 태어나고 자란 서른 살 이상의 기혼여성이 신을 모시고 신녀神女가 되기 위한 일종의 취임 의례이다[신녀는 일종의 무녀이다]. 여성들만이 참여하여 주관하는 비의秘儀에 가까운 의례이다. 구다카지마라고 하면 이 이자이호를 떠올릴 정도로 일본에서 명성이 자자하다.

이자이호 의례: 신녀들의 행렬
촬영 및 출전: 히가 야스오

나는 말띠에 해당하는 2002년과 2014년에 이자이호를 보러 가기 위해서 줄곧 기다렸지만 1978년을 마지막으로, 의례에 참여하고 이를 집행할 전승자가 적다는 이유로 거행되지 않았다. 이제 2026년에 실현되기를 기다리는 수밖에 없을 것 같다. 2014년에 열릴 이자이호가 취소되었다는 소식을 듣고, 꿩 대신 닭은 아니지만 이자이호 대신에 샤쿠투이 의례를 보기로 했다. 하는 수없이 의례과정을 유튜브 영상을 뒤져서 보거나 관련 사진집을 보는 것만으로 만족하였다. 유튜브 영상 중에는 아마추어 수준을 뛰어넘는 좋은 자료가 많아서 유튜브 시대를 실감나게 한다.

이자이호 의례: 절구통 앞에서 신녀가 축원
촬영 및 출전: 히가 야스오

사진집 중에는 히가 야스오比嘉康雄의 작품이 단연 돋보인다. 히가는 필리핀에서 태어난 경찰 출신의 사진가로 구다카지마의 연중행사에 관한 뛰어난 사진집을 남겼다. 이자이호를 기록한 흑백사진 한 장 한 장에 의례 현장의 엄숙함과 경건함이 잘 담겨있다[『주부가 신이 되는 시각神神の古層⑤主婦が神になる刻』(1990)]. 그는 62세에 일찍 작고하였는데, 생전에 구다카지마를 구석구석 빠짐없이 돌아다니며 카메라에 담았다. 내가 머물던 민박집 주인도 그의 존재를 알고 있었다. 민박집 주인의 "히가씨는 섬에서 들어가서는 안 될 곳을 들어갔기 때문에 일찍 죽었다"라는 말을 듣고는 무언가 섬뜩한 느낌조차 들었다. 내가 멀리 한국에서 왔기 때문에 어느 의미에서는 허물없이 본심을 말했으리라. 외부인들에게 허용되는 섬의 경계는 어디까지인지, 나

와 같은 연구자들은 어디까지 알고 조사를 하면 되는지, 조사자와 구술자informant 사이에는 어느 정도 솔직한 소통이 가능한지, 진지하게 고민해봐야 할 대목이다.

4. 마을의 정월 의례 샤쿠투이

호카마덴 마당에서 순서를 기다리는 두 사람

샤쿠투이는 마을 중앙에 위치한 호카마덴外間殿이라는 제례 공간에서 거행된다. 이곳은 이자이호를 거행하는 우돈미야御殿庭라는 제례 공간과 함께 섬에서 가장 중요한 제례 공간이다. 원래 샤쿠투이는 이 두 곳에서 거행했다고 하는데, 현재는 호카마덴에서만 거행한다. 의례는 절차가 간단해서 비교적 알기 쉽다. 설 첫째 날에는 남성 위주이며 셋째 날에는 여성 위주로 진행한다. 샤쿠투이 의례는 첫째 날과 셋째 날이 중심이지만, 사흘 내내 신을 가까이서 의식하고 섬을 떠난 사람들은 섬을 찾아와 섬사람들과 인간관계를 이어간다. 또한 어부들은 이 기간에 배의 수호신에게 풍어와 해상안전을 기원하는 '고사'를 올린다. 섬에 옛날부터 전하는 '남자는 어부, 여자는 신녀'라는 속담이 잘 들어맞는다. 이 점에서 구다카지마의 설 사흘 동안은 남녀 모두에게 줄곧 마쓰리의 시간이자 공간이다.

샤쿠투이라는 말이 '술잔을 주고받는다酌取'라는 의미라는 데서 알 수 있듯이, 이는 오키나와 말로 가민추神人라고 부르는 마을의 사제에게 술잔을 올리고, 이를 받아든 사제들이 신을 대신하여 마을 사람들의 건강을 축원하며 술잔을 돌려주는 의례이다. 말하자면 사제를 사이에 두고 신과 인간이 술잔을 주고받으며 한 몸이 되는 셈이다.

마을 사람들은 두 명이 한 조가 되어 참여한다. 두 명이 호카마덴의 입구 마당에서 차례가 돌아오기를 기다리다가 안으로 들어간다. 안으로 들어가 가민추 앞에 무릎을 꿇고 앉으면 가민추가 미리 준비한 술잔을 건넨다. 술잔을 받으면 그 자리에서 비우고 가민추에게 돌려준 후에 마당으로 내려온다. 이 대목이 매우 흥미롭다. 마당으로 내려와서는 둘이서 가차시カチャーシー라는 춤을 추며 온몸으로 기쁨을 표현한다. 오키나와 말 '가차시'는 '춤추며 돌아다닌다'라는 뜻이다. 머리 위나 머리 앞으로 두 손을 올리고 흔들며 추는 춤이다. 남녀노소 함께 추는 춤으로 오키나와의 마쓰리나 잔치에서 흔히 볼 수 있다. 나는 오키나와의 민속조사를 다닐 때마다 가차시를 추며 흥겨워하는 오키나와 사람들을 보면서, 오늘날 한국에는 왜 이런 춤이 사라지고 말았는지 안타까운 생각이 끊이질 않았다.

샤쿠투이 의례 후에 할머니와 손자가 함께 가차시 춤을 추며 기뻐한다

샤쿠투이 의례의 술잔을 준비하는 마을의 가민추神人

가민추로부터 술잔을 건네받는 두 사람.
이 두 사람은 이날 처음으로 샤쿠투이에 참가했다

5. 시인 다카라 벤 부부를 만나다

오키나와의 창세신 아마미키요 사당

아마미키요 사당 내부의 제단

샤쿠투이 첫째 날 뜻밖에도 호카마덴 부근에서 다카라 벤高良勉 부부를 만났다. 다카라씨는 오키나와 출신의 시인이다. 오키나와현 사료편집실의 연구원을 지내기도 했으며 나와의 인연이 길다. 그를 처음 만난 것은 2000년 오월 광주에서이다. 2000년 오월은 광주민주화운동 20주년이 되는 해로, 이를 기념하기 위한 국제학술대회가 지리산에 위치한 어느 기업의 연수원에서 개최되었다. 당시 일본, 대만, 오키나와에서 평화운동 및 인권운동을 하던 활동가들이 많이 참가하였는데, 그 때 처음 만나 인사를 나눈 것을 계기로 가끔씩 연락을 주고받는 사이가 되었다. 사람의 인연이란 묘한 것으로, 그를 구다카지마에서 우연히 만나게 된 것이다.

다카라 시인의 부인 다카미네 히사에高嶺久枝 씨는 오키나와의 전통무용을 전공하는 무용가로 현재 오키나와현립예술대학에서 후진을 양성하고 있다. 마침 오키나와의 창세신 아마미키요를 소재로 하여, 오키나와 전통무용을 현대식으로 창작한 창작무용집을 출판하게 되었는데, 아마미키요를 모신 사당에 가서 이를 보고하고 치성을 드리기 위해서 부부가 함께 구다카지마를 방문했다고 한다. 나는 좋은 기회라 여기고 이들 부부와 함께 사당을 찾았다.

사당은 소박하게 꾸며져 있었다. 한 평 남짓한 콘크리트 구조물 위에 기와가 얹어져 있고 입구에는 오키나와에서 자주 볼 수 있는 열대나무가 심어져 있다. 안으로 들어가니 정면에 제단이 양쪽으로 차려져 있다. 제단 한쪽에 세워진 기다란 나무 막대기가 눈에 띄었다. 물어보니 이 나무 막대기는 신화에 등장하는 아마미키요가 국토를 창생할 때에 사용했다는 막대기의 상징물이라고 한다. 사당 구석에는 솥이 걸려있고 그 앞에 붉은색 종이를 깔고 귤 종류를 세 개 올려놓았다. 이는 다름 아닌 히누칸ヒヌカン이다. 한국의 조왕신에 해당하는 집안의 신으로 오키나와 민간신앙에서도 조왕신을 중요하게 여겨, 가정에서 무언가 치성을 드릴 일이 있을 때면 반드시 이 히누칸에 먼저 공물을 바치고 의례를 진행한다.

다카라 시인 부부는 제단 앞에 무릎을 꿇고 앉아서 열심히 치성을 드린다. 그 옆에서 아마미키요 사당을 관리하는 가민추 무녀가 함께 치성을 드린다. 창세신 아마미키요, 그를 받드는 무녀, 오키나와의 무용가, 아마미키요가 등장하는 창작무용, 이 모든 것들이 너무나 자연스럽게 연결된다. 이 장면만을 보아도 구다카지마가 여전히 신화가 숨을 쉬고, 인간들도 신화 속의 신과 호흡을 함께하는 신인일체의 사회라는 것을 알 수 있다. 일찍이 한국에서도 집안 도처에 신들이 함께 했었다. 도대체 한국의 신들은 다 어디로 갔을까.

아마미키요 사당에서 치성을 드리는 다카라 벤 부부

아마미키요 사당 한쪽의 히누칸(조왕신)

6. 마을 어르신께 세배 다니기

샤쿠투이는 첫째 날과 셋째 날 오전 10시경에 시작하여 점심 무렵이 되면 끝난다. 그 사이사이에 섬사람들은 마을 어른들을 찾아다니며 '세배' 를 드린다. 길을 가다보면 마을 사람들이 손에 세배 드리러 가는 집의 어른께 드릴 선물을 들고 가는 모습을 쉽게 볼 수 있다. 어떤 사람은 한 대들이 술병을 들고 있고 어떤 사람은 과일 꾸러미를 들고 있다. 그러고 보면 나도 어릴 적에 설에는 아버지를 따라서 할아버지가 계시는 큰집으로 세배를 다니곤 했다. 골목에서 구다카지마 사람들과 마주칠 때마다 술병이나 고기를 들고 큰집을 향하던 내 어릴 적 모습과 겹쳐서 어쩐지 푸근한 생각이 들었다. 정겨운 풍경이 아닐 수 없다.

마을 어른에게 세배를 드리러가는 주민과 다카라 벤 부부. 손에 한 대들이 술병이 들려있다

나는 아카미네 마사노부 교수를 따라서 함께 마을 집집을 돌았다. 집집마다 세배를 다니는 관습이 정착되어서인지, 어느 집에서나 그 집 어른이 술잔 세트를 준비해 두고 술을 따라준다. 말하자면 샤쿠투이에서 마을의 가민추가 마을 사람들에게 술잔을 건네며 한 해 동안의 건강과 안전을 축원해주는 것과 같은 이치이다. 손님이 술잔을 비우면 안주 삼도록 소금을 젓가락으로 집어서 손바닥에 건네주는 모습이 인상적이었다. 물론 이 때의 소금은 안주로서만이 아니라 부정한 것을 정화한다는 의미가 담겨있다. 손님 앞에

는 설에 먹는 음식이 차려진다. 일본 본토에 비하면 소박하지만 내장과 곤약을 함께 넣어서 끓인 국물, 문어숙회, 김밥 등이 제법 맛이 좋다.

집안 어른이 세배를 온 손님에게 술잔을
건넨 후에 소금을 집고 있다

세배를 온 손님에게 내놓은 간단한 안주

7. 할아버지, 아버지, 손자 삼대의 뱃고사

구다카지마의 설 사흘간은 어부들의 마쓰리 기간이자 휴식 기간이기도 하다. 마을에서 배를 갖고 있는 어부들은 이 기간에 배의 수호신에게 풍어와 해상안전을 기원하는 '고사'를 지낸다. 배의 수호신은 우리나라에서 배서낭이라고 부르는 배의 수호신과 비슷한 신격을 지니고 있다. 특히 둘째 날에 섬의 어부들이 모여서 잡은 고기로 직접 음식을 장만하여 나누어 먹으며 여흥을 즐긴다. 나는 섬을 돌아다니다가 여기저기서 어부들이 모여서 음식을 조리해서 술잔을 주고받으며 여흥을 즐기는 잔치에 끼어들었다. 모두들 모처럼의 휴식을 즐기며 즐거운 표정들이었다. 오키나와 전통악기 산신三線의 음률에 맞추어 노래하고 춤추는 모습이 무척이나 평화롭다. 셋째 날 아침에는 일찍 선착장으로 나갔다가 운 좋게 할아버지, 아버지, 손자 삼대가 한 자리에 모여서 뱃고사를 지내는 광경을 볼 수 있었다. 할아버지는 섬에 살고 있는 어부이며 아버지와 손자는 타지에 거주하는데 설을 맞아서 귀향을 했다고 한다. 할아버지가 나서서 배의 엔진 부분과 깃대 부분에 간단한 공물을 얹어놓고 술을 붓는다. 뱃고사가 끝난 후에는 삼대의 남자들이 정담을 나누며 술잔을 기울인다. 오키나와 사람들은 할아버

섬의 어부들이 잡은 고기를 손질하는 모습

배의 깃대 부분에 오려 놓은 뱃고사의 공물

지, 아버지, 손자 삼대가 한 자리에 모이는 기회가 많다. 특히 마쓰리는 삼대가 모이기에 좋은 기회이다. 마쓰리 동안에 아버지가 하는 것을 아들이 어깨 너머로 지켜보면서 자연스럽게 생활의 지혜를 익혀나간다. 이 책의 제1장에서 소개한 오키나와 다나두이 마쓰리의 예능보존회에서 활동하는 삼대의 남자들도 마찬가지이다.

선주 할아버지의 뱃고사

뱃고사를 지낸 후에 삼대가 한가롭게 담소

8. 책 번역으로 이어진 다카라 시인과의 재회

구다카지마에서의 다카라 시인 부부와의 재회는 예기치 않게 그의 저서를 번역하는 계기가 되었다. 그는 시집뿐만이 아니라 여러 권의 에세이를 썼는데, 그 중에 『沖繩生活誌』(岩波書店, 2005)라는 저서가 있다. 이 책은 오키나와 사람들의 일상생활을 봄, 여름, 가을, 겨울이라는 사계절로 나누어 다루었다. 설과 오본お盆을 비롯한 연중행사, 오키나와의 의식주, 민속신앙, 춤과 노래, 오키나와전, 미군기지에 이르기까지 다양한 오키나와의 사회문화가 담겨 있다. 특히 이 책은 다카라 시인의 개인사 및 가족사를 기반으로 썼기 때문에 읽는 이로 하여금 많은 공감을 불러일으킨다. 책을 읽다보면, 오키나와 사람들의 가족, 이웃, 친구들의 일상생활을 통해서 오늘날 한국사회에서 잃어버린 혹은 잊어버린 공동체에 대한 그리운 기억들이 되살아나곤 한다. 나는 이 책을 읽으면서, 책 곳곳에서 나의 어린 시절의 가족, 이웃, 친구들의 모습을 떠올리곤 했으며, 언젠가 한국어로 번역했으면 하는 바람을 가지게 되었다.

구다카지마에서 우연히 만난 그와 술을 마시면서 번역에 관해서 말씀을 드렸더니 흔쾌히 승낙하며 기뻐하였다. 그날 이후 나는 공동번역자의 도움을 받아 몇 년이 지난 후에 『오키나와 사람들의 한해살이』(김용의 · 김희영 공역, 민속원, 2016)라는 제목으로 출판하였다.

흔히 마쓰리는 신과 사람 사이의 교신은 물론이고, 사람과 사람 사이를 이어주는 계기가 된다고 한다. 평소에 서먹서먹했거나 서운함을 느꼈던 지역 주민끼리, 그리고 멀리 타지에 나가 살던 고향 사람들이 마쓰리 동안에 한곳에 모여, 다시 좋은 인간관계를 회복하는 계기가 된다. 바로 마쓰리의 사회적 기능이다. 다카라 시인과 나의 경우도, 구다카지마의 마쓰리 덕분에 내가 그의 책을 번역하고 지금까지 좋은 관계를 이어가고 있다.

■ 참고문헌

김용의 · 김희영 공역(2016), 『오키나와 사람들의 한해살이』, 민속원

赤嶺政信(2014), 『歴史の中の久高島：家・門中と祭祀世界』, 慶友社

岡本太郎(1972), 『沖縄文化論-忘れられた日本』, 中公文庫

沖縄大百科事典刊行事務局(1983a), 『沖縄大百科事典　上巻』, 沖織タイムス社

沖縄大百科事典刊行事務局(1983b), 『沖縄大百科事典　上巻』, 沖織タイムス社

沖縄大百科事典刊行事務局(1983c), 『沖縄大百科事典　上巻』, 沖織タイムス社

高良勉(2005), 『沖縄生活誌』, 岩波書店

比嘉康雄(1989), 『神神の古層① 久高島の年中行事Ⅰ』, ニライ社

比嘉康雄(1990), 『神神の古層② 久高島の年中行事Ⅱ』, ニライ社

比嘉康雄(1990), 『神神の古層⑤ 主婦が神になる刻』, ニライ社

牧野清(1990), 『八重山の御嶽』, あ～まん企劃

후쿠오카 현 에노우라江浦의 기온마쓰리

1. 교토의 기온마쓰리를 뒤로 하고 시골의 기온마쓰리를 찾다

2017년 7월, 후쿠오카 현福岡縣 미야마 시みやま市 에노우라江浦 라는 곳에서 열리는 기온마쓰리祇園祭를 보러 갔다. 일본의 민속문화를 공부하는 동료 및 대학원생들과 함께 하였다. 당시 나는 연구년을 맞이하여 교토京都에 체류하고 있었으므로 이들과는 현지에서 합류하였다. 마쓰리를 보러가는 계기는 리쓰메이칸立命館 대학의 하라지리 히데키原尻英樹 교수가 마련하였다. 그는 주로 한국문화와 일본문화를 비교하며 연구하는 민속학자로, 그의 저서『동중국해역에서의 한반도와 일본열도』(김명미 역, 민속원, 2017)가 국내에서 번역되기도 하였다. 부인이 한국인이기 때문인지 한국어가 매우 능통할 뿐만 아니라 한국식 농담을 즐겨하는 매우 유쾌한 사람이다. 함께 마쓰리를 조사하는 내내 한국말로 유쾌한 농담을 건네서 우리 일행이 웃음을 터뜨리게 하였다. 그의 고향이 바로 미야마 시로 그가 마쓰리를 소개하며 꼭 보러 가자고 적극적으로 권유하였다.

에노우라는 후쿠오카에서 니시테쓰西鐵 철도를 타고 야나가와柳川에서 환승하여, 야나가와에서 전차로 10분 정도 걸리는 곳에 위치한 한적한 시골 마을이다. 따라서 비교적 마쓰리의 본래적 기능이나 과정이 잘 보전되어 있다. 오랜만에 구경하는 시골 마쓰리이다.

에노우라의 마쓰리 이름은 교토의 기온마쓰리와 똑같은 기온마쓰리이다. 매년 7월 세 번째 토요일에 열린다. 마쓰리 날짜까지도 교토의 기온마쓰리와 겹친다. 교토에 사는 일본인 친구에게 에노우라의 기온마쓰리를 보러간다고 했더니, 그 유명한 교토의 기온마쓰리를 놔두고 시골의 기온마쓰리를 보러 가느냐고 놀려댔다. 하지만 내 나름대로 두 가지 이유가 있었다. 첫째 에노우라는 내가 대학원 유학시절에 혼자서 마쓰리를 조사 다니던 지역의 인근에 위치해 있어서 오랜만에 가보고 싶은 생각이 들었다. 둘째 교토의 기온마쓰리는 이미 몇 번이고 본 적이 있기도 했지만, 에노우라의 기온마쓰리에는 분명 대도시 교토에서는 느낄 수 없는 '그 무엇인가'가 있을 것임을 직감했기 때문이다. 나의 예감은 적중하였다.

2. 일본의 여름은 마쓰리의 계절

일본의 여름은 마쓰리祭의 계절이다. 마쓰리는 일본에서 대표적인 여름의 풍물시이다. 일본의 전통적인 5·7·5의 정형시 하이쿠俳句에서도 마쓰리는 여름을 상징하는 계절 언어[이를 가리켜 기고季語라고 한다]로 자주 읊어진다. 실제로 여름이 되면 일본 각지에서 크고 작은 마쓰리가 잇달아 열린다. 그렇지 않아도 일본은 기후가 습하고 더운데, 왜 하필이면 무더운 여름에 마쓰리가 집중되어 있을까. 여기에는 다 이유가 있다.

대개 일본에서 역사가 오래된 전통 마쓰리는 봄과 여름에 집중되어 있다. 특히 전국적으로 유명한 마쓰리는 여름에 열리는 경우가 많다. 보통 봄에 열리는 마쓰리는 그 해의 농사가 잘되기를, 혹은 한 해 동안에 모두가 무탈하기를 미리 신에게 축원하는 예축豫祝의 의미가 담겨있다. 이와는 달리, 여름에 열리는 마쓰리의 기원은 역병疫病 퇴치와 밀접한 관련이 있다. 여름에는 아무래도 기후적인 면에서 역병이 유행하기 쉽다. 특히 습기가 많은 일본은 역병과 무관하게 여름을 지내기가 쉽지 않았다. 따라서 마쓰리를 통해서 신의 위력으로 역병을 퇴치하고자 했다. 한국에서도 많이 알려진 교토의 기온마쓰리祇園祭, 오사카大阪의 덴진마쓰리天神祭, 하카타博多의 기온야마가사祇園山笠가 하필이면 무더운 여름철에 열리는 이유는 바로 여기에 있다.

3. 기온마쓰리 장식수레의 경합

에노우라에서 거행하는 기온마쓰리의 유래에 관해서는 분명하지 않다. 에도江戶 시대에 시작되었다고 전하는 정도이다. 문헌상으로는 『야나가와 시사 별책 도설 다치바가 집안 기록柳川市史別冊圖說立花家記』에 지쿠고노구니筑後國 야나가와 번柳河藩의 여름 행사의 일환으로 영지 내의 많은 신사에서 기온에祇園會를 거행했다는 기록이 남아있는 정도이다.[지쿠고노구니는 지금의 후쿠오카 현 일대이다. 야나가와 번은 지금의 야나가와 시 일대를 통치하던 번을 의미한다].

이 지역의 기온마쓰리는 '다이자야마마쓰리大蛇山祭'라고 달리 부르기도 한다. 다이자야마라고 부르는 용 모양의 장식수레가 등장하기 때문이다. '다이자大蛇'는 글자 그대로 용(뱀)이라는 뜻이며, '야마山'는 마쓰리 때에 끌고 다니는 장식수레를 가리키는 말이다. 다른 말로는 '다시山車'라고 부르기도 한다. 이 장식수레는 신을 태우는 가마인 미코시御輿와 함께 어느 지역의 마쓰리에나 등장하며, 마쓰리에서 결코 빠뜨릴 수 없는 볼거리 중의 하나이다. 따라서 가능한 한 화려하고 보기 좋게 꾸민다. 올해 등장하는 에노우라의 장식수레는 완성까지 3개월 이상이 걸렸다고 한다.

일본의 마쓰리에서 빠뜨릴 수 없는 것이 다시山車와 미코시御輿이다. 전국 각지에서 거행하는 일본의 수많은 마쓰리에는 거의 다시와 미코시가 등장한다. 이 책에서도 자주 등장하기 때문에 여기서 다시에 관해서 설명해두기로 한다[미코시에 관해서는 제4장을 참조].

다시는 지역에 따라서는 히키야마曳山, 야타이屋台, 단지리だんじり 등으로 부르기도 한다. 마쓰리 기간 동안에 마을 주민들이 어깨에 짊어지거나 끌고 다니는 장식수레이다. 지역적 특징을 살려서 최대한 화려하게 꾸미며, 근대 이후에는 끌고 다니기 편하도록 대부분 밑에 바퀴를 달았다. '다시山車'라는 명칭에서 알 수 있듯이, 대개 산 모양으로 만든 경우가 많으며 산신신앙과 밀접한 관련이 있다. 말하자면 산신이 거주하는 산을 그대로 옮겨놓은 것으로 해석할 수 있다. 산에서 내려온 신을 잘 모시기 위해서 마을 곳곳을 돌아다니며 구경시키는 것이다.

〈봉사도奉使圖〉 제7폭의 그림

후루마치古町 지구에서 제작하는 장식수레

신마치新町 지구에서 제작하는 장식수레

나는 그 동안 이 다시를 일본 고유의 마쓰리 상징물로 알고 있었다. 그런데 뜻밖에도 한국에도 비슷한 장식수레가 존재하였다. 중국의 아극돈阿克敦이 완성한 〈봉사도奉使圖〉에 일본의 다시와 비슷한 장식수레가 그려져 있는 것이 아닌가. 아극돈은 청나라 시대의 관리로 네 번에 걸쳐 사신으로 조선을 다녀갔다. 사신으로 다녀가면서 그가 본 당시 조선의 풍경 및 풍속을 20장짜리 화첩에 담았다. 화첩 제7폭 오른쪽 밑에 일본의 다시와 유사한 장식수레가 그려져 있다. 수레 밑에 바퀴를 달고 꼭대기에 깃발을 꽂은 모습이 일본의 다시와 흡사하다. 수레 위에 사람이 올라타서 뛰노는 것도 비슷하다[예를 들면 이 책의 제6장의 장식수레를 참조]. 이 화첩은 중국의 중앙민족대학에서 소장하고 있는데, 중한문화교류사료총서의 한권으로 영인되어 한국에서도 어렵지 않게 구할 수 있다[遼寧民族出版社, 1999].

에노우라의 마쓰리에는 모두 네 개의 장식수레가 등장한다. 에노우라 지역에 속하는 후루마치古町, 신마치新町, 다나카田中, 니노마루요시하라二ノ丸吉原라고 부르는 네 곳의 마을에서 각기 개성 있는 장식수레를 제작한다. 마쓰리 기간 동안에는 마을 곳곳으로 이들 수레를 끌고 다니며 동네를 한 바퀴 돈다. 그중에서 다나카 마을의 장식수레는 특별히 수레 위에서 노래하고 춤을 출 수 있는 무대를 마련하였다. 마쓰리 당일에는 인접한 야나가와 마을에서 무용을 전공하는 춤꾼들이 와서 무대 위에 올라 춤을 추어 볼거리를 제공한다.

니노마루 요시하라二ノ丸吉原 지구에서
제작하는 장식수레

다나카田中 지구에서 제작하는 가무용 무대

4. 모두가 들뜨는 마쓰리 분위기

마쓰리를 준비하는 기간은 물론이고 마쓰리 당일이 되면 마을 사람들이 들뜨기 마련이다. 집집마다 꽂아놓은 꽃장식과 등불이 분위기를 한층 고조시킨다. 마쓰리는 아침 일찍 마을 안에 위치한 요도히메신사淀姬神社 경내에 세워진 기온신사祇園神社에서 신에게 마쓰리를 보고하는 의식으로 시작한다. 일본의 대부분의 마쓰리는 그 지역의 신사와 밀접한 관련이 있다. 이는 마쓰리의 기본적인 과정이 신을 모셔와서 함께 어울리고 다시 보내드리는 것으로 마감하기 때문이다. 기온신사의 의식에는 네 곳 마을의 대표자가 모두 참가하여 진행된다. 신사에서의 의식이 끝나면, 오전 중에 흔히 간누시神主라고 부르는 신사의 신직神職이 네 곳 마을을 돌며, 대기 중인 장식수레를 정화하는 의식을 갖는다. [이를 가리켜 오하라이お祓い라고 한다]

간누시가 장식수레에 올라서 정화하는 의례

점심때가 지나면 오후부터 네 곳의 마을 사람들이 각기 장식수레를 끌고 집집마다 돌면서 집안의 평안과 무병장수를 축원한다. 남녀노소 가리지 않고 각자의 역할을 맡아서 함께 돈다. 마을을 도는 동안에 장식수레에 올라탄 사람들이 폭죽을 터뜨리며, 수레에 장치한 용의 입에서는 맹렬하게 연기를 내뿜으며 흥을 돋는다. 이때 축원을 받은 집에서는 그 답례로 '하나다이花代'라고 부르는 금품을 준비해서 건넨다. '하나다이'는 마을에서 마쓰리를 진행하는 중요한 재원 중의 하나이다. 특히 어린 아이가 있는 집에서는 아이를 안고 나와서 용의 입 언저리에 대고 흔들며 아이가 건강하게 자라기를 기원한다. 이는 사자춤이 등장하는 마쓰리에서 어린 아이를 안고 사자가 입으로 물도록 하여 건강을 기원하는 것과 같은 이치이다. 용 앞에서 자지러지게 우는 아이의 모습이 관중들의 웃음을 자아내기도 한다.

장식수레가 집집마다 돌며 축원해주는 답례로 하나다이(금품)를 제공

저녁 휴식 후에는 장식수레 일부를 트럭으로 옮겨 싣고, 길이 좁아서 수레가 들어가기 어렵거나 멀리 떨어진 집들을 중심으로 돌면서 축원을 이어간다. 이는 마쓰리의 본래적 기능 중의 하나라고 말할 수 있을 것이다. 본래 마쓰리는 해당 지역의 공동체 구성원들이 일 년에 한두 번, 신을 가까이에 모시고 대접하며 그 신으로부터 건강과 풍요를 보장받기 위해서 시작되었던 것이다. 따라서 남녀노소 누구라도 어떤 형식으로든지 함께 참여하는 것이 전제되어 있었다.

마쓰리의 절정은 저녁 9시 무렵에 네 개의 장식수레가 한곳에 모여서 벌이는 경연대회이다. 이 경연대회는 보는 사람들의 관심과 흥미를 끌기 위해서 십여 년 전부터 시작했다고 한다. 이 무렵이 되면 대회장 가까운 곳에 포장마차가 즐비하게 늘어서고 많은 인파가 붐빈다. 물론 이들 포장마차 또한 마쓰리의 볼거리 중 하나이다. 경연대회가 시작되면 다나카 마을에서 준비한 이동무대에서의 춤을 비롯하여, 나머지 세 곳의 장식수레에서 경쟁적으로 불꽃과 연기를 내뿜으며 위용을 자랑한다. 모인 사람들은 여름날 밤하늘에 떠오른 별과 함께, 이 모습을 보면서 즐거운 한때를 보낸다.

밤에 열리는 장식수레 경합

마쓰리 후에 유지들이 함께 모여서 뒤풀이

5. 비싼 값에 팔리는 장식수레의 용 눈알

경연대회가 끝나면 각기 마을로 돌아가 그날 중으로 장식수레를 부수어 바로 해체한다. 아무리 반가운 손님일지라도 집에 오래 머물면 성가신 것과 같은 이치이다. 이 해체작업이 또한 구경꾼들의 볼거리 중의 하나이다. 장식수레를 꾸미는 갖가지 장식은 현장에 피워놓은 불에 태우는 것이 원칙이다. 일본의 마쓰리에서 물과 불은 무언가를 정화하는 과정에 반드시 필요한 두 가지이다. 일본인들이 온천을 즐기는 이유도 이 같은 관점에서 해석이 가능하다. 온천은 지친 몸을 쉬어주며 치료하거나 깨끗하게 씻는다는 실용적인 이유와는 별개로 심신을 정화한다는 의미가 담겨있기도 하다. 불을 이용하여 물을 데운 것이 다름 아닌 온천이기 때문이다. 해체한 장식수레의 일부는 모인 사람들에게 나누어주거나 돈을 받고 건네주기도 한다. 이는 물론 마쓰리에 동원된 장식수레가 복을 가져다주는 신성한 영물靈物이라는 믿음 때문이다. 특히 앞쪽에 장식한 용의 눈알 부분은 따로 떼어내서 소중하게 보관한다. 이 눈알은 그 마을에서 유지에 해당하는 사람이 대략 10만 엔 정도를 지불하고 구입한다고 한다.

마쓰리 후에 신속하게 장식수레 해체

장식수레를 해체하면 용의 눈알을 분리

장식수레에서 분리한 용의 눈알을 운반

용의 눈알을 구입한 집에서 집안에 소중하게 보관

올해는 에노우라에서 술 유통업을 하는 사람이 용의 눈알 하나를 구입하였다.

마쓰리 다음날 오전, 용의 눈알을 구입한 집에서 이를 집안에 안치하는 봉납 의례를 한다고 하여 보러 달려갔다. 다행히 우리는 의례가 시작되기 전에 도착하여 마지막까지 견학을 할 수가 있었다. 눈알을 소지한 마을의 젊은 청년 10여 명이 트럭에 실은 북과 종을 치면서 행렬을 이루고 나타나면, 눈알을 구입한 집에서 미리 대기하고 있던 청년 대표가 이를 건네받아서 유리 상자에 넣어 집안 한쪽에 안치한다. 이로써 에노우라의 기온마쓰리는 모두 끝이 났다.

6. 물가의 요괴 갓파의 고장 다누시마루

우리 일행은 기온마쓰리 답사를 마치고 돌아가는 길에 인접한 다누시마루 정田主丸町에 내려서 주변을 둘러보았다. 다누시마루는 나에게 무척 정감이 느껴지는 '추억의 고장'이다. 오사카 대학 대학원 석사과정 시절에 이 일대의 갓파河童 신앙을 조사하기 위해서 혼자서 방문했던 적이 있기 때문이다. 교토의 기온마쓰리를 보지 않고 이곳을 찾은 이유이기도 하다. 이십 몇 년 만에 다시 찾으니 감회가 새로웠다.

사당에서 기원하는 마을 아이들

갓파는 주로 물가에서 사는 것으로 알려진 무서운 요괴이다. 그 속성이 다양해서 말을 물속으로 끌어들이거나 사람에게 스모相撲를 하자고 덤비며, 사람에게 달라붙어서 병에 걸리게 한다. 물에서 헤엄치는 아이의 몸속에 있다는 시리코다마尻子玉[정확하게 어느 부위인지는 불분명하다]를 빼가거나 여자를 희롱하기도 한다. 그리고 친숙한 사람에게는 밥상이나 그릇을 빌려주며 물고기를 선물하기도 한다. 어느 쪽인가 하면 한국의 도깨비와 가장 가까운 속성을 지닌 요괴이다.

다누시마루 정 일대는 갓파에 관한 전설이 풍부한 지역이다. 그 때문인지 여름이면 갓파를 수신으로 모시고 제사 지내는 수신제水神祭라는 마쓰리를 지내는 곳이 많다. 마쓰리를 지내는 이유는 간단하다. 더운 여름에 물속에서 물놀이를 하는 아이들이 갓파에게 피해를 입지 않도록 빌기 위해서이다.

나는 대학원 시절에 이 일대에서 수신제를 조사한 적이 있다. 당시 내가 조사한 수신제는 마을의 중년 아주머니들 대여섯 명이 모여서 간단한 공물을 차려놓고 치성을 드리는 소박한 규모였다. 비록 규모는 작았지만 지금도 갓파의 존재를 믿으며 마쓰리를 행한다는 사실에 놀라워한 적이 있다. 실제로 마을 아이들이 사당 앞에 와서 진지한 표정으로 참배를 한다. 사당 안쪽에는 신으로 모시는 갓파 목상이 상자 속에 안치되어 있었다. 높이 30센티미터 정도의 조그마한 입상이다. 목상의 상태를 보니 제법 오래된 듯하다. 이때 현장에서 찍은 갓파의 사진을 지금도 소중하게 간직하고 있다.

수신으로 모시는 갓파의 목상

갓파는 일본에서 어린이들 사이에 매우 인기가 있는 요괴이다. 이를 반영하듯이 갓파를 소재로 하는 만화나 애니메이션이 제작되기도 하였다.

2007년 하라 게이치原敬一 감독이 제작한 애니메이션 〈갓파 쿠와 여름방학河童のクゥと夏休み〉은 국내에서도 소개되어 인기를 끌었다. 어린이뿐만 아니라 일본의 문학자 중에서도 애호가가 많다. 예를 들면 아쿠타가와 류노스케芥川竜之介의 소설에 『갓파河童』(1927)라는 작품이 있으며, 대표적인 갓파 문학자인 히노 아시에火野葦平는 갓파를 소재로 하여 43편에 이르는 단편소설을 집필하기도 하였다. 다누시마루는 일본에서 갓파를 지역부흥으로 활용하여 성공한 곳으로 널리 알려졌다. 흔히 '갓파의 고장'이라 일컬어진다. 갓파의 고장답게 역사驛舍도 갓파 캐릭터를 활용하여 지었으며 마을 곳곳에는 갓파 캐릭터를 활용한 조형물을 설치하였다. 이십 몇 년 만에 다시 방문하여 천천히 둘러보았는데, 옛날과 크게 달라진 것 같지는 않다.

갓파 캐릭터를 활용한 다누시마루 역의 역사

다누시마루에 설치된 갓파 조형물

8. 일본의 마쓰리는 어린이 날, 어버이 날, 노인의 날

다누시마루를 구석구석 둘러보고 숙소로 돌아와 대학원생들에게 기온마쓰리를 본 소감을 물어보았다. 대학원생 중에는 현장에서 일본의 마쓰리를 본 것이 처음인 사람도 있고, 여러 번 본 사람도 있다. 이들은 한결같이, 마을사람들이 너나할 것 없이 모두 마쓰리에 참여하는 공동체 의식이 놀랍다고 말한다. 나 또한 전적으로 공감하였다.

교토에서 열리는 기온마쓰리를 뒤로 하고, 멀리 떨어진 시골 마을 에노우라까지 찾아온 나의 기대는 결코 어긋나지 않았다. 에노우라의 마쓰리 광경을 지켜보는 내내 마쓰리가 이곳 에노우라 사람들의 가족, 이웃, 마을공동체의 소통에 얼마만큼 소중하고 생활의 활력소 노릇을 하는지를, 직접 내 눈으로 보고 확인할 수가 있었기 때문이다.

특히 마쓰리 행렬을 따라가다가 우연히 마주친 가족들의 화목한 모습이 내 기억에 오래 남는다. 마쓰리 기간에 맞추어 부모님이 계신 고향에 모인 가족들이다. 내가 사진 촬영을 청하자 삼대의 가족들이 밝게 웃으며 기꺼이 응한다. 어쩌면 일본의 마쓰리는 어린이 날, 어버이 날, 그리고 노인의 날을 합쳐 놓은 날인지도 모른다. 나는 앞으로도 에노우라를 계속 가게 될 것 같다.

마쓰리 기간에 부모님이 계신 고향에 모인 가족들

■ 참고문헌

김용의(2013), 「갓파河童와 인간의 스모相撲 겨루기의 이원론적 대립 구조」 『일본어문학』 제57집, 한국일본어문학회

芥川竜之介(1968), 『河童・或阿呆の一生』, 新潮文庫

阿克敦(1999), 『奉使圖』, 遼寧民族出版社

돗토리 현 다케노우치竹内의 돈도마쓰리

1. 일본의 달집태우기, 돈도마쓰리

2015년 1월 중순, 일주일 정도 혼자서 일본의 산인山陰 지방을 여행했다. 산인은 일본에서 지역을 가리키는 용어로, 주로 한국의 동해를 바라보는 쪽에 위치한 지역으로 일본에서 부르는 일본해 쪽에 치우친 곳을 가리킨다. 현으로 하자면 주로 시마네 현島根縣, 돗토리 현鳥取縣 등이 해당한다. 시마네 현에서는 마쓰에松江에 있는 문학자 고이즈미 야쿠모小泉八雲의 기념관, 독도竹島 자료실 등을 둘러보았는데, 주된 여행 목적은 돗토리 현 사카이미나토 시境港市 다케노우치 정竹内町에서 행하는 돈도마쓰리トンド祭라는 마쓰리를 보는 것이었다. 돈도마쓰리는 한국의 달집태우기와 매우 흡사한 민속행사이다. 정월 대보름을 전후하여 기다란 대나무를 서너 개 세워놓고 그곳에다 그 해 정월에 장식했던 가도마쓰門松나 시메카자리注連飾り 등을 가지고 와서 태

다케노우치 가정집 현관에 장식한 가도마쓰

우는 행사이다. 이때 그 불에다가 꼬챙이에 끼운 떡을 구워먹으며, 시메카자리를 태운 재를 집으로 가지고 가서 집 주위에 뿌리기도 한다. 이렇게 하면 그 해에 병을 물리친다고 믿기 때문이다.

불에 태우기 위해서 들고 나온 시메카자리

가도마쓰는 새해를 맞이하여 연말연시에 가정집 현관이나 가게 입구에 장식한다. 흔히 새해에 복덕을 내려주기 위해서 현세를 방문하는 신을 맞이하기 위한 표시물로 알려졌다. 이 신을 세덕신歲德神이라고 한다[일본어로는 도시도쿠진이다]. 시메카자리는 신사나 사당에서 흔히 볼 수 있는 금줄에다 흰 종이를 오려서 귤과 나뭇가지를 같이 끼워서 만든 새해의 장식물이다. 일본의 민속신앙에서 일종의 부적과 같은 기능을 한다.

돈도마쓰리는 흔히 사기초左義長라는 이름으로 많이 알려졌다. 일본에서 전국적으로 볼 수 있는 민속행사로 지역에 따라서는 돈도야키 とんどやき 혹은 간단히 돈도とんど라고 부르기도 한다. 특히 사카이미나토 시 인근은 지금도 여전히 돈도야키가 성행하는 지역이다. 다케노우치의 돈도마쓰리를 보러가게 된 것은 그곳에 야마모토 미치에山

本みちえ씨의 집이 있었기 때문이다. 그는 내가 현재 한국 대표를 맡고 있는 아시아설화학회의 일본 회원으로 한국문화에 관심이 많은 지한파이기도 하다. 한국에 친구들도 많아서 해마다 정해 놓고 한국을 방문하곤 한다. 마침 그가 자기 마을에서 돈도마쓰리를 한다고 알려주었다.

2. 돈도야키 마쓰리의 제단

다케노우치의 돈도마쓰리는 1월 두 번째 일요일에 거행한다. 2015년은 1월 11일이 마쓰리 날이었다. 마쓰리는 주민들이 마을회관에 모여서 시작한다. 오후 1시쯤 마을회관으로 가니 회관의 도코노마床の間에 제단이 차려져 있다[도코노마는 일본식 방 한쪽에 약간 높게 단을 설치한 공간으로 손님이 오면 그 앞에 앉히는 중요한 공간이다]. 중앙에 미코시御輿 가마가 놓여 있고 미코시에는 시메나와注連縄라고 부르는 금줄을 쳐놓았다. 미코시 정면에는 신체神體를 상징하는 둥근 거울을 안치하였다. 그 주위 사방으로 고헤이御幣라고 부르는 흰 종이를 오려서 만든 장식물을 세워놓았다. 바로 앞에 양쪽으로 푸른 나뭇가지를 꽂아둔 사이에 제물을 차려놓았다. 제물은 가운데에 둥글게 만든 가가미모치鏡餅[거울처럼 둥글게 만든다고 해서 붙여진 이름으로 일본 가정에서는 새해에 이 떡을 만들어서 차려놓는다] 위에 감귤을 올려놓았으며 오미키お神酒라고 부르는 술을 함께 차렸다. 그 앞에는 마른 오징어와 다시마 등을 같이 올려놓았다.

제단 양쪽으로는 사자춤에 사용하는 가면 두 개가 안치되어 있다. 이 사자 가면은 미코시가 마을을 행진할 때에 미코시 앞에서 선도하는 역할을 하는 사람이 쓰며, 마쓰리 기간에 집집마다 돌며 금품을 거둘 때에도 함께 동행 한다. 왼쪽에 큰북이 놓여있는데, 불교의 승려나 기독교의 목사에 해당하는 신사의 간누시神主가 마쓰리를 시작하는 의례를 거행할 때에 이 북을 친다. 제단 아래로 크게 고도시도쿠다이진御歲德大神이라고 써서 늘어뜨려 놓은 글씨가 눈에 띈다. 이를 보면 이 마쓰리가 세덕신을 맞이하기 위한 제례라는 사실을 확인할 수 있다. 말하자면 신을 맞이하여 신과 함께 새해를 시작하는 셈이다.

마을회관 안에 차려진 제단

마쓰리 시작 전 간누시神主의 의례

3. 돈도마쓰리의 행렬 구성

돈도마쓰리의 행렬 구성은 소박하다. 이는 이 마쓰리가 외부에서 찾아오는 구경꾼과는 무관하게, 새해에 세덕신을 맞이하여 현지 주민들의 건강과 안전을 비는 주민 주도형 마쓰리이기 때문일 것이다. 실제로 외부에서 구경하러 온 사람들이 거의 없다. 지역 주민 위주로 소박하게 진행하는 만큼 마쓰리의 본래적 의미가 잘 전달되고 알기도 쉬웠다.

마을회관에서 간누시가 주관하는 의례가 끝나면 미코시를 밖으로 꺼내어 행렬을 이룬다. 이 날은 해와 달이 그려진 단선團扇을 붙인 깃대를 든 두 사람을 선두로 하여, 마쓰리의 도야頭屋에 해당하는 유지 두 사람이 그 뒤를 따랐다[도야는 마쓰리의 책임자이다]. 두 사람 중 한 사람은 손에 신의 신체를 상징하는 거울을 들었다. 이어서 사자탈을 쓴 사람이 뒤를 따르고 그 뒤에 미코시, 이어서 큰북 · 작은북 · 피리 등으로 장단을 맞추는 사람들, 그 뒤로 각각 깃대를 든 마을 사람들이 따른다. 각각의 깃대에는 지구별 도야의 이름과 함께 '세덕대신歲德大神'이라는 글씨가 쓰여 있다. 이들 행렬은 마을회관을 출발하여 마을

돈도마쓰리 행렬

행렬 뒤에서 깃발을 들고 따르는 마을 사람들

곳곳을 돈 후에, 미코시를 보관하는 창고에 도착하면 미코시를 여기에다 집어넣고, 돈도마쓰리의 절정인 불을 태우는 장소로 이동한다.

사자 가면을 쓰고 집집마다 돌며 금품을 거두며 건강과 안전을 축원

이 날 마쓰리에서는 두 곳에 불을 태우는 공간을 마련하였다. 가운데에 큰 소나무로 기둥을 세우고 밧줄로 고정한다. 이 나무는 말하자면 신목神木이다. 마을 사람들이 이곳으로 가도마쓰나 시메카자리를 들고 와서 집어던진다. 가도마쓰나 시메카자리는 일종의 성물聖物이므로 함부로 내다버리지 않고 불에 태우는 것이다. 그 중에는 긴 장대에 떡을 매달아서 불에 집어넣어 굽는 사람도 눈에 띈다. 그 떡은 대개 앞서 언급한 새해의 가가미모치이다. 마쓰리에서 건강과 안전도 보장 받고 맛있는 떡도 구워먹을 수 있으니, 이보다 좋을 순 없겠다.

마쓰리가 끝나면 마을 창고에 미코시를 넣어서 보관

돈도마쓰리 이튿날에는 행렬에 참여했던 젊은 사람들을 중심으로 집집을 방문하여 새해 건강과 안전을 축원하고 금품을 걷기도 한다. 이를 가리켜 일본어로는 가도즈케門付け라고 한다. 오늘날 한국에서는 거의 찾아볼 수 없게 되었지만, 일본의 마쓰리 현장에서는 지금도 흔하게 목격할 수 있다. 이 가도즈케에 관해서는 중앙대 박전열 교수께서 한국과 일본의 사례를 심층적으로 연구하여 일본에서 저서를 출판하기도 하였다[『門付けの構造』, 弘文堂, 1989]. 다케노우치 지역 돈도마

쓰리의 가도즈케에는 대개 사자 가면을 쓴 사람이 따라다녔다. 전날의 불을 지피는 장소에서도 이 사자 가면은 그곳에 모인 사람들이 원하면 건강과 안전을 축원하였으며, 특히 입으로 어린 아이들을 깨무는 시늉을 하며 아이의 무병장수를 빌어 주었다.

마쓰리에서 중요한 역할을 하는 사자 가면

마쓰리 기간에 아이를 데리고 나와서 사자에게
깨물도록 하여 무병장수를 기원

돈도마쓰리의 불태우기

긴 장대에 떡을 매달아서 굽는 모습

4. 마쓰리를 진행하는 책임자 도야

다케노우치에서는 돈도마쓰리를 진행하는 조직이 구성되어 있는데 이름을 스즈다케코煤竹講라고 부른다[고講는 한국의 계에 해당하는 공동체조직이다]. 참고로 '스즈다케煤竹'는 그을음이 낀 대나무라는 뜻으로, 오래된 초가집의 지붕 안이나 천장에 설치한 대나무에 화로에서 올라온 연기가 묻어서 그을음이 생긴다. 또한 그 해 마쓰리를 진행하는 당번 역할을 하는 책임자를 가리켜 도야頭屋라고 부른다. 일찍이 이 도야는 제비를 뽑아서 정했다고 한다. 제비를 뽑는 방식이 흥미롭다. 첫째 날 불을 피우는 돈도마쓰리가 모두 끝나면 미코시를 그 해 도야의 집에 안치하고, 그 미코시 앞에 자그마한 상을 차리고 그 위에 도야를 맡을 사람 다섯 명의 이름을 적은 제비를 놓아둔다. 그러면 세습하여 마쓰리 일체를 지휘하는 돈도야ドンド獄라고 부르는 사람이 흰 종이 장식물 고헤이로 바람을 부쳐서 가장 멀리 날아간 제비에 적힌 사람이 다음 해의 도야를 맡는다. 도야가 정해지면 마을 장로 두 명이 도야로 뽑힌 집으로 가서 이를 알린다. [鳥取縣教育委員會, 『「弓浜半島のトンド」調查報告書』, 2012].

다음 해의 도야頭屋 집을 방문하여 인사

지금은 형식상 제비뽑기를 하기는 하지만, 대개 경우에 마을 유지에 해당하는 사람 중에서 미리 정해 놓는다. 2015년에도 마을 장로에 해당하는 두 사람이 다음 해 도야로 뽑힌 사람 집으로 가서 이를 보고하였다. 도야 집에서는 두 사람에게 간단한 술상을 차려 대접한 후에, 함께 마을회관으로 가서 기다리고 있던 주민들에게 인사를 하고 마쓰리 뒤풀이를 한다. 이 뒤풀이를 가리켜 나오라이直會라고 한다. 나오라이는 마쓰리를 무사히 마치고 서로의 노고를 위로하는 자리이다.

마쓰리가 끝난 후의 뒤풀이 자리

5. 요괴가 활개를 치는 사카이미나토의 미즈키 시게루 로드

사카이미나토 시 방문은 이번이 처음은 아니다. 나는 2011년 7월에도 대학원생들과 함께 답사를 한 적이 있다. 마침 강원도 동해시에서 사카이미나토를 왕복하는 항로가 개설된 직후라서 적은 비용으로 편하게 갈 수가 있었다. 주된 답사 목적은 '미즈키 시게루 로드水木しげるロード'(이하, 미즈키 로드로 약칭)라는 요괴 거리를 둘러보는 것이었다.

일본은 한국에 비해 지방자치를 실시한 역사가 훨씬 오래되었다. 지방자치의 역사가 오래된 만큼, 그 지역에 조금이라도 자랑할 것이 있으면 이를 찾아내고 다듬어서 그 지역의 좋은 점을 외부에 알리고자 애쓰는 경향이 강하다. 이들 지역의 자랑거리는 이른바 무라오코

시村おこし나 마치즈쿠리町づくり라 부르는 지역부흥의 소재로 동원되곤 한다. 지역부흥에 동원되는 자랑거리는 무엇이든 가능하다. 그 지역에 예부터 전해지는 이야기, 지역의 특산물, 뛰어난 인물 등으로 매우 다양하다. '요괴' 도 그 중의 하나이다. 예를 들면 지금부터 소개할 돗토리 현 사카이미나토 시를 비롯하여 히로시마 현廣島縣 미요시 시三次市, 오이타 현大分縣 우스키 시臼杵市 등은 요괴를 소재로 하여 지역부흥을 시도한 대표적인 경우이다. 교토 시京都市 가미교 구上京區에 위치한 다이쇼군 상점가大將軍商店街도 요괴를 전면에 내세워 지역부흥을 꾀한 사례이다. 그 결과 일정한 성과를 거두기도 하였다.

미즈키 시게루水木しげる는 일본의 만화가로 대중적으로 매우 영향력 있는 인물이다. 이 점에 관해서는 저명한 이와나미 서점岩波書店 에서 발행하는 이와나미 신서에서 창사 이래 최초로 컬러판으로 그의 책을 출판한 사실을 보아도 확인할 수 있다[水木しげる, 『妖怪畵談』, 2006]. 미즈키 로드는 미즈키 시게루의 요괴 만화에 등장하는 요괴 캐릭터를 활용하여 성립하였다. 미즈키 로드에는 2015년 현재 153개에 이르는 요괴 동상이 800미터 정도의 거리 양쪽으로 세워져 있다. 특히 어린이들 사이에서 인기가 높다. 사카이미나토 시에서 미즈키 시게루를 주목한 이유는 그가 이곳 출신이기 때문이다. 미즈키 로드는 요괴를 전면에 내세워 관광자원으로 활용하여 성공한 대표적인 사례일 것이다.

미즈키 로드를 최초로 기획한 구로메 도모노리黑目友則 씨의 설명에 의하면, 미즈키 로드의 조성은 우연한 기회에 기획되었다고 한다. 다케시타 노보루竹下登 수상 당시 '고향 창생ふるさと創生 사업의 일환으로 상점가등진흥정비특별사업제도商店街等振興整備特別事業制度를 시행하자, 사카이미나토 시에서는 1992년 도로개수계획의 일부 사업으로 미즈키 시게루의 요괴 캐릭터인 기타로鬼太郎, 메다마오야지目玉おやじ, 네즈미오토코ねずみ男 동상 3개를 다이쇼바시大正橋라는 다리 난간에

설치하는 계획을 세웠다. 당초 소박한 규모로 시작되었던 사업은 예산을 확보하는 과정에서 돗토리 현 및 중앙정부(자치성)의 협력으로 규모가 확대되었다. 미즈키 로드의 조성은 거리에 동상으로 세워질 요괴 캐릭터를 선별하는 작업에서 시작되었다. 여기 세워질 요괴 동상의 캐릭터는 미즈키 시게루 본인이 그의 『일본요괴대전日本妖怪大全』(講談社, 1991)을 참고로 하여 직접 선별하였다고 한다.

미즈키 로드가 일본 국내에서 널리 알려지면서 전성기에는 연간 100만 명에 이르는 관람객이 몰려들었다. 그러자 자연스럽게 관련 시설이 확충되고 그 규모가 커지게 되었다. 그 과정에서 당초 계획에는 없었던 새로운 요소가 가해지게 되었다. 그 대표적인 사례가 요괴신사妖怪神社의 존재이다. 2000년이라는 기념할만한 해를 맞이하여 더욱 사람들의 관심과 흥미를 끌 목적으로 요괴신사를 건립하였다[黑目友則, 『妖怪になりそこなった男』, 2007]. 말하자면 '요괴'를 '신'으로 모신 셈인데, 실제로 일본의 민속학자 중에는 민속신앙의 연장선상에서 요괴 연구에 진력한 연구자들이 많다.

6. 일본은 지금 요괴 르네상스 시대

미즈키 로드에 세워진 미즈키 시게루와 요괴의 동상

예를 들면 일본 민속학의 창시자 야나기타 구니오柳田國男는 요괴연구의 선구자이기도 하다. 그는 요괴연구를 위해서 주로 세 가지 작업이 필요하다고 역설하였다. 첫째 일본 각지의 요괴 종류를 채집하여 그 분포를 파악해야

한다. 둘째 요괴와 유령을 구별하여 밝힌다. 셋째 요괴의 발생은 신에 대한 신앙심의 쇠퇴라는 관점에서 설명이 가능하다는 점을 강조하였다[柳田國男, 「妖怪談義」『定本柳田國男全集』第四巻, 1963].

원래 요괴는 사람들의 눈에 보여서는 안 되는 존재였을 터이다. 일본의 대표적인 요괴인 '오니鬼'의 어원이 '隱'이라는 말에서 비롯되었다는 설명에서도, 보여서는 안 될 요괴의 본질적인 속성을 확인할 수 있다. 그런데 일본의 요괴문화는 특히 시각적인 진화를 거듭한 끝에 마침내 백주 대낮에 거리를 활보하기까지에 이르렀다. 요괴의 시각화의 진수로 알려진 '백귀야행百鬼夜行'에 비유하여 말하자면 '백귀주행百鬼晝行'의 거리가 조성된 셈이다. 요괴 연구의 이론적 토대를 마련했던 야나기타 구니오도 일본의 요괴문화가 미즈키 로드를 조성할 정도로 변모하리라고는 전혀 예상하지 못했을 것이다. 지금 일본은 요괴 르네상스 시대이다.

미즈키 로드에 세워진 요괴(네즈미오토코)의 동상

미즈키 로드에 조성된 요괴 신사

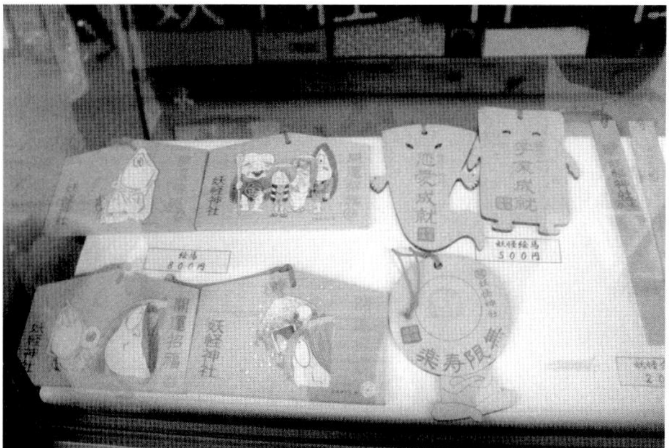

요괴 신사에서 판매하는 에마繪馬에 그려진 요괴 캐릭터

■ 참고문헌

김용의(2012), 「일본 도노遠野지역 갓파河童전승의 관광상품화 양상」『일어일문학연구』 第82집 2권, 한국일어일문학회

최가진(2010), 「『이노 모노노케로쿠稲生物怪録』에 나타난 요괴의 유형 및 양상」『일본어문학』 47, 한국일본어문학회

朴銓烈(1989), 『門付けの構造』, 弘文堂

黑目友則(2007), 『妖怪になりそこなった男』, YMブックス

小松和彦(2014), 『呪いと日本人』, 角川ソフィア文庫

水木しげる(2006), 『妖怪画談』, 岩波新書

水木しげる(1994), 『幽靈画談』, 岩波新書

柳田國男(1963), 「妖怪談義」『定本柳田國男全集』 第四巻, 筑摩書房

鳥取県立博物館(2006), 『鳥取県の祭り・行事ー鳥取県祭り・行事調査報告書ー』, 鳥取県立博物館

鳥取県教育委員会(2012), 『県選択記録作成等の措置を講ずべき無形の民俗文化財「弓浜半島のトンド」調査報告書』, 鳥取県教育委員会

아이치 현 도에이東榮의 하나마쓰리

1. 도에이 정의 민속예능 하나마쓰리

2009년 12월 12일, 나는 요코하마橫浜에서 대절버스를 타고 아이치 현愛知縣 기타시타라 군北設樂郡 도에이 정東榮町을 향했다. 도중에 버스 안에서 바라본 눈 덮인 후지산의 자태가 무척이나 보기 좋았다. 버스 안에는 한국, 일본, 중국의 연구자들이 함께 탔다. 이들은 가나가와神奈川 대학의 국제상민문화연구기구에서 기획한 공동연구의 멤버이다. 이 공동연구는 게이오慶應 대학의 노무라 신이치野村伸一 선생을 연구책임자로 하여 아시아 제사예능의 비교연구를 위해서 구성하였다. 2009년 일본, 2010년 중국, 2011년 한국의 현지조사를 바탕으로 3년 동안 공동연구를 진행하여 연구총서를 발간하기도 하였다. 한국에서는 고려대 전경욱 교수와 목포대 이경엽 교수가 함께 참여하였다.

우리 일행은 기타시타라 군 도에이 정에 도착하여 지요히메소千代姬莊라는 여관에 여장을 풀고, 먼저 내일 있을 마쓰리 현장을 둘러보았다.

일본어로 하나마쓰리라고 하면 두 가지 의미가 있다. 첫째 석가탄신일에 절에서 거행되는 관불灌佛의식을 가리키며, 둘째 아이치 현 기타시타라 군의 도에이 정이나 도요네 촌을 중심으로 행해지는 민속예능을 의미한다. 여기서 말하는 하나마쓰리는 후자를 가리킨다. 이 하나마쓰리에 관해서는 아이치 현 출신의 민속학자 하야카와 고타로

早川孝太郎의 『花祭』(1930)에 집대성되어 있다. 나는 현지에 도착하기 전에 이 책을 대강 읽어두었는데, 예능 종목이 다채롭고 흥미로워서 기대가 컸다.

2. 하나마쓰리를 진행하는 공간

공연장 뒤에 세워진 깃대

우리 일행은 서둘러 아침 식사를 마치고 일찍 숙소를 출발했다. 아침 8시 무렵에 공연이 시작되기 때문이다. 공연은 노인들의 쉼터로 사용되는 메이주소明壽莊라는 곳 앞에서 진행된다. 마쓰리 공연의 주체는 나카자이케中在家 하나마쓰리 보존회이다. 이 보존회를 중심으로 거행하는 하나마쓰리는 현재 해마다 12월 두 번째 일요일에 열리는 것으로 정해져 있다. 공연장에 도착하니, 사진작가나 방송국 · 신문사 기자들을 비롯한 수십 명의 사람들이 모여들어 공연을 기다리고 있었다.

하나마쓰리 기간 동안에 공연장은 특별히 하나야도花宿라고 해서 신이 강림한 신성한 공간으로 간주한다. 먼저 공연장 주변을 둘러보았다. 공연장 뒤로 돌아가니 대나무 막대를 세우고 끝에는 새 모양의 장식물을 달아놓았다. 이는 마쓰리 기간 동안에 신이 찾아오기 쉽도록 하는 길 안내 역할을 한다[한국의 솟대와 비슷한 민속신앙의 상징물이다]. 바로 옆에는 흰 종이를 오려서 붙인 작은 막대를 꽂고 그 앞에 간단한 공물을 차려놓았다. 공연장에서 가까운 산을 오르니기슭에 오색기를 꽂아두고 역시 귤 · 떡 · 술 등의 공물을 차려 놓았다. 공연장에 들어서니 무엇보다도 한 가운데에 설치한 가마솥이 눈에 띈다. 나중에 다시 언급하겠지만, 이 가마솥은 중요한 의미가 있다. 공연이 막바지에 이르면 이 가마솥으로 물을 끓여서 솔에 적신 후에 주위에 모인 관중들을 향하여 뿌린다[이를 유다테 신지湯立神事라고 한다]. 현장에서 만난 향토사학자가 이전부터 여성의 자궁을 상징하는 것으로 전한다고 친절하게 설명해주었다.

공연장 근처 산기슭에 세워진 오색기

정면에서 보아 오른쪽에는 사카키榊라고 부르는 신목神木의 나뭇가지를 꽂았다. 천장에는 원색 계열의 종이를 오려서 화려하게 만든 장식물을 여러 개 매달아 두었다. 장식물 중에서 가마솥 바로 위 천장에 매단 사각형 장식물은 유부타湯蓋라 해서, 공간적으로나 관념적으로 마쓰리의 중심을 의미하는 중요한 상징물이다. 그 주위에 함께 몇 개의 장식물이 달려 있는데, 이는 뱟케びゃっけ라고 부르며, 일반인들이 돈을 기부하면 그 이름을 써서 매단다. 이 천장의 장식물들은 말하자면 마쓰리 기간 동안 신이 강림해서 머무는 공간이다[이를 가리켜 요리시로依り代라고 한다].

공연장 위쪽에는 사방으로 금줄을 두르고 그 줄에다 흰 종이를 꽂아 두었으며[이를 가리켜서 고헤이御幣라고 한다], 줄 한쪽 위에 흰 종이를 오려서 그림을 만든 마쓰리 관련 상징물을 붙여 놓았다[이를 지제치ちぜち라고 한다]. 지역에 따라서 매수와 그림에 조금씩 차이가 있는데, 이곳에서는 모두 6장을 붙여 놓았다. 신마神馬, 신사의 상징물 도리이鳥居, 신사의 신직인 네기禰宜와 무녀巫女, 등롱, 일광과 월광, 수목화토금의 오행 등이다. 모두 일본의 신도神道 및 민속신앙과 인연이 깊은 신성한 상징물이다. 특히 신사를 상징하는 그림이 대부분인 것을 감안한다면 공연장은 다름 아닌 신사 그 자체인 셈이다.

하나마쓰리 예능 공연장

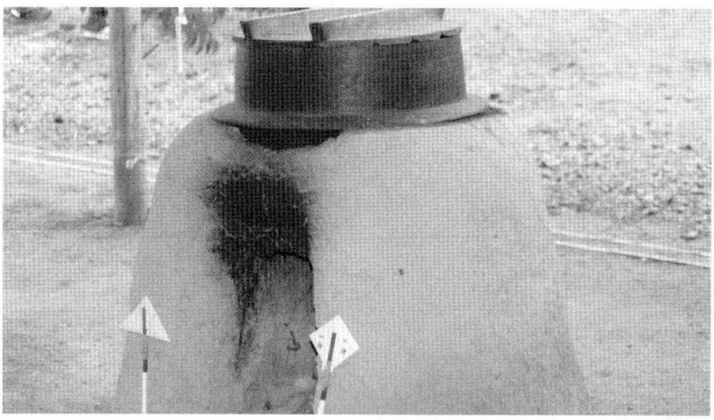

공연장 중앙에 설치된 가마솥

공연장 천장의 중앙에 매단 유부타 장식과 뱟케 장식

공연장 위에 붙여놓은 신사의 상징물 지제치

3. 하나마쓰리 예능 종목의 다양성

하나마쓰리는 마쓰리에서 춤을 추는 공연 종목이 다양하기로 유명하다. 이번에 조사한 나카자이케 하나마쓰리는 모두 24회에 이르는 종목을 연희한다. 특히 소년, 청년, 장년의 춤꾼들이 번갈아가며 등장하여 춤을 추는데, 이들 춤꾼들을 마이코舞子라고 부른다. 현지에서 배부하는 진행 시간표와 현지조사 내용을 참고로 2009년의 연희 종목과 공연 시간을 정리하면 [표]와 같다. [표]에 정리한 종목 모두가 특별한 의미를 지니고 있으며 흥미롭지만, 여기서는 특히 관중들의 흥미를 자아내는 종목을 중심으로 살펴보기로 한다.

[표] 2009년 나카자이케中在家 하나마쓰리 예능 종목

번호	봉납 연목	시간	봉납자舞手	비고
1	가쿠노마이(楽の舞)	8:10	高橋邦幸	
2	준노마이(順の舞)	8:20	原田安博 佐々木浩克 原田明治	
3	이치노마이(市の舞)扇	8:40	伊藤洋平	부채
4	이치노마이(市の舞)劍	8:50	小林訓德	검무
5	지가타메노마이(地固めの舞)扇	9:00	伊藤洋平 小林訓德	부채
6	지가타메노마이(地固めの舞)劍	9:50	國枝浩伸 原田健史	검무
7	하나노마이(花の舞)扇	10:40	小林璃宇樹 小林莉央奈 鈴木颯太	부채
8	하나노마이(花の舞)盆	11:00	國枝亞衣 金田宗一郎 金田菜緒	쟁반
9	하나노마이(花の舞)湯桶	11:20	丸山玲旺 和田尙俊 渡邊琉可	물통

번호	봉납 연목	시간	봉납자舞手	비고
10	간누시노마이 (願主の舞)	11:ㅣ역 의 40		
11	야마와리오니 (山割鬼)	12:00	高橋毅 (友) 和田光男 中田榮二	오니 등장
12	밋쓰마이 (三ッ舞)扇	13:10	高橋稜人 國枝亞衣 金田菜緒	부채
13	밋쓰마이 (三ッ舞)野刀	13:50	伊藤壱成 (友)小林泰聰 鈴木善博 高橋稜人	검무
14	사카키오니 (榊鬼)	14:30	大里支乃 國枝ゆう 高橋果步	오니 등장
15	밋쓰마이 (三ッ舞)劍	15:40		3인 검무
16	간누시노마이 (願主の舞)	16:40		
17	이와토아케 (岩戶明け)	17:00	(禰宜)國枝進 (友)中田榮二 伊藤洋平	
			(巫女)和田光男 (友)小林秀夫 伊藤勉	
			(翁)原田辰男	
18	욧쓰마이 (四ッ舞)扇	17:40	原田健史 鈴木善博 小林訓德 小林泰聰	4인 부채
19	간누시노마이 (願主の舞)	18:50		
20	욧쓰마이 (四ッ舞)野刀	19:10	伊藤洋平 金田徹也 丸山瑞樹 藤田俊	검무
21	아사오니 (朝鬼)	20:00	佐々木浩克 (茂吉)高橋邦幸(友)	야마와리오니, 사카키오니, 아사오니 등장
22	유바야시노마이 (湯囃の舞)	20:50	青山敬則 大里豪志郎 大里誠志郎 村松修藏	솔에 물을 적셔 관중에게 뿌림
23	사자춤 (獅子の舞)	22:00	青山敬則 大里豪志郎 大里誠志郎 村松修藏	사자의 축원
24	미야와타리 (宮渡り)	22:20		신사에 안치

4. 한국 도깨비 형상의 원형 일본의 오니

하나마쓰리에는 오니鬼가 등장한다. 11번 야마와리오니山割鬼, 14번 사카키오니榊鬼, 21번 아사오니朝鬼 등이다. 일반적으로 오니는 한국의 도깨비와 매우 흡사한 형상을 하고 있다. 머리에 한 개나 두 개의 뿔이 돋아 있고 크게 찢어진 입과 부리부리하게 큰 눈, 몸에는 호랑이 가죽 같은 옷을 걸치고 있다. 우리가 아동용 그림책이나 애니메이션에서 보는 도깨비의 형상과 조금도 다르지 않다. 결론을 먼저 말한다면 이는 일본의 오니 형상을 빌려서 도깨비 형상을 만들어낸 결과이다.

야마山라는 글자가 새겨진 도끼를 들고 있는 야마와리오니

그 기원은 일제강점기로, 당시 보통학교(초등학교) 교과서에 혹부리 영감 이야기를 수록하며 이야기에 나오는 도깨비 삽화를 그리면서 오니의 형상을 참고하였기 때문에 빚어진 현상이다. 나는 일찍이 오사카 대학에 제출한 박사학위 논문 일부에서 이 문제를 지적한 적이 있다. 특히 머리에 돋아난 뿔과 몸에 걸친 호랑이 가죽은 오니의 표상

으로 어떤 오니 그림에서도 빠지지 않는다. 일본에서는 이를 가리켜 우시토라艮, うしとら라는 방위와 연관 지어서 해석한다. 우시토라는 동북 방향을 가리키며 전통적으로 일본 민속신앙에서는 동북 방향을 귀문鬼門으로 여겨서 꺼려하는 경향이 있다. 귀문이란 글자 그대로 사악한 귀신이 드나드는 문이다. 오니가 머리에 뿔이 있고 호랑이 가죽을 걸치고 있는 것은 우시(牛, 소)의 뿔과 토라(虎, 호랑이) 가죽을 합성하여 만들어진 형상이라는 해석이다. 비록 속설이긴 하지만 그럴듯한 흥미로운 해석이다.

하나마쓰리에 등장하는 야마와리오니, 사카키오니, 아사오니는 특별히 야쿠오니役鬼라는 이름으로 따로 부르며 마쓰리에서 중요한 역할을 담당한다. 이들은 신에 버금가는 신격을 지닌 신성한 존재이다.

손에 도끼를 든 사카키오니

하나마쓰리의 아사오니

가마솥 주변에서 함께 춤을 추는 오니들

야마와리오니는 지역에 따라서 야마미오니山見鬼 혹은 야마오니山鬼라고도 부른다. 야마와리오니가 등장할 때면 앞뒤에 횃불을 든 사람이 따른다. 야마와리오니는 야마山라는 글자가 새겨진 도끼를 들고 등장하며 가슴팍에도 같은 글자가 새겨져 있다. 14번 종목에 등장하는 사카키오니도 역시 사카키榊라는 글자가 새겨진 도끼를 들고 등장하며 가슴팍에도 같은 글자가 새겨져 있다. 이 오니는 지면을 힘차게 밟는 동작을 반복한다. 여기에는 지면을 밟음으로써 사악한 기운이나 병마를 물리친다는 의미가 담겨있다. 옛날에는 실제로 마을에서 허리나 어깨가 결린 노인들이 이 사카키오니에게 아픈 부위를 밟게 하였다고 한다. 사카키오니의 가면 크기는 세로 50센티미터 폭이 40센티미터 정도이다.

아사오니는 모키치오니茂吉鬼라는 오니가 함께 등장한다. 아사오니가 등장하면 이전에 등장했던 야마와리오니와 사카키오니도 함께 등장한다. 그리고 마쓰리에는 이들 주연급 오니 이외에도 반귀伴鬼라고 부르는 조연급 오니들이 함께 등장하여 춤을 추며 분위기를 고조시킨다.

5. 신격이 부여된 어린이 춤꾼

무동이 어른의 어깨에 앉아서 공연장에 입장

가마솥 주위에서 춤을 추는 무동

하나마쓰리 예능의 볼거리 중 하나는 아이들이 등장하여 추는 춤이다. 이들 아이들의 춤을 가리켜 전문용어로는 지고마이稚子舞라고 한다. 우리말로는 무동舞童으로 번역하면 적당하겠다. 일본의 마쓰리 특히 호쿠리쿠北陸 지방의 마쓰리에는 이들 무동이 자주 등장한다. 예를 들면 도야마 현富山縣 시모니이카와 군下新川郡의 호후쿠지法福寺 관음제례觀音祭禮에 봉납되는 지고마이, 역시 도야마 현의 이미즈 시射水市, 구旧 시모무라下村 가모 신사加茂神社의 가을 마쓰리秋祭り에 등장하는 지고마이, 니가타 현新潟縣 니시쿠비키 군西頸城郡 노우 정能生町의 시라야마 신사白山神社의 마쓰리에 봉납하는 지고마이 등이 많이 알려져 있다.

하나마쓰리에서 춤을 추는 아이들은 공연장에 입장할 때에 발로 지면을 밟지 않고 어른들이 한쪽 어깨에 앉히고서 등장하도록 한다. 말하자면 무동을 태우고 등장한다. 무동을 태우는 이유는 명확하다. 마쓰리의 다른 춤꾼들도 마찬가지이지만, 특히 마쓰리에서 춤을 추는 아이는 인간이 아니라 신격이 부여된 신으로 간주하기 때문이다. 신이 제 발로 걸어서 강림할 수는 없는 노릇이다. 일본 속담에 '일곱 살

까지는 신의 아이七つまでは神のうち' 라는 말이 있는데, 하나마쓰리에 등장하는 아이야말로 신의 아이이다.

6. 공연자와 관중이 함께 어울려 장난치는 유바야시노마이

오니들이 등장하여 춤을 추고 이어서 추는 유바야시노마이湯囃の舞 순서가 되면 서서히 마쓰리가 끝나간다. 유바야시노마이는 네 명의 젊은 남성 춤꾼들이 양손에 짚으로 엮은 솔을 들고 나와서 춘다[이 솔을 가리켜 유타부사ゆたぶさ라고 한다]. 춤보다도 춤이 끝난 직후가 볼 만하다. 공연장 한가운데에 설치한 가마솥에 손에 들고 있던 짚으로 엮은 솔을 담가서 관중들을 향해서 뿌린다.

일본의 마쓰리에서 물과 불은 매우 중요한 요소이다. 둘 다 부정한 것을 정화하는 기능을 하기 때문이다. 실용적인 측면에서도 더러운 것은 물로 씻거나 불로 태워서 깨끗하게 만들지만, 관념적으로도 부정한 것은 물을 뿌리거나 불로 태워서 정화한다. 따라서 물과 불은 각별한 의미를 갖기 마련이다. 말하자면 기독교의 세례에서 사용하는

유바야시노마이의 네 명의 춤꾼

함께 어울려 가마솥의 물을 적시는 춤꾼과 마쓰리 관계자

성수와도 같은 의미를 지닌다. 실제로 신도神道의 신사神社에서는 무언가 기원하러 온 사람들에게 끓인 물을 뿌려주는 의식이 보편화되어 있다[이를 가리켜 유다테 신지湯立て神事라고 한다].

입에 솔을 물고 물을 적시는 마쓰리의 사자

입에 솔을 물고 있는 마쓰리의 사자

춤이 끝날 무렵이 되면 가마솥 뚜껑을 열고 물을 적셔서 관중들에게 뿌릴 준비를 하는데, 이때가 되면 네 명의 춤꾼들만이 아니라 다른 관계자들 심지어는 마을의 아이들까지도 가세하여 물을 적신다. 보고 있던 관중들도 자신들을 향해 물을 뿌릴 것이라는 것을 알면서도 굳이 피하려고 하지 않는다. 그저 도망 다니는 시늉을 할 뿐이다. 마쓰리가 끝날 무렵에 보존회의 관계자, 공연장에서 춤을 춘 춤꾼, 관중들이 어울려서 함께 즐기는, 말하자면 일종의 여흥인 셈이다.

한바탕 소란스러운 시간이 지난 후에 사자獅子가 등장하여 춤을 춘다. 다른 여느 마쓰리에 등장하는 사자와 마찬가지로 이 사자는 마쓰리에 모인 사람들을 축원하기 위해서 등장한다. 흥미롭게도 하나마쓰리의 사자는 입에 솔을 물고 가마솥의 물을 적신 후에 주위 사람들에게 물을 뿌린다.

■ 참고문헌

金容儀(2010), 「奥三河の花祭り」『國際常民文化研究機構 年報1』, 神奈川大学 國際常民文化研究機構

金容儀(2014), 「韓国の舞童と日本の稚児舞楽の比較研究序論」『國際常民文化研究叢書』第七巻, 神奈川大学 國際常民文化研究機構

김세하 · 남상문 · 황동열 공저(2000), 『男寺黨 놀이 構造와 덧뵈기(탈놀이) 才談 解釋』, 화산문화

박소동(2005), 『國譯 進宴儀軌1』, 民族文化推進會

손선숙(2005), 『궁중정재 용어사전』, 민속원

송지원(2010), 「朝鮮시대 少年 舞踊手, 舞童의 存在 樣相」『韓國音樂研究』第48輯, 韓國國樂學會

沈雨晟(1989), 『남사당패 연구』, 1989 동문선

이흥구 · 손경순(2000), 『조선궁중무용』, 열화당

정은주(2005), 「아극돈 〈봉사도〉 연구」『미술사학연구』246 · 247, 한국미술사학회

최혜주역(2008), 『朝鮮雜記』, 김영사

網野善彦他編(1990), 『古代仏教の荘厳 國家 · 權力 · 音』(大系 日本歴史と芸能 第二巻), 平凡社

桑山太市(1969), 「富山県婦中の稚児舞」『まつり通信』Vol.9 No.10, 国際アートコンパニオンまつり同好会

近藤忠造(1966), 「稚兒舞樂に関する一資料-『白山神社舞樂所作法』を中心に」『越佐研究』, 新潟県人文研究会

近藤忠造(1968), 「稚兒舞樂に関する一資料-御祭礼諸邑帳-」『越佐研究』, 新潟県人文研究会

早川孝太郎(2009), 『花祭』, 講談社

宋錫夏(1940), 「社堂考」『朝鮮民俗』第3号, 朝鮮民俗學會

이시카와 현 미나즈키皆月의 산노마쓰리

1. 처음 답사한 일본 마쓰리

2017년 늦가을 무렵, 일본의 국립역사민속박물관에 근무하는 가와무라 기요시川村清 교수가 내게 본인이 감독을 맡아서 제작한 DVD 하나를 보내 왔다. '내일을 향해 끌어라明日に向かって曳け'(2017)라는 제목의 마쓰리 영상자료였다. 이는 이시카와 현石川県 와지마 시輪島市 몬젠 정門前町 미나즈키皆月지구에서 거행하는 산노마쓰리山王祭라는 마쓰리이다. 영상자료를 받아든 순간 너무나 반가운 느낌이 들었다. 산노마쓰리는 내가 1992년 여름 오사카대학 석사과정 1년차에, 당시의 지도교수 고마쓰 가즈히코小松和彦 선생 및 대학원생들과 함께 처음으로 현지조사를 경험했던 일본의 마쓰리이기 때문이다. 후에 현지조사 결과를 모두 함께 정리해서 『七浦民俗誌』(1996)라는 제목의 조사보고서를 출판하기도 하였다. 당시 가와무라 교수도 조사단원 중의 한 사람이었다. DVD를 틀자 미나즈키의 해안 풍경, 산노마쓰리의 다시山車, 땀흘려가며 다시를 끄는 마을 사람들의 모습이 25년이라는 세월을 뛰어넘어 겹치면서 생생하게 기억이 떠올랐다.

산노마쓰리는 해마다 8월 10일과 11일 이틀 동안에 거행된다. 10일이 전야제이고 11일이 본제이다[전야제를 요이마쓰리宵祭り라고 한다]. 이 날로 마쓰리 날짜를 잡은 것은 일본 최대의 명절인 오본お盆

에 고향을 찾는 귀성객들을 배려한 때문이라고 한다. 미나즈키에 소재한 히요시 신사日吉神社의 여름 마쓰리로 인근 지역에서 가장 규모가 크고 잘 알려진 마쓰리이다. 바다에 인접한 해안가 마을답게 풍어를 기원하는 일종의 풍어제이다. 미나즈키 지구가 속해 있는 몬젠 정은 현재 통폐합으로 인해 행정상 와지마 시에 속해 있지만, 1992년 당시에는 후게시 군鳳支郡에 속해 있었다. 몬젠 정門前町이라는 지명은 불교 조동종의 대본산인 소지지總持寺의 문전門前에 자리하기 때문에 붙여졌다고 한다. 말하자면 일종의 절 마을로 발전한 셈이다. 그 중에서 미나즈키皆月는 미나즈키가와皆月川라는 강 하류에 하구를 끼고 초승달 형태로 길게 뻗어 있는 촌락이다.

2. 마쓰리의 운영 조직과 준비

내가 미나즈키 마을에서 처음으로 일본 마쓰리를 조사하면서 가장 놀랐던 것은 마을의 남녀노소 구별하지 않고 거의 모두 마쓰리에 참여한다는 점이었다. 종교(신흥종교)상의 이유로 마쓰리에 나오지 않았던 극히 일부 세대를 제외하고는 말 그대로 마을 사람들의 총출동이었다. 특히 어린이들의 참여가 감탄을 자아냈다.

마쓰리를 관여하고 운영하는 조직은 크게 나누어 셋이 있다. 첫째 어린이회이다. 이는 미나즈키에 사는 초등학교 3학년에서 중학생까지를 중심으로 이루어진 조직이다. 나중에 다시 언급하겠지만, 이들은 현지 사람들이 히키야마曳き山라고 부르는 다시山車, 오카리야オカリヤ라고 부르는 신의 임시 거처를 만들 때에 어른들을 도와서 간단한 작업을 한다.

둘째 청년회이다. 청년회는 16세에서 37세까지의 남성을 중심으로 조직한다. 1992년 당시 미나즈키에도 과소화가 진행되어 마을에 거주하는 청년 수가 적어서 거의 모두가 청년회 임원을 맡고 있었다. 청년회는 마쓰리의 시작에서 끝까지 시종일관 마쓰리를 이끌어가는 중심 조직이다.

셋째 미나즈키 마을 지구 별로 나뉜 반班이라는 조직이다. 미나즈키는 북쪽에서 순서대로 니시마치西町, 혼마치本町, 가와미나미河南 라는 세 개의 반이 존재한다. 이 세 반이 해마다 번갈아가며 당번을 맡아서 마쓰리를 준비한다. 그 해 당번을 맡게된 반에서는 마쓰리 준비를 위해서 각 세대별로 한 사람씩 일꾼을 차출한다. 가족 중에서 누가 병이 들거나 하여 일꾼을 내지 못하는 경우에는 대신에 일정한 금액을 내도록 한다.

마쓰리 준비는 대개 8월 4일부터 시작하여 10일 아침까지 이어진다. 주로 준비를 하는 것은 어린이회와 청년회 회원들이다. 예를 들면 8월 4일 어린이들이 마쓰리에 사용하는 제등의 뼈대 부분을 바닷물로 씻은 후에 가까운 우물물로 다시 씻어서 말린다. 제등이 마르면 청년회에서 종이를 발라서 완성한다. 5일부터 8일까지는 주로 어린이회에서 장식수레인 히키야마에 사용할 장식용 그물을 제작한다. 청년회에서는 어린이들에게 작업 지시를 하거나 히키야마에 장식물을 설치한다. 8일에는 어린이회에서 히키야마를 조립한다. 9일이 되면 각각의 반에서 일꾼들이 작업에 가담한다. 아침 8시부터 남자들은 신의 임시 거처인 오카리야를 설치하고 여자들은 신사 경내의 풀을 뽑거나 청소를 한다. 전야제宵祭り날인 10일에는 아침 일찍 히키야마에 장식물을 다는 작업을 한다.

마쓰리 시작 전에 길에 소금을 뿌려 정화

어린이들의 장식수레 손질

장식수레에 장식물 거는 어린이

3. 히키야마와 미코시의 순행

이미 설명한 바와 같이, 일본의 마쓰리에는 대부분 장식수레 다시山車와 신이 타는 가마 미코시가 등장하여 마을을 순행巡幸한다. 미나즈키의 산노마쓰리에서는 다시에 해당하는 장식수레를 '히키야마曳き山'라고 부른다. 마쓰리 기간에 장식수레를 '끌고曳き' 마을을 돌아다니기 때문이다. 히키야마와 미코시는 8월 10일 전야제와 11일 본제 이틀 동안에 히요시 신사의 경내를 출발하여 마을을 순행한다.

하나마쓰리의 아사오니미코시 행렬에서 깃발을 든 여성들

미코시 행렬의 덴구 가면

먼저 미코시에 앞서서 히키야마가 출발한다. 히키야마를 끄는 것은 주로 마을 청년회를 중심으로 초등학생과 중학생, 장년층, 마쓰리 기간에 타지에서 귀성한 사람들이다. 전체적으로 배 모양으로 만들어 상단과 하단으로 나누어 사람이 올라탈 수 있는데, 아래쪽에는 주로

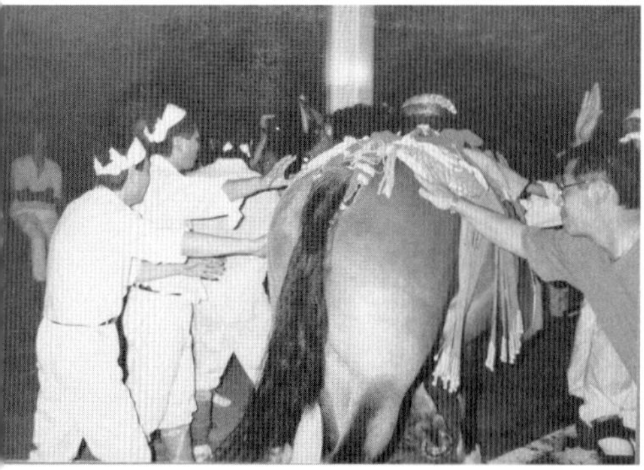

미코시 행렬의 신마

미코시 행렬의 큰북

초등학생이 올라타며 위쪽에는 중학생과 고등학생이 올라탄다. 히키야마는 최대한 화려하게 장식하여 볼거리를 제공한다. 위에다가 20개 이상의 기치를 세우며 일본 성 꼭대기 천수각天守閣을 본뜬 모형 및 인형 장식을 하여 화려하게 꾸민다. 히키야마의 이동에서 가장 중요한 것은 방향전환이다. 나무로 만든 장식수레 바퀴의 방향을 전환하기 위해서는 숙련된 기술이 필요하다. 방향전환 시에는 데부리テブリ라고 부르는 나무주걱처럼 생긴 도구를 바퀴에 끼워 넣어서 조절한다.

미코시 행렬은 히키야마처럼 화려하지는 않지만 마쓰리에서 매우 중요하다. 신사에 좌정해 있던 신을 모시고 가마에 태워서 마을을 순행한다. 말하자면 '신의 외출'이라는 의미가 담겨 있다. 히키야마가 먼저 출발하며 상당한 시간적 거리를 두고 미코시 행렬이 출발한다. 미코시 행렬은 ①깃발 든 사람 ②신마神馬 ③가면을 쓴 사람 ④큰북 ⑤작은북 ⑥미코시와 이를 끄는 사람 ⑦마을 유지 ⑧깃발 든 사람 등으로 구성한다.

행렬의 앞뒤에서 깃발을 드는 사람들은 대부분이 20 여명 안팎으로 대부분이 여성들이다. 신마는 마을 사람이 소유하고 있는 말을 사용한다. 가면은 덴구天狗 가면이다. 덴구는 코가 길게 뻗은 일본의 요괴로 지역에 따라서는 신격을 지니고 있다. 원래는 행렬에 포함되지 않았으나 1960년대 초반에 마을 사람이 가면을 기증한 것을 계기로 그 해 액년厄年에 해당하는 성인 남자가 가면을 쓰고 미코시 행렬에 가담하게 되었다고 한다. 큰북은 이를 짊어지는 사람 2명과 북을 치는 사람 2명으로 모두 4명이다. 작은북은 초등학생 3명이 담당한다. 미코시는 주로 초등학교 3학년 미만의 어린이들이 끈다. 미코시 밑에는 보조 바퀴를 달아서 끌기 쉽도록 만들었다. 미코시 바로 뒤에는 마을 유지에 해당하는 남자들이 가미시모裃라고 부르는 전통의상을 걸치고 뒤따른다.

미코시와 작은북 행렬

미코시 행렬의 깃발을 든 할머니

4. 8월 10일의 마쓰리 전야제 요이마쓰리

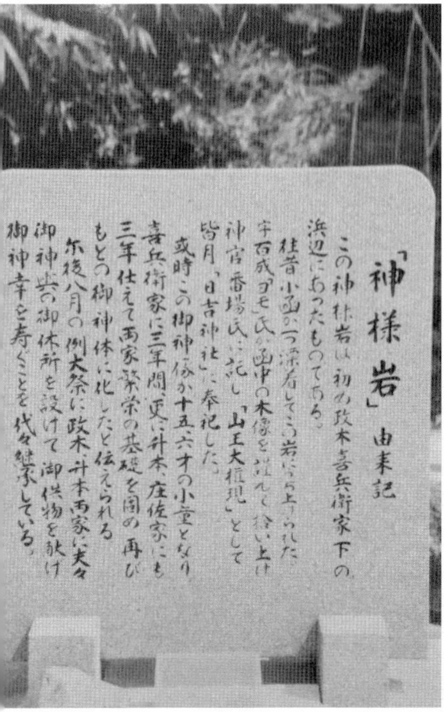

미코시를 멈추고 제례를 올리는
신 바위의 유래를 적은 기념비

10일 전야제宵祭り날이 되면 오전 9시 전에 마을 어린이들이 “히키야마를 끌러 나오세요.”라고 고함을 지르며 마을을 돌아다닌다. 이 소리를 신호로 마을 사람들이 모이면 히키야마가 히요시 신사 경내를 출발한다. 수레를 끄는 사람들은 모두 흰색 옷을 걸쳤다[이를 가리켜 시로쇼조쿠白装束라고 한다]. 이때부터 히키야마 앞뒤에서 온도도리音頭取り라고 부르는 소리꾼이 구령을 하고 노래를 불러 마쓰리 분위기를 한층 고조시킨다. 히키야마가 자기 집 부근을 지나가면 그 집에서 술을 내거나 돈 봉투를 건네는 것이 관행이다[이 술을 오미키お神酒라고 한다]. 히키야마가 해안도로로 나오면 그때까지 전선에 걸리까봐서 접어두었던 오색 기치를 높이 세운다. 행렬이 신의 임시 거처인 오카리야 부근에 도착하면 오전 일정이 끝난다.

오후 5시 무렵이면 다시 행렬을 시작한다. 이때가 되면 미코시 일행이 가미사마이와神様岩라고 부르는 마을의 전설이 전하는 바위 부근에 도착한다. 이 바위는 신이 표착한 바위로 전해지며, 히요시 신사에서 산왕대권현山王大權現이라는 신명으로 제사지낸다. 바위 바로 옆에 세워진 기념비에 그 유래가 적혀있는데 참고로 옮겨 적으면 다음과 같다.

이 신 바위는 당초 마사키 기헤이政木喜平衛 집 아래 해변에 있었다. 옛날에 작은 상자 하나가 표류하다 이 바위 위에 끌어올려졌다. 도미키百成 마을의 요모ヨモ씨가 상자 안에 담긴 목상을 조심스럽게 꺼내어 신관인 반바番場씨에게 맡겼다. 이를 산왕대권현으로 미나즈키의 히요시 신사에 모셨다. 어느 때에 그 신상이 십오륙 세 정도 되는 소동으로 변하여 마사키 집안에 삼년, 그리고 마스모토升本 집안에도 삼년간 일하며 두 집안이 번영하는 기초를 다졌다. 그 후 다시 원래의 신상 모습으로 돌아갔다고 전해진다. 이후 8월 예대제例大祭에 마사키와 마스모토 양가에 각기 미코시가 휴식을 취하는 곳을 설치하고 공물을 바쳐, 미코시 순행 제사를 대대로 계승하고 있다.

신 바위 앞에서 제례를 올리고 휴식

실제로 지금도 두 집안에서는 미코시 행렬을 맞이하여 미코시 앞에서 간누시가 주관하는 간단한 제례를 올린다. 전야제 날 오후 5시 무렵 먼저 신 바위 옆에 위치한 마사키 집안에서 도착한 미코시와 전설상의 신 바위 앞에 간단한 제물을 올리고 제례를 지낸다. 그리고 미코시가 가와미나미河南 마을에 도착하면 마을 끝에 위치한 마스모토 집

부근에서 역시 같은 방식으로 제례를 올린다. 말하면 이 두 집안은 대대로 지역 유지로 행세할 수 있는 신화적 배경을 갖추고 있는 셈이다. 산노마쓰리라는 마쓰리의 정치사회적 측면을 들여다본다면, 마쓰리의 제례를 통해서 이 지역에서 두 집안이 얼마만큼 높은 지위를 지니고 있는지, 그 사회적 위상을 확인하고 재현하고 있다는 해석이 가능하다. 마쓰리는 지역사회에서 각자의 위치를 확인시키고 기존 사회적 질서를 공고히 하는 기능을 하는 측면이 있다.

마스모토 집 부근에서 제례를 진행하는 신관

한편 그 사이에 히키야마는 오카리야 옆을 통과하여 가와미나미 마을로 들어선다. 이때가 되면 히키야마를 끄는 사람들이 훨씬 많아진다. 가와미나미와 모치다餅田 마을의 경계에 이르면 방향을 바꾸어서 다시 오카리야를 향한다. 이윽고 히키야마와 미코시가 오카리야에

도착하면, 행렬에 가담했던 신마의 등을 청년회 회원들이 두드려서 오카리야와 임시로 세운 도리이鳥居 사이를 세 번 왕복하도록 한다[이를 가리켜 우마가케ウマカケ라고 부른다].

신의 임시거처 오카리야와 그 앞에 세운 도리이

어린이들이 마을을 돌아다니며 마쓰리의 시작을 알림

신마의 왕복이 끝나면 오카리야에 들어가서 다시 제례를 올리고 전야제를 마친다. 전야제 날 밤에는 각 집에 친척들이 모여서 잔치를 벌인다. 고향을 떠나서 타지에 사는 친척들은 물론이고 혈연관계가 없는 외지인들도 함께 불러서 어울린다. 우리 일행도 마을 유지 집에 초대를 받아서 잔치음식에 술을 곁들여 밤늦도록 마쓰리 분위기에 취했다.

신사에서 마을로 이동하는 히키야마 장식수레

마을 길로 들어선 히키야마 장식수레

히키야마 장식수레의 옆 모습

장식수레 위에서 기세를 올리는 중학생들

장식수레의 방향전환

5. 8월 11일의 마쓰리 본제

이튿날 오전 중에는 특별한 행사가 없다. 청년회를 중심으로 청년회 임원들이 각 집을 돌며 회비를 걷기도 하고, 해변 모래사장에 스모相撲대회를 위한 공간을 마련한다. 일본 마쓰리에는 스모를 하는 곳이 많다. 마쓰리 기간에 맞이한 신을 즐겁게 해드리기 위한 일환으로 스모를 봉납한다. 이른바 봉납스모이다. 일본에서 스모가 어떻게 시작되었는지, 그 기원을 가늠해볼 수 있는 대목이다.

오후 2시 무렵이 되면 전야제 때와 마찬가지로 마을 어린이들이 모이도록 소리를 지르고 다닌다. 역시 히키야마가 먼저 출발하고 약 1시간 후에 미코시 행렬이 그 뒤를 따른다. 마을을 일주한 후에 히요시신사로 들어간다. 미코시는 신사에 도착하여 신사 전각 주위를 시계방향으로 한 바퀴 돈다. 이때에도 전야제와 마찬가지로 신마가 신사 전각과 도리이 사이를 세 번 왕복한다. 그리고 미코시에 옮겨 실었던 신사의 신체를 내려서 다시 전각 안으로 옮기면 마쓰리가 종료된다. 이 모든 일련의 마쓰리 일정이 끝나면 다음은 여흥 시간이다. 저녁 8시부터 오전에 청년회에서 미리 준비해둔 해변의 스모 장소로 나가서 스모대회를 연다. 어른 참가자는 그다지 많지 않고 어린이들이 중심이다. 미나즈키의 어린이들은 참으로 대단하다. 마쓰리의 준비과정, 진행과정, 마무리에 이르기까지 어린이들이 대활약을 한다. 부럽지 않을 수가 없다.

6. 일본에는 마쓰리가 있다

미나즈키의 산노마쓰리는 나에게 각별한 마쓰리이다. 처음으로 현지조사를 경험한 마쓰리이기 때문이다. 이후 내가 30여 회에 걸쳐서 일본의 마쓰리를 보고 돌아다니게 만든 원동력이 되었다. 마쓰리는 사람들로 하여금 일상생활에서 신의 존재를 가까이서 깨닫고 겸허하게 만든다. 그리고 남녀노소 마을공동체 사람들이 단결하고 협동하는 계기를 만들어준다. 내가 산노마쓰리를 보면서 느꼈던 것을 한 마디로 표현하자면 '일본에는 마쓰리가 있다' 이다.

2019년 10월말, 1992년 당시 함께 산노마쓰리를 조사했던 국제일본문화연구센터의 야스이 마나미安井眞奈美 교수로부터 11월에 미나즈키에 가자는 연락이 왔다. 당시 산노마쓰리 조사의 연구책임자였던 고마쓰 가즈히코 선생님과 몇 사람의 강연회 및 좌담회가 있는데, 함께 가지 않겠느냐는 것이었다. 1992년 조사 이래로 계속해서 미나즈키를 드나들며 조사를 했던 가와무라 교수가 자리를 마련한 듯하다. 글머리에서 소개한 바로 그 가와무라 교수이다. 나는 다른 일정이 예정되어 있어서 참석이 어려웠다. 갔더라면 좋았을 것을, 지금까지도 내내 아쉬움이 남는다.

■ 참고문헌

小松和彦 他(1996), 『七浦民俗誌』, 七浦民俗誌編纂會

川村清(2017), 「明日に向かって曳け」(DVD)

■ 찾아보기

(ㄱ)

가가미모치 202, 205
가고시마 현 116
가나스미야 110, 113
가난뱅이 신 97
가도마쓰 200, 201
가도즈케 205, 206
가마쿠라 시대 76
가미사마이와 236
가미시모 235
가민추 172, 173
가와바타 야스나리 169
가을 마쓰리 225
가족사 182
가차시 173
간누시 190, 203, 204
갓파 195, 196, 197
갓파 쿠와 여름방학 197
강승회 70
개인사 182
게라마 147
견훤 설화 110, 127, 128, 130
견훤 전설 109
경률이상 59
고가쓰젯쿠 39
고도시도쿠다이진 203
고마쓰 가즈히코 229, 243
고사 180
고사기 109, 127, 128, 129, 130, 131
고이즈미 야쿠모 200
고헤이 202, 208, 218
고혼세쓰와슈 56, 62, 69, 74
곤자쿠 모노가타리 56, 57, 62, 68, 69, 74
공동체 의식 198
관불 215
관음경 58
관음경회 59, 76
관음보살 57, 58, 59, 64, 67, 68, 73, 75
관음설화 57, 58, 59, 62, 75
관음신앙 57, 59, 74, 75
관음영장 64, 75
관음영험담 73

교훈담 92
구다카지마 166, 167, 170, 171, 175, 180, 182
구다카지마의 문중 167
구렁이 전설 128
구레 시 66
구로메 도모노리 210
구승문예사고 84
구양 144
구전설화 37, 62, 75, 105, 125, 139, 140
귀문 223
근본설일체유부비나야 70
기온마쓰리 184, 185, 186, 194, 195, 198
기온신사 190
기온야마가사 186
기온에 186
기요미즈데라 64
기타로 210
기타시타라 군 215

(ㄴ)

나가후지 야스시 158
나고 118
나라 현 64
나오라이 209
나카무라 데이리 111
나카무라 이쿠오 104
나하 144
난조 시 166
남녀 양성 93
남도설화 39, 69, 94, 104, 105, 106, 111, 114, 120, 121
네기 218
네노가타스쿠니 153
네마이카리 150
네즈미오토코 210
노로 147, 159, 169
노무라 신이치 215
노온야담 69
니노마루 요시하라 188
니라이카나이 143, 160

(ㄷ)

다나두이 181
다나카 188
다누시마루 195, 196, 197, 198
다시 186, 187, 188, 229, 230
다이쇼군 상점가 210
다이자 186
다이자야마마쓰리 186
다카라 벤 81, 175
다카미네 히사에 175
다케노우치 205, 208
다케노우치 정 200
다케시타 노보루 210
다하타 지아키 87
단고젯쿠 39
단오 풍습 38, 44

단지리 187
대당서역기 59
대세지보살 57
데부리 234
덴구 234
덴진마쓰리 186
도깨비불 96
도깨비 삽화 222
도깨비의 형상 222
도노 모노가타리 108
도로카케이와이 23
도리이 239
도시가미 112
도야 204, 208
도에이 정 215
도요타마비메 154
도찬담 40
도카시키 147
도코노마 202
도쿠진 항 166
돈도마쓰리 200, 201, 202, 204, 205, 208
돈도야 208
돈도야키 201
돗토리 현 200
동물과의 교접 이야기 106
동물관 120
동물민담 12, 13, 15, 17, 18, 40, 42, 84
동물설화 99, 105
동상례 19
동아시아 123
동아시아 설화 124, 127, 140
돼지변소 81
돼지사위 맞이하기 87, 88, 100
돼지 설날 81
돼지 아내 87, 88, 100
돼지의 요괴성 92
떡 설날 81

(ㄹ)

로베르 드롤 103
류큐 109, 124
류큐왕국 166
류큐왕부 80, 136
류큐왕조 138

(ㅁ)

마쓰리 185, 187, 188, 190, 191, 193, 194, 196, 198, 202, 203, 204, 205, 209, 220, 224, 225, 226, 227, 229, 230, 231, 233, 234, 236, 243
마쓰리의 본래적 기능 184
마쓰리의 사회적 기능 182
마을공동체 14, 23, 30, 198, 243
마을제례 20
마이코 220
마치즈쿠리 210
만국박람회 169

만국진량 123
만요슈 145
먹지 않는 아내 34, 35, 37, 39, 40, 41, 42, 43, 44, 47, 52, 54
메다마오야지 210
메카루시 139
모계혈통 136, 141
모모타로 33
모아시비 89, 90, 92, 93
모여포 144
모키치오니 224
목욕문화 28
묘법연화경 57
무동 225
무라오코시 209
무코이리콘 13, 17, 19, 21, 24, 30, 31
무코이지메 13, 14, 17, 19, 21, 22, 23, 24, 30
문명의 교차로 124
문헌설화 37, 62, 65, 75, 121, 125
문헌설화집 125, 160
문화사적 관점 101
문화적 풍토 24
문화적 향토성 17
물물교환 64, 65, 67, 73
미나즈키 229, 230, 231, 233, 242, 243
미시마 유키오 169
미야마 시 184
미야코야마 150
미야코지마 126, 152, 155
미와야마 127, 128
미와야마 설화 129
미와야마 전설 110
미즈이와이 22
미즈키 시게루 210
미즈키 시게루 로드 209
미코시 186, 187, 202, 204, 205, 208, 233, 234, 235, 237, 242
민간설화 143
민담의 서사구조 28
민담자료집 17, 42, 44, 86
민속문화 143
민속문화적 배경 100
민속신앙 103, 182, 223
민속적 관습 30
민속적 관행 22
민속적 배경 83
민속적 상징성 106
민속적 신성 96
민속종교 143
민속종교적인 제례 159
민속행사 39

(ㅂ)

바다의 수호신 119
바보 마을 13
바보 마을 이야기 15
바보 며느리 13

바보 사위 13, 14, 15, 16, 17, 18, 21, 24, 25, 30, 31
반귀 224
반려동물 103
배의 수호신 180
백귀야행 212
백귀주행 212
백년을 산 돼지 92
뱃고사 180
뱟케 217
법원주림 59
변신담 111
변이 양상 54
보은담 106, 118, 120
본격민담 12, 13, 15, 18, 40, 84, 86
봉납스모 242
봉사도 188
부계혈통 141
부네 137
불교설화 56, 70
불설대승장엄보왕경 59, 76
불 정월 110, 112
빙의 159

(ㅅ)

사기초 201
사자 가면 206
사자춤 191
사카이미나토 시 200, 201, 209, 210
사카키 217, 224
사카키오니 222, 223, 224
사쿠라이 도쿠타로 85
사쿠라이 시 64
사키마 고에이 39, 94, 105, 106, 120, 128
사회문화적 풍토성 141
산노마쓰리 229, 233, 238, 243
산신 180
산신신앙 187
산왕대권현 236
삼국유사 109, 110, 127, 128
삼십삼응현신 58
삼십삼현신 58
삿토왕 134, 136, 137, 138, 139, 140
상점가등진흥정비특별사업제도 210
새해의 장식물 201
생사관 120
샤머니즘 159, 162
샤쿠투이 167, 170, 171, 172, 178
서사구조 58, 62, 65, 67, 68, 72, 73, 91, 94, 95, 100, 109, 124, 127, 133, 135, 136, 137, 139, 155
설과 오본 182
설화의 길항관계 141
설화자료집 33, 34, 35, 38, 40, 44, 46, 52, 54, 89
설화적 원리 124

설화적 정통성 136
세덕신 201
세배 178
세시풍속 53
세키 게고 67
세키 게이 18
세키 게이고 12, 15, 40, 84
소외태 111
소지지 230
소화 12, 13, 15, 17, 30, 40, 42, 50, 52, 84
속신 82, 96
쇼부젯쿠 39
수신기 101, 108
수신제 196
숯구이 장자 135, 136, 139
슌텐 136
슌텐왕 138, 139, 140
스모 195, 242
스사노오노미코토 154
스세리비메 154
스즈다케 208
스즈다케코 208
스티스 톰슨 15
승화태 111
시가 현 64
시라야마 신사 225
시로쇼조쿠 236
시리코다마 196
시마네 현 200
시마부쿠로 겐시치 82
시메나와 202
시메카자리 200, 205
시오미치노타마 153
시오히노타마 153
식문화 26, 27, 28, 30
신과 사람 사이의 교신 182
신녀 116, 151, 152, 155, 170
신도 218, 227
신들의 혼인 전설 106
신랑 괴롭히기 13
신랑 다루기 13
신마 218, 239
신마치 188
신목 205
신석 도노 모노가타리 108
신인일체의 사회 176

(ㅇ)

아극돈 188
아다니 117
아마미키요 166, 175, 176
아미타여래 57
아사오니 223, 224
아시아 제사예능 215
아자마 항 166
아지 135
아카미네 마사노부 167, 178
아쿠타가와 류노스케 197
애니미즘 103

액년 235
야나가와 184, 186
야나기타 구니오 12, 35, 66, 69, 74, 83, 108, 111, 211, 212
야래자 95
야래자 설화 124, 127, 130, 131, 132, 140, 141
야마모토 미치에 201
야마와리오니 222, 223, 224
야마우바 37, 41, 42, 43
야부 118
야스이 마나미 243
야에야마 제도 144
야쿠오니 223
야타이 187
얀바루 120
얀바루센 119
얀바루의 토속 82
양황 144
어린이회 231
어부들의 마쓰리 180
에노우라 184, 185, 188, 194, 198
에이소 136
엘리아데 159, 162
여름의 풍물시 185
역병 186
연중행사 22
예능보존회 181
예축 185
오니 39, 41, 212, 222, 224
오모노누시 130
오미키 202, 236
오본 229
오시라사마 108
오월 단오 47, 53
오자와 도시오 16, 41, 86, 132
오카리야 230, 231, 236, 238, 239
오카모토 타로 169
오카모토 타로의 오키나와 169
오쿠니누시노카미 153, 154, 161
오쿠마 우후야 134, 135, 137
오키나와 80, 89, 91, 95, 100, 101, 104, 110, 121, 123, 125, 129, 130, 131, 132, 138, 140, 166, 176
오키나와 구전설화 128
오키나와 돼지 93
오키나와문화 82
오키나와 문화론 169
오키나와 민간신앙 176
오키나와 민속문화 81
오키나와 방언 80, 81, 89, 113
오키나와 사람들의 한해살이 182
오키나와 생활지 81
오키나와 설화 82, 83, 88, 92, 99, 100, 123, 141
오키나와 식문화 80
오키나와의 마쓰리 173
오키나와의 민속신앙 116
오키나와의 사회문화 182
오키나와의 생활문화 107

오키나와의 설화 86
오키나와의 설화집 39
오키나와의 의식주 182
오키나와의 창세신 166, 175
오키나와 전통무용 175
오토기조시 150
오호타타네코 130
온도도리 236
와라시베 장자 68
와지마 시 229
와카미즈 112
와쿠루시 81
완형민담 14, 35, 83, 84, 86
왕권설화 130, 136, 137, 138, 140
왕권의 정통성 124
요괴 212
요괴 르네상스 212
요괴신사 211
요괴와 유령 212
요괴 이야기 15
요괴적 영성 96, 100
요괴 캐릭터 210
요도히메 신사 190
요리시로 217
요메이리콘 19
요이마쓰리 229
용궁 144, 145, 146, 152, 156, 158, 160
용궁동자 146
용궁방문 156
용궁설화 145, 148, 154, 156, 158, 160, 161
용궁세계 150, 151, 152, 155, 156, 158, 159, 161
용궁신앙 147
용궁 연못 146
용궁의 아내 146
용의 눈알 193, 194
우돈미야 172
우라시마타로 145, 150
우마가케 239
우부스나신 20
우스키 시 210
우시토라 223
우의 설화 124, 125, 132, 133, 135, 136, 137, 139, 140, 141
우지다이나곤 모노가타리 56
우지슈이 모노가타리 56, 57, 58, 59, 62, 63, 68, 69, 74, 75
우타키 116, 126, 147, 159, 169
원숭이와 게의 싸움 34
유구국유래기 80
유다테 신지 217, 227
유래담 110, 120
유로설전 125, 127, 143, 144, 145, 146, 148, 150, 151, 154, 156, 158, 160, 161
유바야시노마이 226
유부타 217
유타부사 226

유토피아적 사후세계 143
유희문화 93
육도집경 70
의정 70
이나다 고지 41, 86, 132
이나리 신사 104
이노우에 히사시 108
이류혼인 83, 88, 131, 133, 136, 137, 154
이류혼인담 98, 100, 104, 108, 127, 146, 156
이문화 적응 27
이상탄생 135, 140
이시야마데라 64
이시카와 현 229
이자이호 170, 171
이쿠유미야 153
이쿠타마요리비메 130
이쿠타치 153
이키시마민담집 69
이향방문 145, 151, 155
이향세계 143, 145, 150, 153, 154, 160, 161
인간과 동물 104
인간과 동물의 교섭 120
인간과 동물의 성적 교섭 106
인간과 동물의 일본사 104
인간과 돼지의 관계 82
인간과 돼지의 교섭 87, 91, 94
인간과 돼지의 성적 교섭 100
인간과 하브의 관계 116, 117
인도의 불교경전 59
일본문학사 62
일본민담대성 15, 16, 40, 67, 84
일본민담명휘 14, 15, 35, 38, 66, 83
일본민담집성 40
일본민담통관 16, 17, 41, 42, 70, 86, 87, 89, 132, 133, 134
일본석화기록 111
일본설화 99, 107, 112, 161
일본요괴대전 211
일본의 민담 12, 13, 38, 66, 153
일본의 민속신앙 201
일본의 사회제도 18
일본의 설화 69
일본의 전통적인 혼인 19
일본의 혼인제도 13, 30
일제강점기 46, 54
임석재 34, 45, 47, 48, 54

(ㅈ)

자연관 120
자타카 70, 72, 75
장님 신 97
장식수레 186, 187, 188, 190, 191, 193, 233
전야제 231, 236, 237, 239, 242
전통 마쓰리 185
전파론적 관점 100

점복 기능 22
정병철 144
제이상씨 136
제일상씨 136
조단슈 63
조사자와 구술자 172
조선설화집 46
조수초목담 15
주물 148, 151, 152, 153
주술적 행위 109
주술적 효용 37
중국문화권 101
중국의 불교 59
중산세감 138, 139
중산세보 138, 139
증일아함경 59
지고마이 225
지넨 미사키 166
지역부흥 210
지역적인 분포 42
지와리 제도 169
지제치 218
지푸라기 장자 57, 62, 65, 66, 67, 75

(ㅊ)

참새와 수달 110
채굉모 144
처가살이 17, 24, 30, 31
천상의 아내 132, 133
천상의 여자 136
청개구리 이야기 110, 114
청년회 231, 233
초자연적인 존재 151

(ㅌ)

탈혼 159, 160, 162
태양의 탑 169
통과의례 14, 20, 21, 23

(ㅍ)

파생민담 14, 83
평안과 무병장수 190
풍어제 230
풍장 169

(ㅎ)

하나다이 191
하나마쓰리 215, 216, 220, 222, 223, 225
하나야도 216
하라 게이치 197
하라지리 히데키 184
하리미즈 우타키 126, 130
하마오리 110, 128
하브 116, 117, 118
하세데라 64, 68, 69, 74, 75
하세데라 영험기 75
하야카와 고타로 215

하에바루 150
하이쿠 185
한국구비문학대계 34, 45, 51, 52
한국구전설화 34, 45, 47, 48, 49, 50
한국의 도깨비 196, 222
한국의 설화 유형 33
해상안전 180
허브 121
혈연관계 239
호남구전자료집 45
호데리노미코토 153, 161
호오리노미코토 153, 154, 161
호카마덴 172, 173
호후쿠지 225
혹부리 영감 33
혼인 161
혼인관계 145, 161
후루 81
후루마치 188
후쿠오카 현 184
히가 야스오 171
히노 아시에 197
히누칸 176
히로시마 현 66
히요시 신사 230, 236
히키야마 187, 230, 231, 233, 234, 236, 238, 242

일본 민속문화의 전통과 현장

인 쇄 | 2021년 2월 15일

발 행 | 2021년 2월 25일

저 자 | 김용의

발행인 | 정성택

발행처 | 전남대학교출판문화원

등 록 | 1981. 5. 21. 제53호

주 소 | 61186 광주광역시 용봉로 77

전 화 | (062) 530-0571~3

팩 스 | (062) 530-0579

이메일 | cnup0571@hanmail.net

홈페이지 | http://www.cnup.co.kr

값 14,000원

ISBN 978-89-6849-785-8 (93830)